U0857651

学者莫言

莫言弟子说莫言

莫言在山东大学文学院同研究生们在一起

学生齐林泉（右一）、赵学美（左一）在莫言家中

获得矛盾文学奖之后，莫言和学生在一起

莫言研究书系
总主编　张华

Talks about Mo Yan：
His Pupils
莫言弟子说莫言

齐林泉　兰传斌　等著

山东大学出版社

本书系

“莫言与山东经济文化强省建设研究成果”之一

《莫言研究书系》编委会

《莫言研究书系》总序

◇张　华

我们谋划编辑出版《莫言研究书系》可谓由来已久。

早在1986年创刊《青年思想家》杂志的时候，我们就注意到了当时的青年先锋作家莫言；1988年由《青年思想家》杂志牵头，在莫言的故乡山东高密召开了全国首次莫言文学创作研讨会，会后出版了全国第一部《莫言研究资料》（山东大学出版社出版）；同时莫言成了《青年思想家》的栋梁作者，他写故乡的许多短篇作品集中发表在《青年思想家》里；2000年后，莫言被聘为山东大学教授和研究生导师，更成了我们重要的教学科研合作导师……与莫言交往二十多年，可谓知根知底，友情笃厚，持续关注。我们一直想编辑出版一套莫言研究系列丛书。

近三十年来，海内外研究莫言的论文和专著众多，从表层到深层，从宏观到微观，从文学领域延伸至边缘学科，研究的视角不断拓展，研究的水平也不断提高。这些研究成果对莫言小说的创作主体、审美意识、主题内涵、艺术风格、人物形象与意象、语言特色等都有广泛的探索，在影响研究、比较研究、叙事学研究等领域也提出了诸多有价值、令人耳目一新的见解和观点。莫言是从山东高密走进他的文学世界的，他笔下的"高密东北乡"是一个"文学的幻境"，也是一个"中国的缩影"。他说："我努力地要使那里的痛苦和欢乐，与全人类的痛苦和欢乐保持一致，我努力地要使我的高密东北乡的故事能够打动各个国家的读者，这将是我终生的奋斗目标。"（莫言《小说的气味》）因此，莫言是山东的，是中国的，也是世界的。莫言获得诺贝尔文学奖之后，国内外一股

“莫言热”正在持续升温。无论是大众读者，还是研究者，都在以更大的热情和更新的眼光去欣赏、解读、探索莫言的文学世界。特别是在研究者中，将在已有研究基础上，出现更多更新的理论、方法、范畴和观点。无论是什么，有一点是可以肯定的，那就是以一种更加宏阔的“世界眼光”去审视、解读莫言的文学世界。

正是基于以上想法，我们现在推出这套《莫言研究书系》。这个书系的作者群，既邀请了莫言的家人和莫言的学生们加入，还有国内外重要的研究学者，这无疑拓宽了莫言研究的视界，丰富了第一手研究资料。我们希望面向大众读者和研究者两个群体，给他们提供各自或共同感兴趣的作家生活点滴和作品阐释。我们努力在本套书系的可读性和学术性之间找到某种恰当的结合点。

《莫言研究书系》是一个包容国内外研究莫言成果的集中地，是一个开放的书系。首先推出的第一批书是:《莫言研究三十年》、《莫言弟子说莫言》、《乡亲好友说莫言》、《莫言研究硕博论文选编》、《海外莫言研究》、《莫言与世界》、《世界文学视域下的莫言创作研究》等七种。敬请方家指正。

本书系是个开放的书库，今后还将陆续推出莫言研究的其他成果，欢迎国内外学者加盟支持！

（张华，山东社会科学院党委书记、教授、博导，
原《青年思想家》杂志第一任社长）

莫言和他的弟子们(代序言)

◇贺立华 马新

贺立华(山东大学教授、博士生导师,莫言的合作导师)

马　新(山东大学教授、博士生导师,山东大学出版社总编辑)

马:贺老师好! 我们知道,21世纪头十年,莫言先生在山大带研究生时,您是他的搭档。应该说,他的学生也是您的学生了,您对学生应该是十分了解的。那为什么当您看到学生们捧出这么一本厚厚的《莫言弟子说莫言》的时候,感到吃惊呢?

贺:是的,我感到十分惊讶。因为我与莫言教授合招的研究生一入校,我就千叮咛万嘱咐:莫老师很忙,他是个作家,常驻北京,每个学期能来和你们见个面、讲一课就很好了,除了写毕业论文时向莫老师请教外,千万不要大事小事麻烦他。但从这本书里可以看出,这些弟子们"鬼"得很,许多杂七杂八的大事小事儿都瞒着我呢! 例如,他们经常到莫老师家天南海北"胡吹海谤",狼吞虎咽蹭饭吃,向莫老师诉说生活烦恼,商谈工作调动,甚至连谈朋友搞对象、谈婚论嫁、孩生日娘满月的事儿都找莫老师神侃。更搞笑的是,有的弟子连女朋友还没影儿呢,就缠着莫老师给未来的儿子或女儿起个好名字准备着,"齐观我"、"崔听涛"都是莫老师起的名……莫言心软,面不辞人,有求必应,有些事儿很难办,他也答应下来,尽全力帮助他们。莫言的妻子琴兰,更是喜爱这些孩子们,见了面总是拉着手问寒问暖,常夸这女孩儿漂亮,那小伙儿帅气。从莫言教授的大弟子齐林泉和莫老师的通信中,可以看出同学们对我的告诫有所忌惮——"贺老师批评我们,不让我们打扰莫老师",莫老师却回复说"贺老师瞎批评",莫老师毫不介意"打扰"。这就更加助长了这群弟子们的"肆无忌惮"。

马:哈哈,您虽然用了很多贬义词儿来批评这些弟子们,但还是看得出您对莫言先生和弟子们这种融洽温馨的交往很是欣赏和喜欢。您能说说为什么吗?

贺:我十分敬重莫言教授的学识。他来山大执教带来了与众不同的执教风格,严肃真诚,一丝不苟。他对我说:当作家写不好作品,臭的是自己;当老师教不好学生,那是误人子弟。

他讲课,讲的都是自己创作甘苦浸泡出来的真知卓见,深入浅出,生动有趣而又启人心智。他指导研究生论文耗费精力就更多了。莫老师指导兰传斌写硕士论文时的情景,至今历历在目…… 兰传斌把5万多字的硕士论文电子稿发给莫老师,莫老师为那篇论文细细密密地作了几千字的批注;发给学生之后,他还不放心,唯恐自己没说透,专程从北京赶来济南,在山大文史楼三楼我的办公室里,用了整整一个下午的时间,专为兰传斌一人讲硕士论文写作中的问题。他细说论文的长处和不足,并提出了很具体的修改意见,他称赞小兰有胆识、思想敏锐,写得大气;但也尖锐指出:选题太大,老虎吃天,往往兜不住,而处处漏风……他讲了宏大主题与小角度写作的关系问题,传授了论文写作的技巧。

让我感到钦佩的是,莫言教授不仅是写小说的高手,而且也是审读论文、写论文的高手。他的阅读视野极宽广,记忆力超强,驾驭中外文化知识极灵活,抓问题很准,语言表述极精到。难怪,我的老师著名文学史家牛运清教授和马瑞芳教授早在2006年看了文艺报《莫言谈大江》的论文后,高兴地告诉我:"莫言越来越像大师了,冲击诺贝尔文学奖,当今文坛,舍莫言其谁也?"

但莫老师也有"弱项"。他善良单纯,往往容易被感情迷住双眼,很容易"上当"。例如,当这些"搞鬼"的学生们"忽悠"莫老师:"贺老师曾在学生毕业前挨家走访啊,我们都很高兴呢,希望莫老师也到我们家走一走……"莫老师听后,为之所动,他很认真地和我商量:"是不是我也要挨家走一走呢?"我告诉他:"你不要去,现在我都有点儿后悔呢。知道我要去走访,学生家长们都停工停产等着我,都围着我忙:林泉的父亲和大哥事前准备了特产礼物,学美的爸爸扫清了进村的大道,红珍的妈妈备好了各类海鲜,春梅的妈妈炖好了蘑菇山鸡……我去就够他们忙的了;如果你莫老师去,那就不光是学生家长忙了,他们村、他们县都要围着你忙……"莫老师听后,沉吟道:"那,还是别去给人家添乱了。"我的话,劝阻了善良率真的莫言教授的行动,林泉、学美诸弟子们虽对我有点"怨气",但也是敢怨不敢言,只好在那儿"憋着"。

我说这些弟子们"鬼",是说他们很有"心",笔头儿也勤,背着我,搞了很多"名堂"。齐林泉拜师莫言教授至今十四个年头了,他事无巨细地用日记体的形式悄悄地记录了和莫言老师的所有交往,长达十几万字;兰传斌保留了所有和莫老师交往的电子邮件、手机短信和题字手迹,拍摄了很多合影照片,只要见面就留影、留声。赵学美更是从帮莫老师操盘电脑输录小说电子稿的过程中,谦卑地"潜伏"在莫老师身边,潜移默化地长了很多见识……这些,都是这群"小鬼头们"在我的"压制"之下,背着我搞的"鬼",这也就是这本弟子书的写作背景了。

马:贺老师您可知道,您"阻挡"莫言先生的行动、"压制弟子"的做法,若新闻记者

知道了，肯定会不高兴。莫言先生待人极好，早有耳闻。据说，莫言是个默默无言、不爱说话的人，那么，陌生人接触他，会有距离感、陌生感吗？

贺：我觉得不会。许多只看莫言小说而未见莫言本人的读者，大都以为莫言一定很狂傲，不易接近。实际上，他是个很谦和、很厚道的人，一点架子也没有。陌生人见他，只要说上三两句话，就会立马轻松平和起来。他待人真诚温和，没有任何的虚悬客套。他不擅长官场那套礼仪应酬，但绝对很适合平民百姓的人情来往。我的女儿贺天舒从小就是莫言的粉丝。20 世纪 90 年代末，意大利女学者拉兰来和我商量写莫言小说博士论文的事，希望拜访莫言，我安排读研的女儿陪同拉兰到高密。起初，俩女孩因没见过莫言，心中也有些忐忑。但一到高密，莫言一家像是对待亲戚一样对待两个女孩子，给她们包饺子吃，给她们讲故事、说笑话，留她们在高密度过了一个祥和美好的春节。返程时，莫言一家把俩女孩送到村口，“我们都走很远了，回头看爷爷、大伯、伯母还在村口寒风里站着……”女儿告诉我，她们都舍不得离开那儿了。莫言送她们每人一套新书作礼物，并题词留言，为贺天舒题写了藏名诗句：“贺家有女初长成，欲上长天舒广袖。”两个女孩从高密东北乡归来，十分高兴。拉兰操着半生不熟的普通话向我描述：“莫言很亲切，莫言的字和莫言的大哥的字太漂亮了！”女儿则说：“莫言叔叔很像邻家大叔，说话幽默风趣，和他相处如沐春风，听他说话更是一种享受。”这就是莫言教授给初次见他的人留下的印象。

马：这是红尘之中真实的莫言啊！请问莫言先生是何时被聘为山大教授、开始带研究生的？

贺：说起莫言被聘为山大教授，还有被誉为“山东文坛双子星”的张炜和莫言的一段佳话。莫、张二位是要好的朋友，莫言常对我说：“很佩服炜哥，人好，小说写得棒！”我看到在莫言未发表的打油诗电子稿里，有多首是写“炜哥”的。20 世纪 90 年代末期，山东省作协主席、著名作家张炜多次建议山大应该聘请莫言做教授。早年因批评莫言作品而和莫言成为诤友的山大文学院院长谭好哲教授很重视这个建议，于 2000 年秋天正式聘请莫言来山大作兼职教授和研究生导师。文学院领导觉得我和莫言比较熟悉，过去还有点儿研究，就安排我和莫言搭档，合作带研究生。2000 年，作为兼职教授还没正式招生的莫言第一次来中文系上课，我即把正在跟我读研的莫言的粉丝齐林泉推荐给莫言做弟子，师徒俩一见如故，林泉荣幸地成为莫言的第一个弟子。莫言的正式招生应该是 2001 年以后了。

马：在您和莫言先生合作带研究生之前，已经交往很久了吧？我们知道，您和杨守森教授主编的《青年思想家》杂志是较早关注莫言的，而且发表了很多莫言先生写高密故乡的短篇，其中有哪些故事？数十年交往中最让您感动的是哪些事儿？

贺：和莫言兄交往至今二十多年了。那时候，我们还年轻。1985 年，我和山大、山师大的许多青年教师开始关注莫言。1986 年《青年思想家》创刊后，杨守森兄多次和我谈到，莫言应该成为《青年思想家》的重要作者才是。在杨教授的建议和亲力亲为之下，1988 年，由《青年思想家》倡议并牵头联合了诸多高校、科研单位及新闻媒体，在莫言的家乡高密，召开了全国第一次莫言作品研讨会。从那时起，《青年思想家》和莫言交往日渐密切。莫言很喜欢看《青年思想家》，称赞它“虎虎有生气”，“是青年人自己的阵地”，希望它“造就大圣贤”、“成就大气候”。(《青年思想家》1989 年第 2 期)莫言许多写故乡的短篇就发表在这里。《青年思想家》成了最早研究莫言的园地之一。莫言的大哥管谟贤先生和莫言“三结义”的青少年时代的好友、《红高粱》原型故事的鼓吹者张世家、王玉清等，都在这里发表过许多重要的莫言研究文章。20 世纪 80 年代末，张世家就曾在《青年思想家》撰文称：“莫言老弟必将获得诺贝尔文学奖！”后来莫言的许多弟子如齐林泉、兰传斌、赵学美、王美春、于红珍、程春梅等都曾是《青年思想家》的编辑和作者，他们在此实践历练，初试锋芒。

莫言学子中还有一些未在莫言名下而受益无穷的学生。例如，如今已成为“80 后作家”领军人物的张悦然，当年就曾得到过莫言老师的奖掖和支持。这位 15 岁即在《青年思想家》发表处女作的张悦然，后来成了山东大学的学生。我把当时正在读大二的张悦然的小说推荐给莫言老师看，莫老师百忙中通读了这部小说集，称赞张悦然的小说具有“强烈的梦幻色彩”、“超凡拔俗而又高贵华丽。她的小说，读起来既冷嗖嗖又暖烘烘，既朦胧又明澈，既真切又虚幻……”他为张悦然小说欣然作序，并将小说推荐给出版社，这就是张悦然的第一部小说集——《葵花走失在 1890》(作家出版社 2003 年版)。莫言兄告诉我，这是他第一次、也是唯一一次给青年学生作序。果然，张悦然不负莫言老师厚望，后来创作了一系列脍炙人口的佳作。她以自己的创作实绩，证明着自己的才华，向长辈作家莫言老师致敬。谈到自己的起步成长时，张悦然这样说：如果说《青年思想家》是给我作家梦的温床，那么，莫言老师就是那只托举我飞翔的巨手。对于莫言与山大师生的许多有趣的故事，莫言弟子兰传斌十分有心，他作了很多精彩真实的记录，都收在了这本书里，是非常珍贵的历史资料。

和莫言兄交往二十多年，一块儿开会，一块儿教书，一块儿指导研究生，一块儿赴景阳冈“打虎”，吃饭，喝酒，吹牛……现实生活交往，他给我印象最深的是他待人的真诚仗义，淡泊名利，有一种超然的境界。他来山大作教授设帐授徒，是没有工资的，纯属“义务劳动”，对这些他毫不介意；研究生王美春、赵学美记录下莫老师讲课的内容，以《作家和他的创作》为题发表在《文史哲》上，得了数百元稿酬，莫老师笑拒：这是你们俩的劳动，就作你们的买书费吧。女儿笑笑结婚，弟子们借此表达心情，莫老师一一做账，记下弟子礼的情意。莫言荣获诺贝文学大奖后，各种名利荣誉滚滚而来，莫言兄看得很淡。他说：朋友的好意我自然理解，但从我心里说，一个作家如果写不出作品

来，再多的虚名也没什么意思……这就是我所知道的在山大教书的莫言教授。

马：点点滴滴，可见莫言先生的人格光辉啊！这本书记录了莫言先生和您共同的弟子们教学科研生活的美丽时光，见证了你们的师生友情，也是莫言研究的一个独特视角和崭新成果。祝贺你们！祝贺《莫言弟子说莫言》在我社出版！

2012 年冬于山东大学

目　录

第一辑　相识莫言

第二辑　师从莫言

第三辑　旁观莫言

第四辑　揭秘莫言

第五辑　对话莫言

第六辑 解读莫言

第一辑　相识莫言

初识莫言:我是一个农民

◇齐林泉

2000年,国内最早进行莫言研究的学者,也是莫言多年的挚友,山东大学教授、《青年思想家》杂志总编贺立华先生招收硕士研究生,我非常荣幸地成为他的弟子。复试时,贺老师就告诉我,这年很可能就跟莫言老师采用“双导师”制,合带中国现代文学研究生。也就是说,莫言或许可以成为我的创作导师,因为莫言已经接受了山东大学聘其为兼职教授的邀请。

我在这年暑假即将结束时,提前来到学校,协助贺老师作一些工作。不久,就听说莫言先生要偕夫人来山大,送刚刚被外国语学院录取的女儿管笑笑上学。

莫言,是少年起就酷爱写作的我心中的神。高中时第一次看电影《红高粱》,我就被那种从未见过的气魄和气势震撼了,从此迷上了莫言的小说,尤其是那种不同寻常的“意识流”表达方法和绚烂多彩的文笔。

2000年8月31日中午,夏末的雨断断续续地下着。当我怀着激动和忐忑的心情,按贺老师约定的时间,来到山东大学留园的一间餐厅时,看到了主宾位上的莫言:圆圆的脸盘,微秃的前额,小小的眼睛,垂垂的眉,海口阔鼻,不像人高马大、棱角强悍的“匪哥”,倒像解放前斯斯文文的开明乡绅。

贺老师和他新招入门下的包括我在内的三名硕士研究生都参加了这次午宴,另外,还有莫言的高密同乡、山东师范大学张守森教授。进餐中,贺老师一一向莫言老师介绍了我们。莫老师亲和地跟我们交谈,没有一点大作家的架子。

介绍到我时,我问:“我知道您的本名叫管谟业,那以后我们称您管老师还是莫言老师?”莫言老师说:“就叫莫老师吧,我的身份证上的名字就是莫言。要不领不了稿费。”他幽默地说。

“您经常来济南吗?”我问。

“来得不算多。上次是1991年,这次是顺便送女儿到山大读书。来到老家心里感到特别亲切,笑笑也很愿意来,第一志愿就是山东大学。"莫老师回答。

在谈到老家的情况时,相似的乡俗和接近的生活经历,让我们找到了共同的语言。我说,划成分之前,尽管曾经因二三十年代军阀驻村,老爷爷被"抬死驴"当上村长而倾家荡产,但没过十几年,因为大爷爷很能干也很会干,爷爷又常年在外做生意,所以家里的土地越来越多,大爷爷的地位也越来越高,俨然成为一族之长。后来做生意的爷爷听到要划成分的消息后,让大爷爷急匆匆地把一些地都低价处理掉了,结果划了个中农。莫老师听了哈哈一笑:"你们家的土地都卖给了我们这样的人家,我们本来没多少地,贪便宜拼命买地,结果也划了个中农。"

莫言谈论最多的就是吃。他说以往饥饿给他的印象太深刻了,过去的一切动力就是吃,为了能吃饱、吃好——写小说也是为了这个。之后,莫老师的话题回到他近期创作的一部小说上,那就是半年后出版的《檀香刑》。他细致地讲了围绕胶济铁路的传说和他已经发表的几个相关的短篇小说。

贺老师曾介绍,莫老师很少携妻女一起出差,因为他觉得因工作的事情带着家人出来,是种不清廉和招人腹诽的事情。但这次是送女儿上学,自然轻轻松松全家全体出动。谈到莫言老师的日常生活和高考中榜的女儿,我们自然众口一词,夸起了在座的莫家师母。莫老师幽默地制止道:"别夸了,她一旦觉悟了,我们就遭殃了。"大家哄然,莫家师母浅浅一笑,而他们的女儿笑笑正在甜甜地吃着水果。这是一幅温馨和睦的幸福家庭图,给人以融融的暖意。

席间,贺老师专门跟莫老师说,山东大学这边的一些事情可让我来跑腿,并且建议我的毕业论文也围绕莫言的创作来写,希望莫老师好好指导。

饭后,我们一起走出餐厅,来到邵逸夫楼前的草坪上合影。随后,在雨后清新的校园里,莫言夫妇选了几处地方跟女儿留了影,一如所有那些来大学送孩子读书的父母们。

莫言夫妇和女儿与山大研究生在山东大学邵逸夫楼前合影

第二天下午,莫老师应杨守森老师邀请,前往山东师范大学给研究生作报告。简单的开场白后,他说:"我是一个识不了多少字的农民,如果谁说我是一个知识分子,等于骂我祖宗。"他讲述了自己的生活经历和创作历

程、饥饿和贫困、机遇和奋争，贯穿了他从一名普通的农家子弟成长为一名作家的整个过程。

演讲中，他详细讲述了自己的创作经历。他把自己的创作分了五个时期：模仿时期，作品有《黑沙滩》、《民间音乐》等；显露个性时期，作品从《透明的红萝卜》到《红高粱》；超前实验期，有《欢乐》、《红蝗》等作品；长篇小说期，从《天堂蒜薹之歌》到《酒国》再到《丰乳肥臀》；中短篇小说期，代表作品有《拇指铐》、《师傅越来越幽默》等。当前主要精力是中短篇创作，同时还在酝酿一个长篇，讲关于修建胶济铁路的事，主角当然还是高密东北乡的农民。

在讲述创作经历的过程中，他还特别提到了《丰乳肥臀》的"艳名"给他工作和生活带来的巨大压力。1995 年这部作品出版后，当时还是军人的他被部队领导要求写检查，但他坚决不同意，因为他觉得这部作品的创作没有任何错误。最后爱惜他的上司想了个主意，让一名即将临盆的女同志守在他屋子外，什么时候写完检查什么时候让这位女同志回家生孩子。结果莫言不忍心连累她受折磨，违心地写了检查，经由上司交到部队领导。

演讲完毕，学生们纷纷举手提问。"前一段对卫慧、棉棉等的作品争论很大，您怎么看？"有学生问。"我觉得无可厚非，对某一现象不要急于作判断。这帮 20 世纪 70 年代的作家，跟我们这代作家有很大区别。他们受过很好的教育，除了棉棉上到高中外，其他人学历都很高；再一个他们生活优雅，可以跳跳舞，有一些新鲜的享受，而我们就不可能有这样的经历。对于他们的创作，先看两年再说嘛，过两年静下心来或许他们也能写点别的。"莫言答。"对现在的网络文学您怎么评价？"有人又问。"我觉得网络像社会一样丰富，也像社会一样复杂。有一次网络搞文学评奖活动，让我当评委，当时我还没上过网，但对网络文学期望很高，认为网络文学一定天马行空，想象力非常丰富，结果发现跟用笔差不多，无非发表方式、书写方式不一样，没有本质的区别。"莫言接着回答。"有人说您是有实力获得诺贝尔文学奖的作家，您觉得呢？"有人问。"别提这事，到目前为止还不行，再过三十年还差不多。诺贝尔奖跟实力有关，也靠熬年头，年龄本身就是创作成绩。如果再过六十年我还活着的话，一百多岁，那就是泰斗啦，使劲儿活吧。"莫言答。"您对您最初和最近的合作者张艺谋作何评价？""现在好多人在骂他，但他的敬业精神、工作态度确实让人敬佩。《红高粱》是他的第一部电影，他把我小说中那种狂放不羁、高扬个性的精神很好地表现了出来。到了《菊豆》、《大红灯笼高高挂》就显得阴郁，越来越压抑。从《我的父亲母亲》到根据我今年作品《师傅越来越幽默》改编的《幸福时光》，又转入了纯情戏。我觉得张艺谋不容易，电影的禁忌比小说多，我想如果放开让他搞，他真的可以搞出好的东西。"

"您和张炜可以说是山东作家中的双子星座，您对张炜看法怎样？"

"炜哥挺好。他比我文学修养好,念书比我多,很刻苦、很认真。他的小说写得很好,我很敬佩他,要向他学习。我只读了五年书,是一个识不了多少字的农民,如果谁说我是一个知识分子,等于骂我(笑)。"

当有学生问及作家的社会地位时,他直言不讳地说:"我最讨厌把作家神圣化,尤其不要把文学搞得神圣化。作家自己也要坦诚,搞自然科学的是学问家,搞文学评论的是知识分子,搞文学创作一脑袋妖魔鬼怪的故事就够了。什么塑造人类灵魂的工程师,一个作家本身是高尚的,写出的自然就是高尚的了。当然,作家的人格跟作品比也有差距,很多流氓也写得很好,这样就更不要把文学和作家神圣化了!"

开门收下两位女弟子

◇齐林泉

2002年元旦刚过，一年一度的硕士研究生招生考试在即。经山东大学研究生院决定，莫言将在山东大学文学与新闻传播学院中国现当代文学专业，与该专业研究生导师、《青年思想家》主编贺立华教授联合招收硕士研究生。这批研究生，将有机会成为莫言的首批开门弟子，这也将是山东大学首次享有“双导师”待遇的研究生。

莫言与两位女弟子王美春(左)、赵学美(右)在高密老家

为了让莫老师招到更为满意的学生，我很快写了这一消息，发向多家媒体。贺老师知道这件事情后，非常兴奋，他说：“发这个消息绝对对中文系招生有好处。”同时，他提出对涉及自己的介绍的建议，并且说：“请原谅，主角是莫言，千万别吹我。”

当天，莫言老师知道此事后也发来邮件，表达了热切的心情：“春节后招研时我争取去趟山大。”

然而，复试时莫老师并没有如期而至。因为胃出血住院，莫言老师错过了复试他的首批学生。但他却在康复之中欣然接受了我对他关于招生的采访：

2002年4月19日，一年一度的硕士研究生复试在山东大学开始了，在这里，著名作家莫言作为文学院的兼职教授，招收了他的首批弟子。山东大学文学院研究生齐林泉就此进行了采访。

齐林泉：招到开门弟子，一定挺高兴的吧？

莫言：当然很高兴，但同时也担忧，感到这是一件责任重大的事情。上次来学校时，我就对校里领导和文学院领导说过，聘任我做兼职教授，我感到受宠若惊，但更怕误人子弟。一方面，我的创作和工作与教学有较大的冲突，而且家住北京，在时间上恐怕不能保证；另一方面，我觉得自己的理论修养很难说达到了一个文学教授应有的水平。

去年6月我来学校，从展校长（山东大学校长）手中领到兼职教授证书的时候，心中确实感慨万千。童年时因为"文革"，小学未毕业就辍学回乡务农，那时对上学的热望，一点不亚于高玉宝。后来兴起了"工农兵大学生"，我的大学梦也做得很猖狂。别说是山东大学，就是随便一个中专，只要能让我去，我都会欣喜若狂的。"文革"结束，恢复高考，我的一个小学同学考上了山东大学中文系，我对他的羡慕那是无以复加的。山东大学是我心中一座高不可及的圣殿，"文革"期间我在农村劳动时，就知道山大很多事情，因为我的邻居有一个被错划为右派的大学生，听他谈山大的事情，是我的一大乐趣。几十年后，我竟然也成为山东大学的兼职教授，虽然自觉有愧，但心中还是很激动。

十几年前我在解放军艺术学院做学生时，知道了同是教授，但有很大的差别，要做个好的教授是很不容易的。我感到当教授要比当作家难，作家写不出好作品臭的是自己，而做教授做不好会误人子弟。

齐林泉：您的谦虚和严谨真让人感动。既然这样，您打算怎样来解决教学与创作的矛盾呢？

莫言：去年6月接受教授聘书的时候，我就跟展校长和谭院长谈了我的设想。带几个对文学创作感兴趣的学生，在创作上我可以帮他们一下。虽然我没有多少理论，但实践经验还是有些的，毕竟搞了二十年文学创作了嘛！在理论方面，由院里选派别的老师带他们，让这些学生享受"双导师"待遇。这样，会让我心中感到踏实些。即便我不中用，还有一个导师嘛。这次研究生院和文学院就是这样定的，由我和贺立华老师（山东大学文学院现当代文学教授）一块带，我们俩会努力合作，把招收到我们名下的学生带好。

齐林泉：这种办法倒是具有可行性，说不定真能为现在的文学教育闯出一条新路呢。这么多年来高校的文科教育一直是个令人困扰的问题，不知您是怎么看待高校文学教育问题的？

莫言：这个问题我很难回答。我看到一篇文章，说"文革"期间，北大中文系一位姓杨的老系主任就明确地提出，大学的中文系是培养学者的，不是培养作家的。而另一篇文章说华东师范大学的钱谷融教授招收研究生时，免了学生的所有考试，只要学生写一篇文章，他就根据这篇文章来决定是否录取。我想这两位先生的说法和做法都有他们自己的道理，我们很难评判是非。我没有受过正规的大学教育，对高校的文学教育是没有发言权的。我只是感到，随着时代的变化，大学中文系不培养作家、不出作家这个说法正在改变。事实上，现在有很多作家都是从大学中文系里出来的。像叶兆言、刘震云、陈建功、苏童、杨争光，等等，我们可以开列出一个很长的名单。

我觉得应该支持甚至是鼓励学生在校期间尝试写作，有过创作实践和没有实践是不一样的。也就是说，一个写过文学作品的学生，应该更容易理解别人的作品。

齐林泉：按中国的传统，无论哪个行业，技艺高超了，自然就带一批徒弟。您现在可以说是当代的小说高手了，到大学带学生是不是您的初衷？

莫言：首先，我并不认为自己已经是小说高手，而是感到越写手越生、越写越胆怯。这绝对不是谦虚，是真实的感受。到大学带研究生，这是我从来没有想过的。当年我从军艺毕业时，学校想留我，但我想到要讲课，就不想留了。我有过几次把自己的知识系统化、理论化的机会，但没有抓住，结果现在成了这样子，似乎什么都知道一点，但什么也是半瓶子醋。

齐林泉：您现居北京，那里有好多知名高校，为什么要来山东大学带学生呢？

莫言：山东是我的故乡，我对山大的感情原本就很深。前面我对你说过，几十年前，通过我的那个邻居的描述，我已经对山大很熟悉了。后来，我又结识了很多在山大工作和从山大毕业的朋友，我的女儿又在山东大学学习，这使我对山大的感情又加深了一步。让我当兼职教授，我当然首选来山大。

齐林泉：以作家身份走进高校带学生，在国外并不鲜见，在国内也越来越多。您是怎么看待这一现象的？对学校和作家双方各有什么影响？

莫言：我感到这是一件很好的事情。作家从封闭的书斋走出来，进入学校，设帐授徒，直接和年轻人打交道，会使自己年轻起来。在社会生活中，大学生总是站在时代潮流的最前端，与他们交往，肯定可以从他们身上学到很多东西。一个作家要想使自己的作品保持锐气，必须不断地从外界汲取新鲜的东西。作家进入校园，对作家的写作会产生积极的影响。从学生的角度看，学生如果直接和作家打交道，听作家谈创作，也会获得许多从正儿八经的高校老师那里得不到的东西。所以我觉得作家进校园，对作家和对学生都是好事情。

齐林泉：在一家媒体上看到：据称具有“诺贝尔”级别的英美学界重量级文学

评论期刊《今日世界文学》，推荐七十五年来40部顶尖文学名著。您的《红高粱》不仅榜上有名，并且是仅有的中文创作，尤其是1980年以来二十年中唯一的入榜书。这些年您在创作上一直试图超越自己，那么您认为是否还有一部作品超越了《红高粱》？

莫言：从小说艺术的角度看，《红高粱》并不是我最成熟的作品。譬如《红高粱》之后的《欢乐》、之前的《爆炸》就比《红高粱》成熟一点。

不久，莫老师来信告诉我，贺老师给他发了邮件，介绍了那两位学生的名字和大概的情况，让我转告这两位弟子与他联系。

这两名学生一名叫王美春，一名叫赵学美，均是山东大学中文系2002年应届毕业生，均是莫言的潍坊老乡。王美春是寿光人，自信精干，学习成绩好，又在山大的昆曲社团，对老乡莫言早就崇拜有加，就是冲着莫言的名头报考过来的。赵学美是昌邑人，比同年级的学生年龄要小一些，热情活泼，知道自己分数过线后主动打电话给我，让我帮着联系莫老师要读他的研究生。在她们上学期间和毕业后，均得到了莫言和师母如同父母般的关爱。

两年后，莫言老师的第二任弟子只有兰传斌一人。他当时是我所主持的《青年思想家》杂志“青春家园”栏目的重要组成人员之一，同时也是山东大学网站“学生在线”的总编，勤勉聪慧，心地善良。在我即将毕业的暑假前夕，对已在大三还没定下自己到底考研还是工作的他，我劝他抓紧备考研究生，并推荐他报考莫言老师。2004年，他顺利考取，从而成了目前为止，莫言老师所带的最后一名硕士研究生。

“开门弟子”的“特殊待遇”

◇王美春

2002年秋天的济南火车站，天很蓝，云很淡。在众人的期待目光里，作家莫言出现在大家面前……

成为莫言的开门弟子

在山东大学汉语言文学专业度过本科四年灿烂的美好时光后，在黄发有教授的推荐下，我以专业第一名、总分373分的成绩，有幸成为莫言先生和贺立华教授在山东大学联合指导的第一届硕士研究生。我比其他人都幸运，因为我是山东大学首次享有“双导师”待遇的研究生。

早在莫言先生被山东大学聘为客座教授时，考虑到自己的创作与教学的冲突会影响学生发展，为给学生创造更好的学习条件，他谦虚地提出要与山大文学与新闻传播学院中国现当代文学专业名教授联合招生，这便是首次在山大诞生的“双导师”制。莫言希望所带的研究生对文学创作感兴趣并有一定的创作基础。由他辅导学生的创作，同时，由山大的贺立华教授作为学生的理论导师，争取为山东大学培养出一批学者型作家。

2002年4月底，因出国访问，莫言未能亲自来山东大学参加其招收硕士研究生的复试，他全权委托贺立华教授帮其考察学生。经过层层选拔，我和赵学美有幸成为莫言在山大的开门弟子。9月初新生入学，莫言恰逢被邀赴意大利参加“孟多瓦”文学节，于是才拖到9月底与我们第一次见面。之前虽然尚未谋面，但通过电话和电子信箱，我们已多次交流，莫言甚至已开始了初步指导：7月底，莫言无意中读到我在《中华读书报》上的文章《只是这段情——浅评韩国作家金东里先生的短篇小说〈驿马〉》，欣喜之余，他发来电子邮件鼓励，字里行间溢满师长的关切之情。

2002年6月16日，莫言的研究生王美春(左一)、赵学美(左二)和女儿管笑笑(右一)在济南火车站接站

盼望已久的见面终于来了。2002年秋天的济南火车站，天很蓝，云很淡。我们几个接站的山东大学的研究生，对莫言充满了憧憬：这位1985年以中篇小说《透明的红箩卜》轰动文坛，接着又以《红高粱》扬名海内外，之后始终保持旺盛的创作力，以《食草家族》、《酒国》、《丰乳肥臀》、《檀香刑》等力作几度掀起“莫言热”，其作品已被译成十几种文字流传海内外的大作家，究竟是何许等闲人物！

素朴的衣衫、简单的行李箱，在众人的期待中，作家莫言出现在大家的视野中。简单的寒暄、热情的握手、一路的畅聊，莫言入住山大学人大厦；时任山东大学副校长的张华教授、与莫言“搭档”联合招生的贺立华教授热情接待了他。

莫言的第一堂创作理论课

莫言给研究生上的第一堂课是“莫言创作论”，授课地点安排在山大文史楼文艺美学报告厅，这是文学院容量最大的一个教室，座无虚席，好多人站在报告厅的两侧，记忆中二楼长长的走廊里都挤满了学生，有文学院的，也有外院系的。

当着这么多人的面，莫言坦率地说：“主持人称我‘莫言教授’，我感到惶恐，因为在我心中教授的地位至高无上，在我们村儿有人说谁家有个教授，就跟说谁家有个省委书记差不多。北京人叫我‘老莫’，你们都叫我莫言就行了。说实话，作为一个小说家，用笔在纸上滔滔不绝地写还行，偶尔登台演讲一次两次，谈谈创作经历也还可以。要带研究生、设帐授徒，必须拿出一套系统的理论，这对我来说是非常困难的。这也是我一开始犹豫再三不敢答应山大聘任我当教授的原因。我的老家是山东，这里又有我的许多朋友，他们的邀请不好拒绝；再说我女儿也在这儿‘抵押’着(女儿笑笑在山大英语系读本科)，先答应了吧，也可以借这个机会经常来看看孩子。今年招到了王美春和赵学美这两个研究生，都是我的老乡，潍坊人。她们两个跟着我注定学不到任何东西。实在不行，我就经常来请她们吃火锅吧，她们精神上得不到滋补，就用食物来滋补，比较实惠！否则我教授不敢当。幸好有山大的教授垫底，我解答不了的问题，可以找他们。”

曾在军队做过多年政治教员的莫言，对授课轻车熟路，但他还是表达了自己的忧虑："上半年，我确实想坐下来准备讲稿，但发现各种各样的内容太多了，要把自己的创作思想完全爬梳出来很困难。我觉得对作家，尤其是小说家，理论知识太多，就会对他的创作产生反面影响，因为他知道得太多了，理念的东西太多了，就会扼杀或影响了小说创作。"

莫言首先从作家的创作心态入手，指出人们开始创作的一般心态，然后依据不同的心态将作家分为"为老百姓写作"和"作为老百姓写作"两类。他认为，作家的创作态度应该由标榜"为老百姓写作"变为"作为老百姓写作"，这样才容易写出好作品。只有"作为老百姓写作"，才会出现个性化、原创性的作品，因有深刻体验和切肤之痛，发自深心而被触动了灵魂；当个人的精神痛苦与时代的精神痛苦一致时，就会产生具有社会和时代意义的真正伟大的作品。莫言将当下缺失大手笔作品的原因归咎于中国作家官僚化职业化制度、自大狂妄心态和强烈的功利心，他反对作家以非文学的手段获得非文学的名声。

莫言谈的第二个问题是小说的独创性问题。他从对当下小说的主旋律、官场、都市言情、都市颓废、历史、农村、校园、军事等几种题材分类中，指出当下小说的模式化问题。他认为无论有多大缺憾，原创性的小说就值得看！好的作品应该具备的要素是语言的开创性与独特性、故事的独创性与多义性和思想的不确定性。他非常重视创新，说："创新就像一条狗，咬得作家拼命跑！"

莫言的讲话幽默诙谐，掌声再三响起，这是一堂很精彩、很成功的课。后来，我和赵学美根据录音把他的讲话整理后，交给校内导师贺立华教授，以《作家和他的文学创作》为题目发表到《文史哲》，产生了很大反响。《文史哲》编辑部给莫言开稿费，他坚辞不受，说："送给帮我整理讲稿的我的研究生买书吧。"

跟莫言回红高粱大地

那年秋，莫言回山东，除了到山东大学给研究生上课外，还要陪法国普罗斯旺大学中文系主任杜特莱教授夫妇回自己的故乡高密。杜特莱教授——法国著名的汉学家、翻译家，前任法国普罗旺斯大学商学院院长，曾将中国新时期作家阿成的"三王"，苏童的《米》，莫言的《酒国》、《丰乳肥臀》等中国当代小说译成法文。他译著的《酒国》获得了2001年法国最佳外国文学奖"卢尔巴泰隆"奖；因翻译成就突出，杜特莱教授2001年被授予"法兰西骑士勋章"。杜特莱夫人是丈夫的翻译伙伴，二人珠联璧合，他们刚译完莫言的《丰乳肥臀》，即将开始《檀香刑》的译著。在翻译过程中，他们对莫言的故乡高密及齐鲁文化产生浓厚兴趣，在莫言夫妇邀请、陪同下，欣然前往高密。

莫言的故乡高密偏处胶东半岛一隅，故乡是莫言创作的原动力："故乡留给我的印象，是我小说的魂魄，故乡的土地与河流、庄稼与树木、飞禽与走兽、神话与传说、妖魔与鬼怪、恩人与仇人，都是我小说中的内容。"故乡、梦幻、传说、现实是莫言的文学资源，故乡是他心灵不灭的存在。莫言有营造原味乡野、化腐朽为神奇的本领。面对高密的莽莽苍天，莫言巧为穿插，使一则则传奇故事浮现其间，他的神思奇想在虚构与现实、遐想与历史间微妙互动。

高密派车来接莫言，我们几个山东大学的研究生有幸随其到红高粱大地。先到莫言的老家——离高密市区10公里远的夏庄镇河崖平安庄。莫言旧居是极普通的几间平房：土坯墙、压着蓝瓦的麦秸屋顶。莫言移居北京后，这里无人居住，院子里莫言的二哥和父亲种了些大豆。莫言指着院子里的一盘石磨说："这家伙小时候没少折磨我。"进到屋里，先看到一盘土炕，还有一个土灶，都结满了蛛丝；在房间一个角落，莫言发现了一条蛇蜕的长长的皮，他拿在手中举起来给大家看，胆小的吓得跑到院子里。杜特莱教授和夫人对莫言故居很感兴趣，拍了很多照片。推开莫言故居的窗户，北面就是胶河，这条河曾多次出现在莫言笔下。

在莫言夫人的带领下，我们随莫言到莫言母亲的坟前祭奠。没有鲜花，没有香烛纸马，只有远游在外的赤子对养育自己的母亲的一腔敬爱和热忱。在母亲的坟前，莫言恭恭敬敬地跪下，给母亲磕了三个头。莫言母亲1994年因病去世，莫言悲痛不已，在故乡住了多日。1995年春天完成了长篇小说《丰乳肥臀》，扉页上写着"谨以此书献给母亲在天之灵"。小说讴歌了母亲的伟大、朴素与无私。在弥漫着历史、战争的硝烟背景中，讴歌生命的本体意义，是一部苦难母亲嘶哑的悲歌。

在莫言的二哥家，莫言夫人拿出她亲手做的衣服，给莫言80多岁的老父亲试穿。老人家有三儿一女，大儿子管谟贤在高密市区居住，三儿子莫言在北京居住，老人家现在跟着二儿子管谟欣在农村居住。他身体康健，见到我们几个莫言的弟子很是高兴。莫言的二哥则拿出日本作家大江健三郎(1994年的诺贝尔文学奖得主、曾随莫言到家乡高密过春节)给他的签名书给我们看。莫言的姐姐知道莫言回家，放下农活从家里赶来娘家，莫言夫人专门带了衣服给她。在莫言二哥家门口，莫言特意把我和赵学美介绍他的给姐姐："这是我在山东大学带的研究生。"在莫言大哥家，莫言兴致勃勃地给大家读他大哥六岁的小孙子写的故事……

在高密的几日，杜特莱教授和夫人经常和莫言就他小说中的一些景物交流。记得莫言曾特意指着棉花加工厂里的一株树对杜特莱教授说，这就是《丰乳肥臀》里描写的某种树——树名我记不清了。我们在与杜特莱教授私谈中，杜先生说诺贝尔奖青睐莫言：中国作家最有可能获诺贝尔文学奖的就是莫言，因为莫言只有一个。

多年后的今天，杜特莱教授的话被事实印证。2012年的诺贝尔文学奖，授给了莫

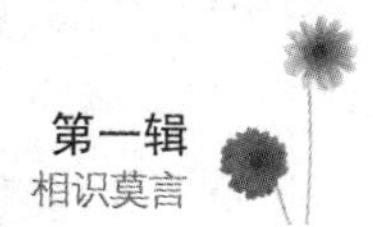

言。这位 1955 年生于高密东北乡，1961 年在大栏小学读书，1966 年辍学回村务农，1973 年到棉花加工厂做合同工，1976 年应征入伍，1981 年开始发表作品，2012 年 10 月获得诺贝尔文学奖的作家，曾只有小学文化，通过刻苦自学，莫言改写了中国籍作家拿不到诺贝尔文学奖的神话。

走进莫言书房

◇齐林泉

有莫言的地方，就有一种亲近，他就像我童年在农村生活时本家的叔。

2001 年 7 月初，山东大学原校长、文艺学教授曾繁仁先生，与北京大学比较文学教授乐黛云先生等几人合编了一本教材，我的师母姜桂栩教授委托我去北京高教出版社送书稿，临行前我的导师贺立华教授叮嘱我一定去拜访莫言老师。这是我第一次进京。

回顾跟莫言老师的交往，是 2000 年夏末他们一家来山东大学开始的。当时，莫老师的女儿笑笑将在这儿读书，在其故交、我的导师贺立华教授给他们接风的午宴上，我与莫言老师首次见面，接着开始着手做莫言研究的论文，后来又写定名为《莫言》的电视纪录片剧本，在山东大学校园里策划排演了他的大型历史话剧《霸王别姬》，两个月前莫老师来山大受聘文学院教授的几天里，我全程陪伴。虽然认识时间不长，也算得上交往甚密了。

7 月 8 号上午，按莫言老师电话中不厌其烦的指点，我七拐八拐摸进那条胡同，还是没了头绪，又打电话，才确定了地方。于是我先到附近一家商场，买了些水果，刚提着走出店门，一眼就看见莫言老师从巷子一端走来——他怕我找不到地方，接我来了。他温和一笑，“小齐，很难找吧？北京的巷子很怪，这头叫一个名字，另一头又叫另一个名字……”

到了家里，莫家师母虽话不多，但掩饰不住的热情让人有一种久违的走亲戚的感觉，同在山大上学的莫言老师的女儿管笑笑也正放假在家。莫老师看着我买的水果说：“你没必要买这些东西，他们一见你是外地人，就卖得挺贵，你阿姨去买就两三块钱，你一定被人家坑了。”莫言老师说的确实是事实。

没坐几分钟，莫言老师说：“到我书房去看看吧。”这是我第一次进大作家的书房。因为来家后那种亲热的气氛，我没有半点激动不安，但我进去后还是感到了一些意外。

我这样一直念书的没有书房的概念。小学时读书写字的地方不是客厅的桌子，就是餐厅的桌子，更多时候把书本往小板凳上一放，蹲在地上就开始学习。中学后才基本各有了自己的一间屋子，条件好的同学一般是三室一厅的住房中最小的一间，条件不好的在卧室里加张书桌，一律一张木桌、一个书橱、一张床的格局，书不多但扔得到处都是，再整洁的女同学也是这样。后来进了大学，有机会到很多教授的书房去，无非一张堆满书的书桌、两三面墙的书柜、会客的沙发，很少有人设床。但也有例外，山大现当代文学教研室的孙基林教授的书房里有床、也有电脑；山东师范大学中文系的张清华老师住在筒子楼里的一个单间，三面墙的书架一直到屋顶。我见到的最宽敞舒适、整洁明净的当数北大乐黛云教授的书房了，既给人书香娴雅之气，又无伏案苦累之感。

莫言老师的书房，更像一个蜗居。长宽也就三四米见方，北面是客厅，南面是阳台，所以光线并不怎么好。背东面西，正中一张作书桌的老板桌把房间分了两部分，东半部分铺了很柔软舒适的地毯，书桌在地毯上。除了南面窗东侧的半面墙是摆了工艺品的博古架外，其余三面墙都是不太高的书柜。曾经记得几年前莫言在一篇文章里大致说，最好是雨夜，夜半读书，有美丽的狐狸精来，于是一番情趣高雅的艳遇。可见这个书房不像是这样的地方，其实来这儿住了十二年，在这里完成的小说寥寥无几，他的大部分作品都是回高密老家写的。他曾对人说，每回一次老家，就会大获而归。高密我还没去过，不知那里的书房是不是更像六百年前柳泉先生的聊斋，最起码有一种滋养生生不息灵感的东西是共同的。

在书桌左侧的博古架下，是一台电脑。

“您用电脑写作？打字速度还可以吧？”我问。

“是呀。开始可能慢一些，打着打着就忘了在打字了，速度就上去了。有个朋友刚刚给我发过一个拼音软件来，挺好用的。”说着，莫老师就打开电脑，讲怎么来用。

电脑屏幕上显示出一段刚刚开头的文字，题目叫《我弟》。我问：“现在又写小说了吗？”他说：“没，可能下半年要写一些。现在忙也是对以前作品的修改，现在看以前写的小说，里面确实有些很烂的地方。”

我说：“与其去一遍遍修改那些旧作，还不如再搞一部新创作呢。”

他谦和地笑笑：“你说得也有道理。”

后来跟一家报纸的文化记者谈起莫言改稿的事情，他说这才叫大家风度。

随后，莫言老师指了指书架，说：“看看哪本书还没有，随便拿。有了的，你就拿台湾版的看看。”

我看到书架上面几乎全是他的创作。我边挑边与莫老师谈。

等我挑完，莫老师说：“我这儿还有好多文件包，开会发的，帮着消化消化吧。”莫老师真是细心，因为之前很少出门，这次出来我没有什么旅行包，只是用了一个黑色的购物袋装着自己数量极少的几件行李。

不一会儿,师母在门外喊我们吃饭了。小小饭桌上摆着师母精心做的炒菜和包的几盘水饺,还有一瓶红酒。我们还未坐稳,师母就提醒莫言老师少喝酒。莫老师则对我说:“小齐,我不会让人,你随便吃,随便喝。”

吃饭中间,莫言老师突然停下来,跑到书房里。事后我才知道,他是去给我的书上签名去了。饭后莫言老师兴致很高,一边跟我聊,一边时不时跟女儿嬉闹一番。由于赶下午 1 点半的火车,很快,我起身告辞。莫老师怕我路不熟,走出家门,一直把我送到去火车站的公共汽车上。

2001 年春节前后,我到北京新东方学校学习英语,心想春节可以直接给莫老师拜年了,但年除夕给莫老师家打过电话去,家里没人。后来从笑笑那儿得知他陪张艺谋和日本作家大江健三郎回山东高密老家过年去了。

我要离京时眼看就要过元宵节了,又来到莫老师家,他们刚刚从老家回来。莫言老师和师母兴致勃勃地谈着这个热闹的春节。莫言老师也显露出对成为山大教授又唯恐顾不上学生的功课的忧虑。

前一天在堂哥处听他说莫言这位“老先生” 真了不得,竟然在一个电视节目里大谈科学的阻碍作用。我问起这件事来,莫言老师慌忙说:“我哪敢惹科学这东西?”他给我拿出了参加那次活动的文字资料,上面有他的原话,确实是堂哥误解了他。谈话中,莫老师一再强调传统的积极作用。

上午 10 点,莫言老师书房里的电话铃响了,是他老家高密电台在做一个有关茂腔戏曲的直播节目。这个戏种的“重热”,可以说莫言老师刚刚出版的个人第八部长篇小说《檀香刑》功不可没。莫言老师在书房的电话里很快就进入了节目的角色,他一会儿讲《檀香刑》的创作,一会儿情趣高昂地唱茂腔大戏。单凭听觉,真以为那仅仅三四米见方的小小书房,就是一座热热闹闹的大戏台呢!

中午吃饭还是常例,有一个细节很有意思:莫老师趁师母去厨房的间隙,一口把杯里师母给定了量的酒喝干,然后又不声不响地把酒倒在了原来的位置上。但还是被细心的师母发现了。莫老师像受了冤屈的学生一样作辩解,说杯子里的酒根本没动。师母说,可瓶子里的酒少了啊。我在一旁忍俊不禁。

我一直不知道,一向随和的师母为什么会如此坚决地不让这位以小说《红高粱》闻名天下的大作家,在日常生活中也痛痛快快地像个山东汉子那样大碗地喝酒。直到这年 4 月,莫言老师因胃出血,原定到山大来参加 2002 届研究生招生复试的计划没能实现,我才明白师母强迫他少饮的理由。

莫言带来的思想冲击

◇程春梅

莫言老师获诺贝尔文学奖了!

同门师兄妹高兴得奔走相告。我一晚上接了好几个电话,连从未见过莫言的老爸也从远方的老家打电话来,第一句话就是:“莫言获奖了!”高兴得像个老顽童,唯恐我不知道这件事,大概他还会戴上老花镜,找出从我这儿拿回家的《莫言研究资料》,再读读吧?那是导师贺立华教授很多年前主编的书,曾送给我两本,老爸拿走了一本。他很佩服贺老师,对贺老师编的书很仔细地读过,还跟我讨论过。想象着他戴老花镜的样子,我忍不住乐了。儿时的同学也第一时间发短信给我:“你老师得奖了!”兴奋的情绪互相感染着,现代的通信工具迅速传递着大家衷心的喜悦。

因为是熟悉的老师获奖,那曾经遥不可及的诺贝尔奖突然一下子就很近了。如果我们一直把诺奖当作一个文学高度去企盼,只有到了这个高度之后,我们才会放下这个念想变得从容淡定。对国人而言,或许以后它再也不是一个郁结于心的情结而年年纠结了。

第一次见到莫言老师,是在2000年夏天,那时我刚考上山大文学院的研究生,离开教了六年的乡下中学来到省城济南。新学期开始莫言和夫人一起送女儿笑笑来山大上学,导师贺立华先生与莫言是朋友,我们同门师兄妹跟随贺老师热情接待了莫言一家三口。我至今还记得当时初见莫言老师时那种很诧异的心情。那天,莫言老师穿着颜色鲜丽的花T恤衫,慢声细语地跟我们说话,从不见他豪爽地开怀大笑,最多就是笑眯眯地瞅着你,这个样子无论如何都不能让我把他和《红高粱》的作者画等号。我一直想当然地觉得写出《红高粱》的莫言,应该是一个豪爽的带着野性的山东大汉,也许还该有个络腮胡子吧?但眼前的莫言老师很平易近人,眼睛常常眯成一道缝,很宠爱地望望宝贝女儿。跟随在他身边的师母衣着朴素,一脸谦和的微笑,亲切如同家乡来的老姨。而女儿笑笑刚刚从千军万马挤独木桥的高考中脱离苦海,仍带着中学生的那种稚气与纯真。没有谁摆姿态，莫言老师一家就像来走亲戚一样，大家团团而坐，毫不拘束地聊高考，聊乡下的生活趣事，聊曾经的艰苦生活。莫言老师说当年村里住了城里来的“右派”，当他看到这个“右派”平常就能吃顿他过年才可能吃上的饺子时。就有一种愿望，将来就过这种能吃上饺子的生活。参军，写作，提干，去上作家班，当同班同学按照当时流行的创作路子开始出书，开始扬名立万的时候，他知道自己不会去重复走这样的文学创作之路，仍不急不慢地摸索属于自己的写作风格。后来他终于另辟蹊径，拿出了《球状闪电》、《透明的红萝卜》、《红高粱》等系列作品，呈现出打着莫言烙印的创作风格。莫言把乡村生活给予他的记忆经过了艺术的打磨，化作了一篇篇带给文坛新气息的奇异文字。他终于成功了。

后来莫言老师接受了山大的聘书，做了山大文学院的兼职教授，与贺老师一起带研究生，经常来山大授课、开讲座，大家见面的机会就多了。记忆中，莫言老师从未发表过高深莫测的言论，所有的讲授都来自他的创作感受和人生智慧，从不见他咄咄逼人的才子气势。上课的时候常常是娓娓而谈，很平和，很低调。他曾在讲座中强调他的写作态度：“不是为了平民写作，而是作为平民去写作。”刚开始我们还不适应，觉得著名作家怎么不给我们讲讲高深的理论啊？甚至心底有时也会冒出点“腹诽”：这样的课好像显不出大作家的水平啊！听久了，才会突然灵光一闪：也许这才应该是文学的本真面目，率性、真实，甚至是很家常、很普通，不高高在上，但直抵人心。莫言老师践行着“作为平民去写作”的原则，让你跟随他一起去体会这种文学接地气的本真状态，这种不矫饰、不夸饰的表达，才正是做人为文的真义。一晃十几年时间过去，当年的听课印象至今还很清晰，从开始时存着诧异甚至暗暗带一点失望以为莫言水平不高啊的小心眼，到后来不断地遭受来自莫言老师讲课带来的思想冲击，我头脑里多年积累的关于文学的条条框框和诸多偏见，被莫言老师真实而敏锐的课堂讲授彻底颠覆了。这是一个非常痛快淋漓的转变过程，在不知不觉中他让我们真切地体会到理论的高深未必会带给写作更强烈的生命活力，而娓娓道来的人生智慧才更能体现一个作家对世界、对人生的认识高度。

放牛青年成了大作家

◇于红珍

因为导师贺立华教授和莫言私交密切，作为弟子，我有幸多次领略莫言老师的风采。我是个不擅言谈的人，每一次见莫言老师，我更多扮演的是在一边默默打量和倾听的角色，成了真正的“莫言”，这种倾听虽然使我错过了许多向莫言老师直接学习请教的机会，但这种近距离的打量和“窥伺”，也让我对莫言老师的为人、为文有着自己的感性认识和理性思索。每多接触一次，这种认识就越深入一步。

谟贤大哥、大嫂和莫言弟子于红珍(中)

西部牛仔？谦谦君子？

2000年山大本科毕业后，我继续留在母校攻读硕士研究生。未曾想到，开学伊始，我能有幸见到莫言老师。本科阶段，我已经阅读过《红高粱》、《天堂蒜薹之歌》、《酒国》等小说，并且对作家本人有了一种狂放、粗犷的印象想象。当从导师那得知，莫言老师要来山大时，我心中不由得遐想，大人物会是什么样呢？会不会就是我想象中的样子？

期待中，8月31日中午，在山大留园，我们见到了莫言老师。贺老师和我以及同届的师兄师姐都参加了那次午宴，同座的，还有莫言的高密同乡、山东师范大学的杨守森教授。贺老师一一向莫言老师介绍了我们。那时候的我相比现在更不善言谈，而且见人就脸红，贺老师介绍我的时候特意提到这点。莫言老师听后还笑说，这不是缺点啊，这是优点，现在已经很少有女孩子会脸红了。看着如此和善、如此不吝啬赞美之词的莫言老师，我的心一下子放松下来，原来大人物也是很平易近人的。心情平静下来的我开始打量起莫老师。他身着一件蓝黑底白色碎花的衬衫，头戴一顶牛仔帽。我与师姐不由得私下窃语，说莫言老师看起来像西部牛仔。在席间隐忍不下就对莫老师说了，莫老师笑而不语。这一笑让你觉得你的判断仿佛是错的，眼前的他衣着似乎像西部牛仔，但举手投足又像一位谦谦君子，内敛、谦和，言语不多。现在回头想来，这初次见面留下截然相悖的印象，却正是莫言老师的真实写照。文本中的他是充满诉说欲望的“叙述就是一切”的人，体现出一种汪洋恣肆、张扬狂放的西部牛仔式自由精神。但是生活中，却是何若莫言，是低调随和的。当然，所有熟悉莫言老师的人都知道这“莫言”的由来。

席间，莫言老师谈论自己的创作经历，其中最多的是与吃有关。他说自己写小说就是为了吃饱吃好，为了能一天三顿都有饺子吃，并说自己第一次跟山大有“交情”，也是因为饺子。一位山大出身的“右派”在高密劳动改造时，偶尔会吃上一顿饺子。莫言老师说，这让他感觉山大的人，就是了不起，还有饺子吃。之后，莫老师又谈到他的参军、提干，并详细介绍了自己近期正在创作的一部小说，他讲了很多流传在高密的围绕胶济铁路的故事传说。这就是半年后呈现给读者的小说《檀香刑》。

贺老师曾说过，莫老师很少携妻女一起出差，因为他觉得因工作的事情带着家人出来，是不清廉的，甚至会招人腹诽。不过这次莫言老师是作为新生家长，送女儿管笑笑到山大外语学院就读，自然全家出动。谈到莫老师的生活和高考中榜的女儿，大家自然把目光转向了莫师母，夸起了她的贤惠能干，莫老师幽默地制止道：“别夸了，她一旦觉悟了，我们就遭殃了。”大家哄然，师母则是浅浅一笑。

饭后，我们一起走出餐厅，笑笑一直亲昵地挽着爸爸的胳膊。这个人如其名，特别爱笑的天真如孩子般的小女生，脸上始终挂着甜甜的笑，而一边的师母则是一脸幸福地看着父女两人。之后，我们一起来到邵逸夫楼前的草坪上合影。然后，像所有送孩子到大学就读的父母一样，莫言夫妇在校园里选了几处地方跟女儿留了影。

这次相见，莫言老师那谦和、朴实、幽默以及努力向上求取的拼搏精神给我留下深刻印象，让我见识了大人物平凡的一面。

2001 年，莫言老师正式接受山大的聘任，做了山大文学院的兼职教授，与贺老师一起带研究生。我们又多了与莫言老师相见的机会。之后，莫老师时常来山大授课，他为我们研究生开设了“创作学”和“当代作家论”。他的讲课依然是没有微言大义，没有高深莫测的理论，他用朴实的言语传达出自己对于生活、生命、写作的真切的体验。他提出“作为老百姓写作”，而不是高高在上的“为老百姓写作”，更是有意识地去反拨当时文坛弥漫的所谓“中产阶级、准贵族化”的写作。他不是空谈理论，而是践行着自己的写作原则，踏踏实实在“高密东北乡”的土地上辛勤耕耘着，他用这样一种不伪饰、本真的方式体现着自己做人做文的真谛。

黑孩——进入莫言世界的钥匙

再次见到莫言老师是在十年后。2011 年，我回到山东大学攻读博士。9 月 25 日，我有幸参加了在莫言老师家乡山东高密举行的“莫言茅盾文学奖获奖作品《蛙》研讨会”。这次会议规模不是很大，主要是来自山东省内高校、省作协、省文联、省社科院以及省内媒体单位的专家、学者、记者，共四十余人。整个会议持续四个小时，围绕《蛙》的主题、人物塑造、艺术风格、价值等方面，与会专家们从多角度、多层面进行了研讨，表达自己对《蛙》的深入解读。莫言老师一直认真听取发言，最后谦虚地感谢各位专家学者的批评指正，并坦言指出，自己的小说《蛙》尽管获奖，但并非完美无瑕。作品没有写“大”，因为在关键处落笔时仍存在某些顾虑，故而“手下留情有所保留”。另外，他还认为自己的作品缺少更加深刻的生命体验和感悟。

中午宴请时，莫言老师坐在主桌上，和高密的各界领导及省内高校的专家坐在一起。我所在的位置恰好是面对着莫言老师，我又有机会去“窥伺”莫言老师了。我总相信觥筹交错的酒席，是最热闹的，却也最能看出一个人的本真。此时的莫言老师，仿佛有一种气场，把自己和周边环境截然隔离开。我脑海里不由得浮现出“热闹是别人的，寂寞是自己的”这句话，我想起莫言老师说过的话，“黑孩是一个精灵，他与我一起成长，并伴随着我走遍天下，他是我的保护神”。我又想起赵玫在接触莫言老师后书写的一段话：“……你于是蜚声于文坛，你于是令人刮目相看，但在那所有的喧嚣热闹之外，仍旧是那一颗荒芜的心灵，是那稍一触动，就会渗出鲜红鲜红血珠的伤口。"（赵玫：《淹没在水中的红高粱》，载《北京文学》1986年第8期）对，这种印象就是此时我眼前的莫言老师给人的印象。越是热闹的场合越能凸显出这种疏离、这种沉重。这一刻我感觉到他仿佛在现场，但又仿佛游离于现场之外，好像在俯瞰这热闹的宴席。透过他的身影，我感觉自己看到了在他背后的那个始终伴随着他的黑孩，感觉到了他肩上背负着的沉重的、让他无法放下的东西。这些沉重或许是他自己那被记忆缠绕的童年的沉重，或许是他曾经作为农民的那种沉重。尽管莫言老师总是说作家不是人类的灵魂，不要让他背负太多，但从他的作品中，我们能感知到他笔下背负着太多太多，他真切地让自己作为高密东北乡的一个农民在书写，他总是企图去撞击现实中很多人不敢去触碰的东西。这一刻我终于明白了，黑孩的确是进入莫言世界的唯一钥匙。

宴席中，我向莫言老师敬酒。时隔十年，莫言老师还记得我，并且在与我合影的时候笑着对我说，红珍好像长高了。这一刻的莫言老师，依然如十年前一样亲切随和。只可惜时间的短暂让我没有机会多向莫言老师请教。

这次会议的行程中，还安排了参观莫言文学馆。文学馆坐落在高密一中校园东南部，里面收集了莫言老师三十多年来的文学作品。伴随着电影《红高粱》的主题曲和浑厚的声音"这里是红高粱的故乡，这里是莫言的文学王国，莫言文学馆欢迎您！"我走进了场馆，场馆一入门，正面是大幅莫言塑像，在一片红红的高粱地里，莫言老师深情地凝望着前来参观的每一个人。二楼，共分文学成就、成长道路、文学王国、故乡情结、文化交流五部分，通过大量的文字、图片和实物资料，全面介绍了莫言老师的人生经历和辉煌的艺术成就，特别是他的成长道路和创作轨迹。在整个的参观过程中，给我留下深刻印象的很多，有惟妙惟肖、生动形象的高密剪纸《红高粱》，有莫言老师精妙的书法和手稿真迹，有莫言老师丰厚的创作和成就的辉煌，也有成名之后莫言老师对故乡的眷眷深情，但给我最震撼的还是视频中的一句话。这是中央电视台拍摄的一段录像，原本是要播放的，但是不知什么缘由放弃播放，就放在文学馆的一个展览室中。影像中，莫言老师走在高密东北乡的乡村小径上，讲述着自己，讲述着家乡。在谈到自己的童年时，他的那句"我宁肯有一个幸福的童年，也不想要一个为了成为作家而放牛的童年"深深地震撼了我。我脑海中再次浮现出那个用忧郁的眼神看向远方的黑孩。

莫言亲人眼中的莫言

2012年11月8日，我陪同导师贺立华教授到车站迎接莫言大哥管谟贤老师来山大演讲。作为大哥和莫言的文学启蒙者，毕业于华东师范大学的管谟贤老师对弟弟走向文学道路并成长为一个世界级的作家有着深远的影响。11月9日，管老师应邀坐

客文学院"新杏坛",为山大师生带来了"莫言小说创作背后的故事"。他通过一个个引人入胜的故事,讲述了高密大地上的苦难历史和自己一家的苦难经历;伴随着充满乐观精神与丰富幽默感的语言,给我们讲述了一个天才的莫言、勤奋的莫言、高密的莫言和世界的莫言。

而我作为管老师和王老师(管老师的夫人,莫言的大嫂)整个行程的陪同者,不光聆听到了这些写作背后的故事,更从"大哥、大嫂"那儿认识到生活中的莫言老师是怎样的平凡为人。其中有三件事情给我的印象最深刻。

在莫言老师获得诺贝尔文学奖后,各媒体纷至沓来,涌到莫言老师的老家高密。因为身体原因和准备诺贝尔奖各种事较繁多,莫言老师不胜其扰。某电视台一名女记者因为台里领导下了死命令,说如果采访不到莫言,就留在高密,不允许回台里。女记者调侃自言道:"我干脆嫁到高密来算了。"她固执地每天都跑到莫言老师家里蹲守,甚至帮着操持家务。这种执著的精神感动了莫言一家人,最终莫言老师接受了女记者的采访。

莫言的大嫂王老师说,一次莫言老师出国讲学,原定的归国日期已到,家人询问他是否平安到家,得到回复是因别的活动延长签证,望家人不必担心。当时王老师就很奇怪,怎么签证随便就能延长了呢?她怀疑莫言老师可能生病了。等莫言老师从国外回来后,在家人追问下终于吐露真情。他在国外因为胃出血住院,唯恐亲人担忧,只好编了个理由。

在陪同管老师和王老师期间,管老师接到了高密老家90多岁老父亲打来的电话。原来是家里的老人等不到不在身边的两个儿子的电话,心里焦急,就找晚辈来帮着拨通了管老师的电话。管老师说,平时莫言老师和管老师都会固定在每周六早9点这个时间给老父亲打电话,问候老父亲,让老人安心。但是这次因为诺贝尔奖各种事宜,打乱了莫言老师和管老师的行程,所以他们没有按时打电话,老父亲就着急了。听了这话,我一下感觉到自己仿佛离莫言老师很近很近,因为我自己也是跟母亲约好固定时间打电话的。

莫言老师是不幸的,因为他的童年。但那已经属于过去。现在的他是幸福的,因为有爱他、为他分忧的亲人们。有和善可亲的大哥大嫂,有时刻牵挂他的老父亲,有贤惠能干的夫人,有时时甜蜜笑着的笑笑,还有那可爱的小外孙女。在陪同管老师和王老师的整个行程中,我深切感受到莫言老师一家人的和美亲密,更感受到这一家人的和善。对于我这个不足两天时间的陪同者,王老师在回到高密老家后,特意给我打来电话表示感谢。我在愧不敢当的同时,深深地为之感动,更为莫言老师有这样的家人而高兴。

文如其人。莫言老师说自己是"作为老百姓写作",不少人表示怀疑,甚至说这是作秀。说这话的人是没有看到生活中的莫老师。生活中的莫老师就是一个老百姓，一个平凡、善良、体恤他人、孝顺父母的老百姓。他们庆祝获诺贝尔奖的方式也如老百姓一样，一家人包一顿饺子，聚在一起吃饺子，聊聊天。还有人批判他的审美，但正如莫老师自己所说，善良的人才对残忍、对恶最敏感。是的，只有走近莫言老师，才能更深入地了解他以及他的作品，否则都是妄下断语。诺贝尔文学奖的青睐让莫言老师再次成为关注的焦点，他的作品也更火了，但我相信莫言老师依然是原来的他，真实的他。而获诺奖后莫言老师的言行举止也印证了我的这种印象。他没有变，心如巨石，依然淡定，依然真实地表达自己，变的只是各界对他的认识。我相信、也祝愿这样真实的莫言老师向读者奉献更多、更经典的作品。

幸福而寂寞的写作者

◇王美春

若用一个词汇来描绘我的研究生导师莫言先生，我想最合适的一个词应该是"勤奋+天才"。2003年，《丰乳肥臀》（修订版）出版，莫老师给山东大学的贺立华教授和他们二人联合招生的几个研究生弟子都寄来了此书，并分别题了字。洋洋洒洒50万字的一部长篇小说，拿到手中感到很是厚重。那天在校内导师贺立华老师的办公室，贺老师语重心长地对我们几个说，莫言是一个多么勤奋的作家，你们要向莫老师学习。依稀记得莫老师给贺老师的书上的题字是："立华兄：身在两地，时时念之。"落款是"莫言于北京"。后来，莫言老师笔耕不辍，凭借其惊人的想象力、旺盛的创造力和天生的会讲故事的才能，继续出版了《四十一炮》、《生死疲劳》、《蛙》等长篇小说力作。他当之无愧是个勤奋的作家，也是个具有写作天赋的作家。

莫言老师给我的第一印象

2002年春，当确定被山东大学文学与新闻传播学院中国现当代文学专业录取为研究生时，我成为众多同学羡慕的对象。因为我是双导师制，校外导师是文坛上早有盛名的莫言先生，校内导师是同学们公认的好导师贺立华教授。一天，贺老师2000级的研究生齐林泉师兄（现为《中国教育报》记者，网络运营总监）专门找到我说："王美春，莫言老师让你和赵学美（莫言老师2002年春招的另外一个研究生，现在北京《中国空港》杂志社工作）给他打电话呢。"接着，把莫言先生北京家中的电话号码和莫言先生的手机号码告诉我。那会儿，我还没和莫言先生见过面呢，也没通过话。那晚，我很忐忑地跑到学校的公共电话亭，拨通了莫老师家的电话，话筒中传来莫老师洪亮的带有磁性的声音，标准的京腔儿，地道的普通话，没有一点儿老家山东高密的口音。他知道是我后，很高兴。我问他什么时间来山大，他说忙过这段时间就来……回到宿舍后，我很兴奋地和舍友说，莫言的声音太像响马了。幼时喜欢听《隋唐演义》，对响马的故事非常熟悉，不知道为什么，听到莫言老师的声音后，感觉他就像是一个响马，一个威风凛凛、天不怕地不怕、我行我素，专爱除暴安良、打抱不平的大侠。

2002年9月，莫言老师来山东大学给研究生上创作理论课。初次见到莫言老师，立刻颠覆了我心目中的“大侠”形象。那个在电话中感觉到的隋唐英雄、梁山好汉的形象渐渐远去，我面前的作家莫言是一个多么温和、多么谦恭、多么君子的人。若用浓眉大眼来形容一个男子是美男子的话，莫言不是一个美男子，他眼睛很小，一笑只剩一条眼缝儿；但是这个不是美男子的普通人，凭借着自己的勤奋和善于讲故事的语言天赋，做到了很多美男子做不到的事情。先是长篇小说《蛙》荣获国内长篇小说的最高荣誉——茅盾文学奖，然后2012年10月，莫言凭借自己的文学成就问鼎诺贝尔文学奖，成为首个荣获诺贝尔文学奖的中国籍作家，可谓“一举成名天下知”。

2002年9月，莫言来山东大学，除了给研究生上课外，还有一个安排是陪同来自法国的翻译家杜特莱教授及夫人到自己的老家山东高密去。杜特莱先生和妻子当时正翻译莫言的小说，对齐鲁文化和高密东北乡产生了浓厚的兴趣。莫言夫妇此次便顺道邀请杜特莱教授夫妇到高密去，体验一下高密东北乡的风土人情，让他们找一下莫言小说中的感觉。杜特莱教授在私下与我们交流时说，他和夫人曾翻译过很多中国作家的作品到法国去，如苏童、余华、莫言等。杜特莱先生说，翻译余华的作品时，他和夫人老想哭；而翻译莫言的作品时，他和夫人则老忍不住想笑。的确，莫言的笔触辛辣老到，又透着幽默诙谐。和余华作品中苦难意向的直接呈现、血淋淋地写实不同，莫言用另外一种方式，把生存的苦难和现实的荒诞、还有残酷的想象糅合到一起，呈现给读者的或是会心一笑，或是含泪的微笑，或是开心的捧腹大笑……

一个好男人和一个好父亲

2002年9月，我们几个山东大学的研究生随莫言到老家高密。一路上，莫言的妻子杜芹兰女士对我们很是照顾。一日，参观高密第一棉花加工厂。棉花加工厂是莫言老师和师母都曾工作过的地方，他们年轻时都曾在棉花加工厂当合同工，也是在那时，两人谈起了恋爱。后来，师母说了一番话，让我们很感动。师母说，自己还没有随莫言到北京定居时，她和女儿笑笑很长一段时间住在高密。那时，她在一家企业工作，莫言每个月一发了工资就给她们娘儿俩寄过来。不过，师母又笑着补充说：“那会儿你们老师挣得还不如我多呢。”因为师母所在的那家企业效益很好。我们从师母的话中，体会到莫言老师是个顾家的人，一个有责任感的好丈夫、好父亲。虽然不能天天陪在妻子、女儿身边，但时时刻刻挂念着他们。这样的一个男人不失为一个好男人。后来，一有

机会，莫言老师就把妻子、女儿接到了北京。

莫言老师的很多作品中的女性形象，都有师母的影子。师母年轻时是高密东北乡远近闻名的美人，虽然文化程度不高，但在那时的农村，懂那点文化也够用了。据说，莫言老师是参军入伍后，才向杜家提亲的；没参军前，怕杜家嫌弃自己家穷，没敢向杜家提亲。记得 2002 年 9 月在山东大学欢送莫言老师的晚宴上，贺立华老师打趣地对莫言夫妇说："就算莫言有一天被打倒，被打为'右派'，小杜也不会变心的。"

2004 年三四月间，师母动了个小手术，我和学美都很挂念。有一天，笑笑去我们宿舍玩，那会儿她已经公开出版过一部长篇小说《一条反刍的狗》(春风文艺出版社)，并已确定被山东大学保送到清华大学读研究生。中间笑笑给他父亲莫言打电话，殷殷地说："爸爸，妈妈动了手术，你要照顾好妈妈呀！"我们听到电话那头莫老师对女儿说："放心吧！一定会照顾好的。"然后，笑笑又告诉父亲我们在这里玩，电话那头莫言便很爽朗地笑了，笑笑也笑了："爸爸，为什么一说到你的研究生，你就这么开心呢？"偶然的一次和笑笑的闲聊中，得知莫言的手机号码中包含着女儿笑笑的生日，这是多么感人的舐犊情深。鲁迅先生曾说过："恋子如何不丈夫。"是的，一个舐犊情深的好父亲，影响不了其成为一个伟丈夫。

有一次，和莫言老师闲聊，说到他为什么给女儿起名叫"笑笑"，他感慨地说，自己那一代人，童年时的生活太苦了，希望女儿这一代人的生活可以一直美好甜蜜，笑口常开，不要像他那样，少时多磨难。莫言老师的女儿管笑笑现在北京工作，是中国劳动关系学院的一名专业教师、博士，现在已和爱人育有一女，生活过得幸福甜如蜜，没有辜负爸爸妈妈当初美好的的期望和祝福。记得 2003 年《丰乳肥臀》(修订版)出版时，管笑笑在《齐鲁晚报》上写了篇小散文，说父亲莫言是上天送给自己的最珍贵的礼物。

故乡的风景

2002 年 9 月，随莫言老师在高密的几天，我们跟着莫老师去了很多地方，主要是和莫老师的创作有关的地方。在一个高高的桥洞旁，莫言老师说，那就是他的小说《透明的红萝卜》的故事发生的地方。桥下已经没有水，莫言说他小的时候这里的水很大，有时还会水大了发生洪涝。小的时候，莫言自己就像《透明的红萝卜》里的主人公小黑孩那样，参加人民公社的水利修建工程。莫言老师向我们比划着解释什么叫泄洪闸。《透明的红萝卜》是莫言初登文坛的成名作，这部小说使他的名字一下子就在当时的中国文坛炸响。

一日，我们一行人又在高密市委一干人马的陪同下在高密农村街头闲逛，秋日的阳光懒洋洋地照着大地，地上有成堆的收获后的花生蔓子，好多被采摘掉花生后的蔓子上还残留着一些小的长得比较瘪的果实。这种小花生虽然很小，但是果实很有滋味，细细咀嚼还甜甜的，很好吃，我小时候在农村就经常和哥哥从村子里堆着的花生蔓子上找这种小花生吃。莫言老师第一个跑到花生蔓子堆旁，揪下一个个小花生放到嘴里，随行的几个记者也关了相机，加入到这个行列。

莫言老师曾在一篇散文中提到，饥饿和孤独是他创作的财富，故乡是他创作的原动力。高密东北乡的每一草每一木、每一景每一物，都深深地印在莫言老师的脑海里、心田里。当记忆之门猛然打开，童年的记忆和想象的影像交相辉映，记忆是五光十色的，想象是天马行空的；高密东北乡的风景人物一个个争先恐后地跑到莫言老师笔下，带给读者一个个传奇和惊喜；在烟雾缭绕中，莫言老师继续营造着现实中的高密东北乡和想象中的高密东北乡，演绎着故乡的经典传奇。

故乡实际上只是回忆中的故乡了，小说中的高密东北乡和现实的高密差距很大。起码，长篇小说《红高粱家族》中描写的成片的、红色的、令人迷离淌恍的红高粱我没有看到。莫言曾说，故乡的飞禽走兽、恩人仇人都成为其小说中的内容；莫言大哥管谟贤说，莫言小说中的所有人物在高密都可以找到人物原型。实际上，莫言营造的，正是现实中的高密世界和他想象中的高密世界。莫言作品呈献给世人的，更多的还是一个他想象中的高密东北乡，这和现实的高密东北乡有交叉、有融合，当然也有距离、有分歧。

写作是幸福的，也是寂寞的

记得同门师兄齐林泉曾在莫言老师的长篇小说《十三部》再版时做过莫言老师的一个专访，题为《写小说就是过大年》。的确，对于莫言老师来说，写小说就是过大年。写作时的莫言老师是幸福的。有创作冲动和创作激情的时候，就是他最幸福的时候。因为在写作时，莫言老师可以颐指气使，可以飞扬跋扈，可以狗胆包天，可以色胆包天，可以贼胆包天；但在平日的为人处世里，莫言老师是低调谦和的，是温文尔雅的，是与人为善的，是谦恭礼让的。每年，莫言老师都会留出专门的时间把自己“放逐”到一个大家找不到他的地方和角落，然后，全身心地创作。

同时，写作也是寂寞的。莫言老师 2002 年 9 月 25 日在山东大学的演讲中说：“我觉得写作应该是寂寞的，作家就是一种职业，不管老百姓怎么看你，自己千万不要自认为是高人一等的精神贵族。王朔作品中对作家的调侃，是对中国作家自大狂的讽刺。成名作家要保持平常心很困难，随着社会地位的提高、物质条件的改善，作家会不知不觉中改变。成名后，名誉、地位、金钱都有了，会对灵魂产生很强烈的腐蚀。如果作家有强烈的自我警惕的意识，他还可能保持作为一名老百姓的心态。作家一旦成为精神贵族，自认为是巴尔扎克、托尔斯泰，将小说、诗歌等神圣化，这将是荒诞的。文学就是一种艺术形式，就是一种游戏的东西，当然这种游戏中有庄严、有神圣、也有痛苦和欢乐，但它毕竟就是一种艺术形式，绝对没有神圣到不可侵犯的程度，这些作家更是凡人……”

当然，莫言老师作为作家中的一员，他也是凡人。他有凡人的喜怒哀乐，有凡人的一切优缺点。2012 年，当莫言问鼎诺贝尔文学奖的光荣像暴风雪一样席卷中国大地，关于莫言老师的一切都被聚焦到镁光灯下，有些甚至被无限地放大，推到人前时，莫言老师是淡定的。“背对文坛，面对苍生”，这依旧是莫言老师坚持不变的写作态度。无论身处何地，莫言老师依旧会继续“作为老百姓写作”，写他作为老百姓的喜悦和忧伤，写他作为老百姓的艰辛和无奈，写他作为老百姓的无助和幸福……从人性出发，继续用笔触去探索人类人性的神秘腹地。

郁达夫先生曾在《怀鲁迅》一文中说：“没有伟大的人物出现的民族，是世界上最可怜的生物之群；有了伟大的人物，而不知爱护、爱戴、崇仰的国家，是没有希望的奴隶之邦。”和鲁迅先生相比，莫言老师是幸运的。当年鲁迅为逃避当局政府的迫害，携妻带子跑到上海的法租界中，“躲进小楼成一统，管他春夏与秋冬”，鲁迅先生靠的是外国对自己的保护。作为一名中华民族的优秀人物，鲁迅在他那个年代，没有得到当局政府应有的“爱护、爱戴、崇仰”，不被政府所看重。与鲁迅不同的是，据我所知，莫言先生很早便享受到国务院颁发给他的特殊津贴。莫言是中共党员，是中国作协副主席，是中国艺术研究院文学院院长，是我们国家体制内的作家。参军后的勤奋写作改变了莫言的命运，如果没有参军，没有写作，莫言说他可能会成为农村的一个养鸡专业户或者是一个村长。

莫言是山东高密农村一个普通农民的儿子，平时以“农民”自居，他说谁要是把他看作一个知识分子，就是在骂他。莫言还说，自己在山东大学不是一个称职的教授，他在山大的意义在于，让大家知道作家大致是什么样的，让大家“破除迷信，解放思想”。成名后的莫言喜欢吃的食物依旧是山东老家的大葱蘸酱、煎饼卷大葱，还有妻子包的水饺。莫言说，没有中国的改革开放，就不会有今日的莫言。莫言 2012 年 12 月在瑞典的演讲中说到，没到瑞典前，外媒都把自己写得很可怕，现在自己来了，大家看到了，自己没有传说中的那么可怕吧！诺贝尔文学奖的资深评委马悦然先生很高兴，他说莫言用自己的演讲征服了对莫言怀有疑惑的众多西方人。

第二辑　师从莫言

作为老师的莫言

◇齐林泉

2000年,莫言的女儿管笑笑考入山东大学外国语学院,山大邀请他担任兼职教授。从2002年起,山大又聘请他与贺立华教授联合培养现当代文学研究与文学创作研究生。这是他招收的首批弟子。

首度为人师表的他心中感慨万千。他说:“童年时因为‘文革’,小学未毕业就辍学回乡务农,那时对上学的热望,一点不亚于高玉宝。后来兴起了‘工农兵大学生’,我的大学梦也做得很猖狂。山东大学是我心中一座高不可及的圣殿,‘文革’期间我在农村劳动时,就知道山大很多事情,因为我的邻居有一个被错划为‘右派’的大学生,听他谈山大的事情,是我的一大乐趣。几十年后,我竟然也成为山东大学的兼职教授,虽然自觉有愧,但心中还是很激动。我感到当教授要比当作家难,作家写不出好作品臭的是自己,而做教授做不好会误人子弟。”

从封闭的书斋走出来,走进校园,设帐收徒,对作家和对学生都是好事情。莫言曾说,一个作家要想使自己的作品保持锐气,必须不断地从外界汲取新鲜的东西。作家进入校园,对作家的写作会产生积极的影响。从学生的角度看,学生如果直接地和作家打交道,也会获得许多从传统意义上的高校老师那里得不到的东西。

在山大的第一次师生会面,一向自信而平静的莫言抱着紧张和矛盾的心态。一方面,莫言说:“早就盼着见面这一天了。”之前师生虽未曾谋面,但通过电话和电子信箱,已经多次交流。另一方面,莫言又说:“到大学当教授是我一个错误的选择,作为一个小说家,在纸上滔滔不绝地写还行,要真带研究生、设帐收徒,必须拿出一套系统的理论才行,这对我来说非常非常困难。我觉得一个小说家理论太多,会扼杀他的创作。”自从犹豫再三领取兼职教授聘书后,当教授似乎成了他的一块心病。“误人子弟”成了他的口头禅。但在他的这种诚惶诚恐中,确实认认真真地同贺立华仔细切磋商讨讲课的事,并坚辞其他重要事宜,力争参加研究生复试。

无论面对校长还是学生，莫言都很坦诚地说："他们跟着我注定学不到任何东西。"不过莫言的补偿办法，可能令每个学生眼红："如果没有办法的话，我就经常请他们吃火锅，让他们精神上得不到的用食物来滋养吧，要不每年给他们1000元的助学金，否则我不敢当这教授。幸好有贺老师，有什么问题我解答不了，你们可以找贺老师，实在不行我可以把问题拿到北京去，请出北大、清华的老师来解答。"

之后他多次来往北京、济南授课，都很认真，虽不带讲稿，然口若悬河，层次井然，很受学生欢迎。所讲内容被研究生记录并发表在《文史哲》上，所得稿酬，分文不取，嘱咐交给研究生买书用。作为弟子，毕业分配到北京后，老师每当周末包水饺的时候，都要给我打电话，约到他平安里的家里坐坐。在我们都还没结婚的时候，莫言就欣然应邀为我们未来的孩子起好了名字。

现在在《大众日报》供职的学生兰传斌曾经跟莫言说："其实很不愿借您的名为自己脸上贴金。"莫言听罢却哈哈大笑："如果我的名对你还有用，就随便你用。"他的坦诚，让几个为人弟子者感到一种近乎亲情的师生之谊。

莫言在十年内，先后在山东大学、青岛科技大学、中国艺术研究院等做专职、兼职或客座教授。了解莫言的学生与朋友都知道，看似人高马大、不苟言笑的莫言，实际上感情细腻。女儿评价他"很坚强，很温柔"。除了亲友，莫言对那些帮助过他的人，常怀感恩之心，哪怕是微不足道，也总是记挂在心。有一次，他与高密老友去青州仰天山，途经一山村，临街一户，门前柿树三株，绿叶落尽，枝头红柿累累，满树辉煌。他们下车拍照，并忍不住嘴馋摘了两颗吃。这户人家的主妇带着一对双胞胎小孩出来看，他们要付钱，被主妇笑着拒绝了。回来后，他写了一副对联"门前万棵红柿，家中一对娇儿"，托青州的友人转交那个大嫂，以回报她送的两个柿子。对此，像半个世纪前在小学文艺宣传队时那样，他还写了一首打油诗："嘴馋偷柿子，心中很歉疚。大嫂笑着说，只管吃个够。"越是来自普通人的友善和情谊，莫言越是珍惜，越是难以忘怀。

莫言授业的两个“第一”

◇齐林泉

第一封指导信函：研究应该以作品为主

在做论文研究准备的时候，初出茅庐的我未与贺老师商量，就贸然写信给莫言老师，咨询是否有较全的创作年谱和作品年鉴，可否做些推荐。没几天我就收到了莫老师的来信，不但收到来信，还附带了一本论文和一份钱币收藏的礼物。因为写信时我曾将收藏的一整套第三套人民币送他。他却送给我一份更为贵重的礼物。

小齐：

我半生庸碌，创作成绩平平，实在不值得你研究。你的贺老师让你研究我，你不一定非要听他的。

十几年来，从没有想到要保留一份完整的创作资料，发表小说的刊物，多半剪贴了出了集子(当时复印还很不容易)，许多连发表的日期都忘了。发表在报纸上的文章更是随手抛掷，要想找全很难。台湾淡江大学一个研究生谢静国以我为研究对象，在编写创作年谱方面做了一些工作，有很多日期我知道不确切，但要我查证准确也难。寄上他的论文(创作年谱附在其中)，供参考。

年谱，你可参考谢静国的论文，基本上构(勾)勒出了一个轮廓。有疑问之处再问我或问我的大哥。亲友录也可问我大哥。

作品年鉴，可在小谢的基础上补充。我的阅读，早期主要是那几部古典和当时流行的那十几部长篇，以及 20 世纪 60 年代初期中学的语文课本，80 年代上军艺读书才开始较多地阅读西方文艺作品，但此时已经过了读书的年龄，很难耐心把一部长篇读完，所以诸如马尔克斯的《百年孤独》、福克纳的《喧哗与骚动》等等，至今也没通读。

电影，1986年时曾根据我的短篇小说《断手》写过一部电影文学剧本《英雄浪漫曲》，发表在《八一电影》杂志上，忘了期号。1987年与他人合作，根据我的小说《红高粱》、《高粱酒》改编了电影剧本《红高粱》。1988年与刘毅然合作写了电影文学剧本《大水》，发表在一个电影杂志上，忘了是什么刊物了。1992年与刘震云合作写了一个六集电视连续剧本《哥哥们的青春往事》。1993年与崔京生合写了20集电视剧本《梦断青楼》。1994年与人合写了电影剧本《太阳有耳》，被香港导演严浩拍成，张瑜主演，得过西柏林电影节银熊奖。1996年底写了一个话剧《霸王别姬》，2000年底在北京上演。1998年写了一个18集电视剧本《红树林》，后又将剧本改写成同名小说。

散文作品，基本上都收集在散文集《会唱歌的墙》(人民日报社出版社)和浙江文艺出版社去年出版的《莫言散文》里了。谈话、书信之类，无法归集，日记从没认真记过，记过几本流水账，毫无意义，而且现在也不便公开。

我想，你的研究还应该以作品为主，作家的个人生活和成长环境也许会成为解读作品的钥匙，但谜底一旦揭开，往往就没意思了。批评的任务我想就是在没有神秘的地方弄出神秘来，在没有意义的地方弄出意义来。

在适当的时候，欢迎你到我的老家去看看——其实也没有什么可看的，与你的老家大同小异。你有一些比较具体的问题可以直接向我的大哥咨询，他的电话、地址贺老师都知道。

感谢你赠送的一套人民币。我对集物没有什么兴趣，你的套币大概已变成白菜豆腐了，真是可惜。

还得感谢你们对笑笑的照顾与帮助。

匆匆作复，不尽之处，还请原谅。

莫　言

2001年2月1日

贺老师知道此事后，语重心长地对我说，莫老师很忙，尽量少去打扰他。能写这样的信给你，他的导师当得很称职。

第一本辅导批注：小说创作应该是随心所欲

然而，还有更为让人惊讶的。

随同来信莫老师还给我寄来台湾淡江大学施淑女教授指导的淡江大学中国文学

系硕士班硕士论文,《论莫言小说(1983～1999)的几个母题和叙述意识》(谢静国撰)。提要中豁然提到,莫言在20世纪80年代中期以后的内地文坛,一直是个受人瞩目的名字。他在创作初期除了在一定程度上取法先辈鲁迅外,更对当时在大陆风起云涌的现代派思潮做了艺术上的借鉴,其中尤其重要的是魔幻写实的技巧。

在论文的内容中,莫言在必要的地方都做了修改或批注,也包括里面每一个错别字。可见,他很在乎这篇论文,也有可能是他怕原论文不准确的地方会误导我才这样做的。我想既然他将这本论文给我,显然是后者因素居多。

例如,在讲述莫言的文学创作道路时,论文提到莫言家里在父亲那辈尚未分家前,家里共有31人,莫言改为13人,并在这一章节后面用蓝色圆珠笔画了一个20世纪60年代家庭成员的谱系图:

60年代我家庭中的成员

爷爷:管嵩峰(遵义)

奶奶:戴氏

父亲:管贻范、母亲:高氏——大哥:管谟贤;姐姐:管谟芬;二哥:管谟欣

叔叔:管贻喜、婶婶:聂希兰——二姐:管谟华;弟弟:管谟策;弟弟:管谟江

父亲与叔叔于1967年分家。

另外,论文在介绍完莫言有一个村里第一个考上大学的大哥后,接着介绍,一个最后跟牧羊人跑了的姐姐。莫言直接划出来标注"胡说",然后接着批注:"这涉及我对散文的态度。他把我的散文《我和羊》当成了真事。但胶河农场的确有群羊是真的,我家也养过两只羊也是真的。"是的,之前人们普遍认为并且也都是这样做的——散文当是写实的,记录的是真实的生活。而只有在小说中才可虚构情节和故事,莫言显然将这一做法也嫁接到他的散文创作中去。我曾经问起过他被改为电影《暖》的小说《白狗秋千架》的前身——一篇回乡的散文中女同学的近况,他的回答很简单,她是虚构的。

论文中提到王德威"想象的怀旧"一词,莫言批注道:"这个说法很好。怀旧的过程,对于作家来说,实际上也是创造的过程。过往生活中的一个人物、一个事件,甚至一棵树、一个瓜果,都可能引发一次想象力的泛滥。旧日生活中的每一个细节,都可能生长成一棵枝繁叶茂的小说之树。"显然,这是莫言离不开的一种小说创作的方法。在

后来去莫老师家中做客时，他谈到他手头会同时写着很多的小说，哪个有了感觉就顺着哪个写下去。所以他的绝大部分长篇小说往往酝酿数年，真正写作的时间短短数月就可交稿。这方面，他像一个高明的牧羊人，赶着一群叫作“小说”的羊，不时地照料这只一下、照料那只一下，最后这群羊一只只长大。

在论文中，莫言对论文引用的詹明信(F. Jameson)的一段话用红笔画了出来：“所有第三世界的文本均带有寓言性和特殊性：我们应该把这些文本当做民族寓言来阅读。”莫言特意将句中的“寓言性”、“特殊性”、“民族寓言”用红色方框框了起来。这是与他的小说创作精神实质共鸣的地方。

论文中莫言画线的还有如下一句话：“莫言在空间上对乡土始终寄予厚望，而对于这个空间中的时间，他以自己的方式和经验，丰富并转化了传统历史时间的刻板与僵化。莫言的小说不应被放在寻根小说之列，他虚构的家族史，仍是奠基在乡土之上，对时代和个人发出忠告。”“忠告”一词被他圈了起来。显然，这句话莫言自己也是认可的。

在论文附录一“莫言生平大事记及著作年表(1955～1999.3)”中，对于1973年他18岁时的事情，他对错误的地方用红笔在一旁作了梳理：“1973年2月，1973年初春，去昌邑县挖胶莱河，同年8月20日进棉花加工厂当临时工。1976年2月16日当兵离开家乡。”对于“棉厂”这段经历他准确地记住了起始的详细日期并批注出来，这里面有青春莫言刻骨铭心的记忆和他生命中最为关键的起点。

接下来他标注的是他命运的另外一个关键点：“1982年6月提干。职务：教员。1983年——是年暑假期间调往延庆。”最后标注的是：“1988年——是年9月入研究生班为预备班，补习英语对付入学考试。正式学习应从1989年起。”这里的研究生班是指北京师范大学鲁迅文学院创作研究生班，1991年毕业。几年后作为该校校长、如今是教育部部长的袁贵仁宴请校友时，他们曾在一桌吃饭。莫言11岁至17岁因“文革”辍学，期间作为一个真正的农民，他曾经给当时的教育部部长周荣鑫写信，表达自己想上大学的疯狂愿望。这是从他生命轨迹中擦身而过的两任教育部部长。

翻到这篇论文最后的一篇附录“莫言手迹”，我明白了谢静国的论文也曾得到莫言老师的亲自指点，并帮助做了大量资料搜集工作。这一附录是节选的莫言给他的一封信中的两个片段：

在我一生中起了重大作用的事件，一是1973年我在棉花加工厂工作时，与妻子相识并订婚。二是1976年我利用村里干部去挖胶莱河时，悄悄地当了兵。当时，当兵是农村青年改变“命运”的唯一途径，到了部队可以吃饱穿暖，并能学到一些文化，如果不当兵，我在农村只能是为衣食而奔忙，根本顾不上创作。三是被提拔成军官，这就为日后投考解放军艺术学院文学系铺平了道路。当然就是考入军

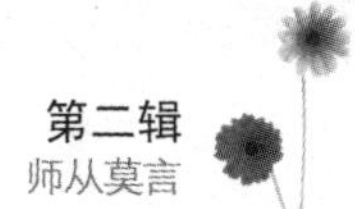

艺文学系，在系主任徐怀中先生的大力扶掖下，我正式登上了文坛。成名作当是《透明的红萝卜》，时间是1985年春天吧。往后的事情就无甚特别之处了。如你想听，下次我去台湾时讲给你。

访谈和年表当然都可附在论文里。

(《丰乳肥臀》)的前七章是在高密写成的，七补(第七章补充内容——编者注)是在北京写的。本书从构思到完成用了数年，但真正写也就是三个月的时间。"大家文学奖"评委意见很好。

七补是在该书得奖前，主要是感到意犹未尽，但往书里插又很不方便，因为那时我是用笔在方格纸上书写，如果用电脑也许就不会那样子了。另外，我向来主张小说创作应该是随心所欲，从结构到语言，怎么方便怎么来。

这就是十二年前我硕士研究生第一学期所接触到的莫言。短短一个学期，莫老师就通过吃饭聊天、讲座报告、书信指导和他人研究论文及其亲笔批注，让我对其创作有了较为全面的理解，从而使我以最快的速度进入学术研究状态。这是一个研究生导师难得的教育境界。

作为初步的成果，2001年年初，我在《青年思想家》第2期发表9000字的论文《莫言：民间放歌　特立独行》。

莫言亲自修改的硕士论文

◇齐林泉

2003年2月底到3月1日，我再次来到北京，在《中国教育报》见习一周。其实是经历选拔。在这期间，我把春节前对莫言的采访给《中国教育报》文化周刊的梁杰主任看，她表示很感兴趣，并且希望选一部分刊登，同时表达如果可以的话，再加上几个谈及教育的问题。但那时我知道莫老师正忙着赶他的小说《四十一炮》，很难有时间，但考虑到借这个机会宣传一下莫老师的新作也挺好。

跟莫老师联系后，莫老师答复我：

> 过几天再说吧。小说基本上写完，但空军话剧团找到我，让我写一部话剧，是关于荆轲刺秦的，可以成为《霸王别姬》的姊妹篇。我答应了，因为这个题材很有意思，我很有想法。

五个小时后莫言老师突然又发邮件告诉我：

> 索性等到6月份话剧上演、小说出版后再做，那时会有新的话题。

莫老师有个习惯，在没有新话题之前，他从不愿意再三接受媒体采访，这样的邀约他至今已经推辞我无数次了。这次约访最初说的过几天再说，其实直到几个月后的年底才得以兑现。这与无论多忙都给我辅导毕业论文截然不同。

从1月份《中国教育报》来招聘，2月份去见习，3月份连续参加山东大学和复旦大学的博士生入学考试，毕业论文动手时已经到了3月底，而学校要求5月中旬必须上交定稿。这样只能匆忙行文，好在这几年跟随莫老师的积淀让我胸有成竹。

4月7号毕业论文《论莫言创作》写完初稿，经过贺老师一个月耐心而又细致的指导，方可拿出来给莫老师发过去。这时候刚好“非典”肆虐：

莫老师：

您好！

论文至今也没有忙完。去《教育报》工作的手续也因《非典》拖到现在还没办完。所以一直没联系。

您和师母一定多注意。尽量少外出。不过还是尽量多活动和锻炼。饮食也要加强营养，无论多忙，也要保持睡眠充足。身体是一切的一切!!!

在“非典”时期，到处空气紧张，北京可能尤甚。人们的心理防线正在经受考验。

口罩成了今春最时髦的时装。这让我突发奇想，这种瘟疫的流行，是不是您《丰乳肥臀》中“雪集”最早的来由呢？我们这里空气也是这样。大家的关心度大大超过了伊拉克战争甚至自己身旁的任何事情。连续几天到餐厅吃饭，600米路上碰上近百人，所有人的话题，竟然都是关于“非典”的。活这么大也没见这么统一的口径。真让我体味了您的《红蝗》、《蝗虫奇谈》里的气氛。同时在灾难面前人们总是不自觉地露出各自的真实面貌。本来就浮躁的社会又成了恐慌的天下。但我们必须要面对。

又占用您的时间了。文安！健康！

林泉

2003年4月29日

莫老师：

您好！

听美春说了您的近况。也好，可以正大光明地让自己休息一下了！

我的论文您不用着急的。我上次给您的您删掉就是了。做了些改动，现在是新的。您看今天给您的这份吧。

昨天《教育报》已经给我了接收函，去《教育报》的事一般没什么问题了。恰恰错过“非典”，说起来比较幸运。

好了，注意身体！代问师母好！ :)

林泉

2003年5月9日

莫老师答复：

小齐，谢谢关心。你的稿子前几天已经粗粗看了。这篇再细看吧。你能来京工作,我很高兴。向美春和学美转达我的问候吧。本来准备暑假前到学校去看看你们,但出来这样的事情("非典"),只好等到秋天再说了。

一周后,莫老师提出了对我的毕业论文的意见:

小齐,论文看过了。就掌握材料的翔实与准确来说,你的论文超过了所有的写我的文章。你把我的创作大概地分为三个阶段,但把《透明的红萝卜》划为第一阶段还值得商榷。总起来说,我的创作发生巨变是在1984年秋入了军艺之后。1984年秋,《红萝卜》之前,写过《大风》、《石磨》、《五个饽饽》。这些小说,已经开启了故乡记忆的资源。《红萝卜》与早期的作品,有明显的分野。应该是我找到了自己之后的第一部作品。你再考虑一下。

关于"三个家族",食草和食肉,论据比较充分,但食灵家族能够提供的证明不多,略感牵强。

"多意象互动句式"的提法很好,这一部分可以再丰富一下。

关于齐文化,上古的考据,不足为信史,可以考虑精练一下。另外,像高密的晏婴、齐国的管仲,可以再丰富一点。还有蒲松龄对我的影响,可以再加一点。

总之要祝贺你完成了论文。

稿子里有一些错别字我大概地改正了。

莫言让大哥管谟贤先生把自己出版的小册子邮寄给我,那里面有好多有关莫言的记忆,还有莫家的家谱以及家族渊源的故事。这次他又亲自给我提供他所写的作为我论文材料的短文:

《高密三贤》序

我的故乡高密,古称夷维,西汉时用今名。县境内曾经有一条河流名密水,据地名专家考证,高者上也,高密者,密水上游之谓也。但密水何以称密水,就不得而知了。这地方设县治已两千余年,历史可谓悠久。在数千年的历史中,涌现出众多的名流俊彦,其中名声最著者,当数晏婴、郑玄、刘墉。刘墉的名声起初仅限在民间和野史,不能与晏、郑相提并论。但因为电视连续剧《宰相刘罗锅》,使他声名鹊起。我少时曾经读过《刘公案》,是一本没有多少文学性的公案小说,后来的电视剧从中取材颇多。现在老百姓所了解的刘墉事迹,其中多有戏说成分。但刘的书法名重当时,现存真迹颇多,即便作为一个书法家,他也应该是一个杰出的人物。

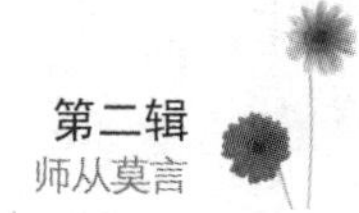

晏婴、郑玄、刘墉三位先贤的名声远远地超出了高密,他们被高密人民引为自豪,他们同时也是中华民族的骄傲。多少年来,他们的治国之术、思想方法、学术成就,一直是专家学者关注、研究的对象。在三位先贤的故乡,更有许多关于他们的故事被老百姓口口相传。高密市文化局组织力量,从众多的传说中,整理编写了这本既有历史性又有文学性的《高密三贤》,不仅为三位先贤再竖了丰碑,也为宣传高密、提高高密的知名度做了卓有成效的工作。

三贤中最具传奇色彩者,当数晏子。晏子名婴,字平仲,高密南乡人,有《晏子春秋》记其事迹,多寓言色彩,难辨真伪。《高密三贤》中关于晏子的章节,多采民间传说,弥补了正史不足,会让读者更加全面地了解这个身材矮小、容貌丑陋,但才华横溢、智慧超群的天才。

郑玄《汉史》有纪,罗贯中《三国演义》中也简略地写了他的事迹。他的老师是著名经学大师马融。融是有风格的怪才,设帐授徒,两边罗列美女。郑玄从马融学习数年,始终目不斜视,可见此人定力之强与品格之高。郑玄是高密西南乡人,字康成,他遍注六经,建树宏伟,影响深远,是真正的大师。现该乡有小庙一座祀之,县城内新建康成中学,校舍豪华,环境优美,名声日著,这大概是高密人对这位伟大的乡党的最好的纪念了。

刘墉的诸多故事我在家乡务农时即耳熟能详,电视剧《宰相刘罗锅》热播后,曾有一个刘姓老人捧着他搜集多年的刘墉墨宝的复制件和他耗费半生精力写作的《刘墉传》登门向我"求教",我很想帮他把书出版,但询问了几家出版社和几个书商,都不感兴趣。此事已经过去了十几年,听说老人已经作古,我感到不但愧对老者,也愧对了传说、加工了这些故事的父老乡亲。现在,《高密三贤》几乎囊括了这些故事,看过电视剧《宰相刘罗锅》的人,不妨再读读这本书,或许会对刘大人有新的认识。

受高密市文化局局长范锡宝之约,斗胆为《高密三贤》作序。才疏学浅而指点圣明,贻笑大方在所难免,但我为故乡历史上出过这样的杰出人物而自豪的感情却是真实的。真情总有感人处,这大概是这篇文字唯一的价值。

最终,在两位导师的悉心指导下,我顺利完成毕业论文,并获得"优秀"等级。师恩难忘!

第三辑　旁观莫言

高密东北乡的“黑孩子”

◇齐林泉

高密东北乡的莫言，构建了自己的文学王国

1955年2月17日，莫言出生于山东高密大栏乡平安庄，这里就是他文学世界中的“东北乡”：“我曾对高密东北乡极端热爱，曾经对高密东北乡极端仇恨，长大后努力学习马克思主义，我终于领悟到：高密东北乡无疑是地球上最美丽最丑陋、最超脱最世俗、最圣洁最龌龊、最英雄好汉最王八蛋、最能喝酒最能爱的地方。”

在早期的作品《红高粱》中，莫言曾这样描绘自己的故乡：东北乡位于平原与山峦的交接之地，地势低洼，河道密集，文化底蕴浓厚，不仅产生了自己的戏剧“茂腔”，还有名声在外的“高密三绝”：剪纸、泥塑、扑灰年画。高密东北乡处于三县交界之处，可谓穷乡僻壤。在天下大乱的年代，是一个盛产灵异和匪徒的地方，也是塑造高密人英雄血性的地方。这地方埋葬着他的祖先,这地方是他的“血地”。

莫言本名管谟业,祖父是第一个给予他创作重要影响的人。祖父虽然不识字,但聪明灵巧、乐善好施,打得一手好算盘,木匠、药房、田亩丈量,样样精通,还博闻强记,通彻从三皇五帝到明清民国的野史。祖父有自己的信仰和独立的追求行动。据莫言及长兄追忆,祖父对“大跃进”深恶痛绝,大胆预言其不能长久。虽一向勤劳,农活漂亮,但发誓不为合作社干活,自己冒险开荒或干木匠。祖父与精明大胆的奶奶相得益彰,于乡邻中深负威望。母亲是除祖父外第二个给予莫言创作极其重要影响的人,母亲的苦难和宽厚仁爱,让莫言从小领略了世间的温情,滋养了莫言深沉的爱心。

莫言10岁正在读小学四年级的时候,“文革”开始了,他和小伙伴们一起响应号召,停课闹革命两年。1968年小学毕业时,学习很好但中农出身的莫言丧失了上中学的资格。12岁的莫言一下子沉到了社会最底层,成了地地道道的农民。这是莫言最伤感的一段日子,当时他写了许多“少小辍学”哀伤的歌。

一年秋天,莫言在地里干活,又累又饿,忍不住跑到生产队的地里拔了一个胡萝卜吃,被革命干部发现了,他们押解莫言到地头,带他到毛主席画像前请罪。回到家里,一向正直处世、谨慎做人的莫家不能容忍孩子的丢脸,母亲父亲轮番打,最后爷爷出面保护,莫言才幸免一死。在小说《透明的红萝卜》中从不开口说话,最后被剥得精光、丧失了羞耻感的孤儿黑孩,在《枯河》中因误伤村长的女儿而屈死在父母拳脚下的小虎,都有莫言在这一事件中的影子。

1973年夏天,在供销社棉油厂工作的叔叔,给莫言在厂里找了一个临时工的差事,当过磅员。这在城里人看来不起眼儿的职位,对一个农村小子来说,无疑是几辈子修来的好运。他开始拿起笔,尝试创作小说;他收获了爱情,跟姑娘杜芹兰从此携手;他收获了友情,和王玉清、张世家成为三结义好兄弟,三人都有文采,嘴巴功夫也都了得。后来莫言当兵后每次回乡,总是要找这两位好友神侃,他们都是爱抽烟、爱喝酒、“吹牛不上税”的主儿,常常云山雾罩、通宵达旦。莫言的《红高粱》就是听了张世家绘声绘色地讲了一个故事,又是在张世家的怂恿下写成的。还有其他那些说着高密方言的伙计、乡亲,都是聊起来让莫言开心的人。

油棉厂的临时工作并不能让莫言摆脱当一辈子农民的命运,对于失去了上学机会的他,当兵则是唯一的出路。1976年,莫言托关系,改年龄,如愿以偿地当上了兵。1978年9月,因表现出色,部队调莫言到河北保定。秋天的山沟是美丽的,狼牙山五壮士纪念塔与营地遥遥相望,莫言却是苦恼的。面临复员重回农村的压力,他不得不在工作之余,拼命地写小说,但收到的却是雪片般飞回来的退稿信。走投无路的他写信给一直鼓励他的大哥说:“我该怎么办?怎么生活下去?请大哥给我设计一条路吧!北方的冬天分外寒冷,山中的黑夜始终有一盏常常亮到天明的灯。”

1979年夏天，莫言回乡，与在油棉厂认识的姑娘杜芹兰结婚。1981年春，莫言在文学期刊《莲池》第1期上发表了他的第一篇小说《春夜雨霏霏》。金秋十月，他的女儿出生，取名笑笑。欢笑第一次和莫言的生活紧密相连。一年后莫言终于等来了部队提干的消息，从此脱离在农村一生的命运。

20世纪80年代是莫言叱咤风云的岁月，《透明的红萝卜》、《红高粱》等相继横空出世，用莫言的话说“恨不得将文坛炸平”，中国文坛的确因莫言刮起了一股红色旋风。二十几岁的青年作家莫言，被誉为中国现代派作家中的“奇才”、“怪才”。他狂过，“二十九省数我狂，栽罢萝卜种高粱。下笔千言倚马待，离题万里又何妨”，他很喜欢这样随心所欲的自由状态：“不摹古碑不临帖，左右开弓涂且抹。随心所欲真快哉，逍遥法外我是爷。”但莫言始终狂而不傲，不管是大批判的风波，还是掌声四起，他都能表现出一种淡定。他的血脉里流淌着管氏家族滚烫的血，保持着一颗宽厚仁慈的心。他清楚自己的短处和欠缺，他知道自己该补什么课，他知道“我是谁”。

从那时起，他把自己所有作品中最终塑造的人物化身归结为《透明的红萝卜》中那个“没有姓名的黑孩子”。对此，他这样解释，我们哪一个人还保持着一颗未被污染过的赤子之心呢？我们可以将当今的社会、将形形色色的邪恶势力，看成是偷换人间美丽婴儿的妖精，但社会不又是由许多被偷换过的孩子构成的吗？

他借好友——获得1994年诺贝尔文学奖的日本作家大江健三郎先生的小说和随笔中提到的两件事情，给予了回答。一件事情是，大江健三郎在童年时，担心自己因病夭折，他的母亲说：“放心，你就是死了，妈妈还会把你再生一次……我会把你出生以来看过的、听过的、读过的还有你做过的事情，一股脑儿地讲给他听，而且新的你也会讲你现在说的话，所以两个小孩是完全一样的。”另外一件是，在大江健三郎的故事中有个把妹妹丢失了的小姑娘，用号角吹奏动听的音乐，一直不停地吹奏下去，把那些偷换人间的美丽婴儿的妖精吹晕在地，显示出那个真正的婴儿。莫言认为，“讲述和吹奏”是两种把自己置换回来成为赤子，从而能使千千万万被偷换了的孩子变回赤子的办法。

平安大街的莫大叔

◇王　波

如今想来，我与莫言老师只见过三次面，都是在平安大街。前两次在他家里，后一次在和敬府宾馆笑笑的婚宴上。

其实，我在山东大学上学期间，莫言老师被山东大学聘为兼职教授并在学校做过讲座，但当时我在环境工程专业学习，课业比较重，很可能是因为讲座时间与上课时间冲突，所以无缘得见闻名已久的莫言老师。

但我后来能认识莫言老师，还是跟“山东大学”这四个字有关。

2004 年春天，承蒙《中国电影报·产业周刊》时任主编陈航老师关照，我在参加清华大学新闻与传播学院研究生面试失利后，得以在北京有一份工作可以暂时谋生。而半年前，从山东大学文学院硕士毕业的齐林泉到了《中国教育报》工作。于是，在偌大的北京城里，我们都有了一个至今关系最好的“哥们儿”。

接下来在 2005 年春节后，我们便有了一个共同的“老师”——莫言。

那应该是春节上班后的第一个双休日，齐林泉要去给莫言老师拜年，问我愿不愿意一起去。我当即便欢快地答应了，毕竟一年前我还通过齐林泉冒昧地麻烦过莫言老师，刚好可借此机会当面表达谢意。

齐林泉让我从他那里拿了一件礼物，一起从明光村打车直奔平安大街。

在一栋老宿舍楼里，我第一次见到了莫言老师一家人。迎接我们的是他夫人和女儿笑笑。莫言老师当时正在书房写作，听见我们来了，便出来打招呼，脸上带着人们常在媒体上见到的笑容。

他此前已经知道我跨专业考研失败的事情，笑着问我为什么不继续学自己原来的专业。“男孩子学文科会让人觉得没出息的。”他笑着说，似乎也算是在安慰我。问了几句齐林泉和我最近的情况后，他便又转身回书房写作。

因为齐林泉等身边的朋友都称莫言为“老师”，所以我也跟着称他为“老师”。他的

夫人，我们自然称作“师母”。

第一次仓促见面，对莫言老师并没什么太多的印象，只是觉得他像一个性情温和的邻居大叔。而他家的简陋，出乎我意料。桌椅等家具，跟北京老居民楼里的一般家庭没什么两样，甚至可能还要更简单陈旧一些。但一眼也能感觉出这个家庭与一般家庭的不同，因为在客厅的墙上挂着一般家庭不会有的三张地图——北京地图、中国地图和世界地图。

而师母也给我留下了非常深刻的印象。或许因为自己的母亲也是农民，看着这个从“高密东北乡”走出来的乡下女人，我觉得格外亲切。她敦厚质朴而又热情好客，关切地询问着齐林泉的情况。我则和笑笑在一旁交流，当时她已从山东大学毕业，在清华大学中文系读硕士，而我在年前再次参加了清华大学的研究生考试，所以我们交流的内容，不少与清华有关。

这年8月，我也进入了清华校园，与笑笑有了更多的交流，也对莫言老师有了一些侧面的了解。

有一段时间，这个最爱看法国电影《新桥恋人》的姑娘的情绪受到困扰，经常往我宿舍打电话或是给齐林泉打电话，偶尔也会约着一起在清华的食堂吃饭。跟“知心大哥”齐林泉的性格不同，我素来直言直语。记得有一次，我正赶着写课程论文，笑笑的电话来了。我将她火急火燎地“教训”了一番，说她“有些事情想得太多，所以把自己搞得太累”后，她在电话那端“哇哇”地哭了起来。这件事一直让我感觉好尴尬、好愧疚。

后来在食堂吃饭时，笑笑跟我解释了她那一段时间比较烦躁的原因，还说因为自己影响了爸爸当时的创作而内心深深感到不安。从她的愧疚里，也能够感受到莫言老师作为一个父亲对女儿的爱怜。我想，这也是我敬重莫言老师的一个原因。在我们这些晚辈眼里，他首先不是一个著名作家，而是一个好父亲和好长辈，把生活和写作处理得熨熨贴贴。

再次见莫言老师，则是从清华毕业之后。得知我选择到《中国青年报·冰点周刊》作记者，他开玩笑说：“没想到你现在还这么有理想啊？”

那一次，同去的还有莫言老师在山东大学带的硕士毕业生赵学美夫妇。因为人多，气氛也比较热闹。师母在厨房里为大家准备食物，我们几个年轻人则在客厅相互之间开玩笑，作为长辈的莫言老师，笑眯眯地听着，隔三差五会幽上一默。

我们当时大都是刚走出校门，承受着种种工作和生活压力，大家难得找时间相聚，也难得开心地笑一次。

此后，我们的时间也的确被各种琐事所吞没。以前快乐的单身汉们，陆续开始恋爱成家。第三次见莫言老师，正是在笑笑的婚礼上。

在平安大街上的和敬府宾馆，当着余华、邱华栋、格非等一众作家的面，自称“中国作家里最会说话的"莫言老师反倒幸福得有一点点紧张。或许女儿永远是爸爸内心世界里最柔软的部分。

那一天，我们看到的不是一个在他的文字共和国里纵横捭阖的作家，而是一个在现实生活中细致入微的父亲。

而在我这个后辈眼里，他的身份更多的时候也不是作家莫言，而是山大、清华双重校友加好朋友管笑笑的爸爸管谟业。

尽管跟着齐林泉他们一起叫莫言"老师"，我汗颜的是，至今不曾读过莫言老师的任何一部小说作品。倒是在2002年，我曾从齐林泉那里拿过一本《莫言散文》，里面莫老师关于童年、关于饥饿等生活遭遇的文字，深深地打动了在农村长大的我。虽然我是"80后"，但我的童年乃至青春期生活，一度也是饥肠辘辘，充满各种辛酸和坎坷。所以，那些切身的与生活有关的文字，让我最初认识了莫言，也让我后来对莫言的认识，更多的是从生活而非文学的视角出发。

还记得2009年与齐林泉合住时，他正在看莫言老师当时手写的《蛙》的初稿复印件，以便能给莫言老师提些建议。他问我，要不也看看，顺便提点儿建议。我说，我不懂小说，自己不了解的领域从来不乱说，所以就不看了。

也是以同样的原因，我在2002年前后拒绝了齐林泉类似的一个建议。当时在山东大学贺立华老师的办公室里，齐林泉拿着张悦然创作的《葵花走失在1890》初稿的打印稿，问我愿不愿意看看，并提点儿意见。我也是连连摆手。我不像他们一样是现当代文学硕士。作为一个门外汉，最明智的做法就是在自己不懂的事情面前及时闭口。

在笑笑婚礼之后，我便再也没见过莫言老师。所有有关他的消息都或来自齐林泉的口头告知，或来自媒体的报道——2011年，莫言老师先是得了外孙女，年底又当选中国作家协会副主席。

2012年，有关莫言老师会获得诺贝尔文学奖的消息在网络上流传。最终在10月11日晚上7点多，我们报社一位领导打来的电话，让我最终知道了莫言老师获奖的消息。

不过，不管头上再增加怎样的光环，在我的印象里，莫言老师永远只会是那个活在生活里的笑笑的爸爸。作为一个儿子、丈夫、父亲和外公，他需要在这个布满荆棘和鲜花、荣誉和陷阱的当下社会里小心翼翼地活着，呵护他身边的一切人和事。

而他获得诺贝尔奖后的一些言论也表明，拒绝了春晚的莫言老师远比我们这些晚辈要懂得在何时住口，在何处停步。

在别人眼里，他是斯德哥尔摩音乐厅领奖台上世人瞩目的莫大师；但在我眼里，他永远是平安大街那个温和、幽默而慈爱的莫大叔。

莫言与《青年思想家》的缘分

◇兰传斌

一

莫言捧回诺贝尔文学奖。时间是2012年10月11日。

117年前，也就是1895年11月27日，当瑞典人阿尔弗雷德·伯纳德·诺贝尔写下遗嘱的时候，肯定不会想到，他身后百余年，会有一个叫“莫言”的中国人，在远隔重洋的华夏大地掀起这样的风暴。

从这一刻起，莫言成为光灿夺目的人物，被话筒、摄像机和聚光灯追逐着。对明星的追逐，既是人的本能，也如明镜照出了人性。

此时此刻，很多人在大谈特谈莫言轶事，高声阔论与莫言的交情；而在彼时彼刻，当莫言还只是普通作家乃至小人物的时候，也有很多切切实实帮过他一把、诚诚恳恳批评过几回的人，如今却躲在一旁，默默为莫言高兴。

二

关于莫言的获奖，许多人作过大胆预测。诺贝尔奖评委会对莫言的认可，也验证了他们独到的眼光。这些预测中，有的是五年前，有的是十年前，但如今有文字可考的最早的关于莫言赢得诺贝尔文学奖的预言，是1988年喊出的，预言者的名字叫“张世家”——他是和少年莫言一块放牛长大的伙计，当时的身份是在高密南关打工的农民工。

事情还要从头说起。

1987年，莫言的长篇小说《红高粱家族》由解放军文艺出版社出版。这部极具莫言色彩的作品甫一问世，便引起了轰动，山大一批年轻教师贺立华、谭好哲、张学军等敏感地意识到，这是具有重要文学意义的事件，应该给予充分关注。为此，以贺立华老师和山东师范大学杨守森老师为筹划人，费尽周折，于 1988 年秋天，由《青年思想家》杂志领衔，联合多位全国知名学者，在高密县城召开了全国首届“莫言创作研讨会”。

就是在那个会上，敢想、敢说、敢干，也会想、会说、会干的张世家，面对众多专家学者抛出了惊世骇俗的预言：“莫言老弟坚守你的高粱地吧！这里有你写不完的生活，作为朋友，这是我对你的忠告……只有抢占下高密这块黑土大地，你才能在文学上有所建树。家乡父老等待你抱回诺贝尔文学奖，成为‘世界性’的作家，到那时，高密会给你莫言老弟立个永恒的碑。”（载《青年思想家》1989 年第 3～4 期）

这是全国第一次关于莫言创作的研讨会。但凡冠以“第一”的，都具有象征意义，而事实上，这也是一次困难重重、几近夭折的会议。20 世纪 80 年代，虽然文学的热度远超当下，但地位也绝非多么尊崇，何况莫言还是一个从高粱地里走来、初出茅庐的小青年呢。在这种情况下，山大的几位老师和山师的杨守森老师等东奔西走，就尤其让人感动。为了几万块钱的会议费用，他们四处化缘，碰了壁，换个地方再试。最后杨守森老师找到了山师大的校友、时任高密县委宣传部长的孙惠斌，他听取了青年学者们的意见，力排众议，并且鼎力支持开成了这届盛会。数百位学者、记者风云际会红高粱大地，霎时间高密成了新闻的焦点。

《青年思想家》杂志周围聚拢了许多年轻人

那届研讨会，除了那个获奖的预言，还有很多关于莫言研究的真知灼见，后来都被汇编进贺立华、杨守森老师主编的《莫言研究资料》里。这本书由山东大学出版社于 1992 年出版，责任编辑就是后来任山大副校长、山东省教育厅厅长的齐涛。该书厚达 450 页，图文并茂，是第一部全面研究莫言的资料书，现在已经成为研究莫言创作起点的重要资料。说起这部有价值的资料，还应该提到一个重要人物，那就是当时在聊城任职、现任副省长的赵润田，如果没有他的古道热肠，也难有这部有价值的书。

三

在首届“莫言创作研讨会”之后，莫言在山大结交了一批志同道合、互相信任的朋友，山大的刊物也因此成为发表莫言早期作品的重要阵地。

20世纪90年代初，莫言写家乡的一批短篇小说，如《地道》、《故乡的药》、《高密奇人》、《辫子》等，先后发表在山大主办的《青年思想家》杂志上，后来都汇编进《启蒙与行动——青年思想家20年文选》中。这部书也是由山东大学出版社出版的（2006年版）。这些《青年思想家》独家发表的作品，保存了莫言创作年表上的珍贵史料，成为研究莫言早期创作的重要材料。

在曾繁仁校长、乔幼梅副校长的支持下，山大主办的《青年思想家》逐渐成为莫言研究的活跃舞台。《莫言小说中的人和事》、《冲出高粱地》等一批文章，许多出自莫言和其家人、友人之手，独家披露了莫言和红高粱大地的许多第一手材料，世界各地的莫言研究者多次来人来函索要。

就在莫言获奖后的第一时间，山大校友、《青年思想家》的老社长姚鸿健先生发来贺信，称这不仅是莫言的喜事，也是《青年思想家》和她培养的“行动学派”的喜事。重视青年，崇尚思想，号召行动，正是这本杂志的灵魂。正是这种情怀，让莫言因为同道。

莫言初读《青年思想家》，曾兴奋地给山大来信说：“《青年思想家》是年轻人办，文章也大半是年轻人写，果然是锐意进取，虎虎有生气！齐鲁自古就是出大思想家的地方，灿烂的中国文化如果缺了齐鲁文化就会暗淡许多，真不知没有山东人的努力探索，中国会是什么样子。‘批孔’孔不倒，‘刺孟’孟不死。有左思、刘勰，有易安、弃疾、松龄这些大师，有晏婴、管仲这些大思想家，齐鲁大地可谓群星灿烂！我们这些后辈儿孙，也该发出些声音了。《青年思想家》是我们的阵地。祝《青年思想家》成就大气候，造就大圣贤！”（载《青年思想家》1989年第2期）

2012年10月11日的莫言

◇兰传斌

一

《大众日报》记者逄春阶在高密采访莫言的二哥

2012年10月11日晚上7点刚过，高密的大街上便响起了鞭炮，一条消息在鞭炮声中口口相传：高密走出去的山东作家莫言荣获2012年度诺贝尔文学奖。这是中国籍作家首次问鼎这一奖项。

几天前，莫言成为诺贝尔文学奖大热门的消息不胫而走。来自国内外二十余家媒体的记者奔向高密，在莫言文学馆的手稿里，在莫言出生的大栏乡平安村，在高密的剪纸、扑灰年画和山山水水中找寻密码，期待一条爆炸性新闻。

这是收获的季节，高密的棒子黄澄澄地摆满了场院和房顶，侍弄着活计的老乡们略带疑惑地观望着纷至沓来的记者。莫言的二哥管谟欣已经说不清接待了几拨客人，但他还是面带笑容。

随着时间的推移，记者群里散发出焦急和期盼的气氛。他们不停地看表，翻着网页，并一遍一遍地追问着莫言的下落。莫言事后对记者说，那时，他正躲在一个地方逗

着小外孙玩耍，还舒舒服服地吃了顿晚饭。

二

“成了！”晚上 7 点刚过，记者当中一位手疾眼快、性子急的人率先确认了这一消息，人群中随即爆发出热烈的掌声。

在斯德哥尔摩当地时间 10 月 11 日 13 时，远在北欧的瑞典文学院宣布，2012 年诺贝尔文学奖授予中国作家莫言。

瑞典文学院常任秘书彼得·恩隆德在瑞典文学院会议厅先后用瑞典语和英语宣布了获奖者姓名。他说，中国作家莫言的“魔幻现实主义融合了民间故事、历史与当代社会”。

诺贝尔文学奖评委之一、瑞典汉学家马悦然说，莫言的作品十分有想象力和幽默感，他很善于讲故事。莫言获奖会进一步把中国文学介绍给世界。

三

晚上 9 点，让各路记者找得好苦的莫言终于现身。对于获奖，莫言表示“可能是我的作品的文学素质打动了评委，中国文学是世界文学的一部分，表现中国独特的文化和民族风情，站在人的角度上，立足写人，超越了地区、种族的界限”。他强调，“诺贝尔文学奖是重要的奖项，而并不是最高的奖项”，自己要“尽快从热闹喧嚣中解脱出来，该干什么干什么”。

难得莫言能这样想。

但于我而言，这是心情极为复杂的一天。对一个喜讯的期待，对消息尚未确认的焦虑，还有记者职业赋予的使命感，纠结如麻。

我想吃过苦、当了姥爷、见过大世面的莫言，心态肯定比我要好。

从几天前，就有连续不断的电话打进来，有打探消息的，有提前预祝的，也有预约采访的。

莫言获得诺贝尔文学奖后，接受记者采访

我最初耐心回答，渐渐地，自己也浮躁起来。正因如此，我更能体会莫言在这个节点上从喧嚣敞亮的北京返回安静偏远的高密的心态。

手机关机，短信不回，电话不通。

就在10月11日，莫言成了全球最难找到的人，包括关系还算亲密的我们。事后莫言说："这个时候我要跳出来，不就成了荒诞剧了吗？"

四

这就是我认识了十年的老师——莫言。

莫言，不爱说话，不善说话，不多说话。如果莫言没有成为一个作家，他可能是一个笨嘴拙舌的农民，一个略显木讷的木匠，或者是一个沉默寡言的搬运工。可是莫言幸运地拿起了笔，就像一个武士，遇着一把绝世宝剑，从此他挥洒自如，汪洋恣肆，绚烂摇曳；他仿佛手握魔杖，口念咒语，只要金口一开，便有一片灿烂的园地，那里鲜花盛开，光怪陆离。

莫言无疑是一个奇迹，当诺贝尔文学奖的桂冠往他头上一戴，人们看到的是那个仿佛遥不可及的大人物。但是作为他传道授业解惑的弟子，忍不住回想起这些年一路走来的不易。一个只上过四年小学的农村孩子，摇身一变成了世界顶尖的大作家，这种身份的反差背后，是他数十年如一日的坚守。那些被退回的稿纸，那些质疑与非议的声音，都没有改变他内心的坚持。

他是一个坚守的人。在这个电子化的时代，他仍然固执地用手写作；从高密到北京，从默默无闻到大红大紫，年轻时代就在老家找到的爱人始终陪伴左右；小时候交下的兄弟去世了，又跟他的儿子成了朋友。

五

作为老师，他是可以交心的人。

我曾经对他说，其实很不愿借您的名为自己脸上贴金。莫言老师听罢却哈哈大笑："如果我的名对你还有用，就随便你用。"他的坦诚，让我们几个为人弟子者更感到一种近乎亲情的师生之谊。

结婚那年，莫言老师亲自题写了两副对联表示祝贺，一为"比翼双飞燕，同根并蒂莲"，一为"鸳鸯荷下栖，鸳鸯枝头闹"。见过的人都说，这是老师的一片心，千金难换。

2012年10月11日，在这个喜悦的深夜，在诞生了奇迹的高密东北乡，不知道莫言能否安眠。或许他也还在徜徉于自己的文学王国，与"我爷爷"、"我奶奶"、"孙丙"、"蓝脸"、"姑姑"牵着手，拉着呱，诉说着这些年来的很多事。

莫言与“龙年一诺”

◇齐林泉

2012 年 4 月，我在延安大学接受培训时，在校园中参观了“路遥纪念馆”，在众多史料照片中，发现了莫言与路遥 1987 年的一张合影。那一年，38 岁的路遥因小说和电影《人生》已经大红大紫，正在艰难创作他的《平凡的世界》。而当时 32 岁的莫言，作为在国内屡屡获奖的文坛新秀，他的《红高粱》正在拍摄之中。而今，他们都已获得了茅盾文学奖。不同的是，两人虽然仅差六岁，但早已阴阳两隔啦。

感慨之下，发了短信给莫言老师。他回道：“真快啊，转眼二十多年过去了。”随后，我约好 5 月份登门拜望。这几年逢年过节，莫老师一般都回老家高密，陪同 90 多岁的老父亲以及家人，所以我们已经好久没有见面了。

然而，5 月份因故并未成行。有一天收到莫老师的短信：“延安文艺座谈会是什么时间开的？”我没问他在干什么。然而，在瑞典文学院宣布他获奖后没几天，延安文艺座谈会和莫言成了网上的一个炒得很热的话题。习惯沉默的莫言不得不发言。8 月 23 日，《人民日报·大地副刊》主编徐怀谦患抑郁症自杀，想到与莫言同为高密人，就发短信给莫老师。两天后，收到回复：“知道了，叹息。”

9 月 3 日，打算几天后拜望时，莫老师告诉我们已经回高密了，10 月份回。据悉，他从年初就又在创作新的作品了。从 2001 年起，《檀香刑》、《四十一炮》、《生死疲劳》、《蛙》，他基本保持着两年创作一部长篇的节奏。原计划，他的新作会在今年出来。但进入 9 月份没多久，媒体已经开始热炒莫言获诺贝尔文学奖的事情了。

2012 年 10 月 11 日，莫言获得诺贝尔文学奖！很多人甚至几十年前的预言得以实现！一诺千金终将来！莫言说，那时正在逗外孙女玩。巧合的是，去年 8 月 4 日出生的外孙女，被莫言取名为一诺。一诺的到来，确实给莫言带来了好运气：“荣升”祖辈不说，在她出生后的第十六天，莫言凭借新著《蛙》荣获第八届茅盾文学奖；三个多月后，当选中国作协副主席；一年两个月后，荣获中国籍作家的第一个诺贝尔文学奖。

10月份见面的计划就此搁浅。莫老师的电话和邮箱据说都被"爆"掉了。直至11月5日夜里10点,我收到一个陌生号码的短信:"林泉,我是莫言……"这才联系上。之后有人请我联系他,给他赠房、请他挂名电视剧、编辑出版他的作品,甚至帮他做出席颁奖典礼的衣服等诸多事宜,他均让我转达感谢并婉拒。

12月2号,他告诉我5号启程去瑞典参加颁奖典礼。我积极要求去送他,他说:"不用了,忙吧。"

如今,从瑞典凯旋而归的莫言,终于可以稍微平静下来休息休息啦。对于外界很多盛情邀请他做一些机构任职、聘请他作教授或博导、授予各类名誉等事情,莫言都看得很淡,均婉言道:"以后再说吧。"他要尽快平复下来,把正在创作的小说继续写完。

失眠、买锅和师弟

◇齐林泉

2004 年阳春三月，受中国比较文学学会会长、北京大学乐黛云教授邀请，我去北京大学参加活动，随后去在北京大学朗润园的乐老师家拜访。看到她的先生知名国学家汤一介教授也在自己的书房。随后，在聊天中谈到，汤老师正在被失眠困扰。突然想到刚刚从失眠的折磨中摆脱的莫言——近些时候去莫老师家，听他说从苏州找了个中药方子将失眠治好了。

回家后，刚好莫老师最近要我给他申请电子邮箱，3 月 7 日当晚，一并将此事转告给了他：

莫老师：

您好！

不好意思，今天才给您申请邮箱。

……

另外，周五去乐戴云老师家。谈到您，她记忆犹新，谈到您在军艺、在鲁迅学院的情况。她现在正被汤一介老师的失眠困扰。汤一介老师现在正在编纂《中华儒藏》，但被失眠折磨得难以承受，虽然吃安眠药，但效果似乎也不大。我想到您曾有这样的情况，得到了很好的医治，于是就提到了您。

乐老师让我问候您，并让我向您打听一下到哪里找什么医生医好的，以便能治汤一介老师的失眠。

我的师弟兰传斌今年考您的研究生，考了 377 分，成绩前三名。就是我跟您提到的山大"学生在线"总编。他也是我们"青春家园"的人，将来就接我的班了。他是泰安人，出身农家，人品不错，很干练活跃，就是曾经在杜特莱来时一直为你们摄像的那个小伙子。

师母的情况应该很好了吧？我过一段再去看望你们。上周我已经正式转正了。

春天快乐！

林泉

2004 年 3 月 7 日

这里推荐的师弟兰传斌，就是莫老师迄今为止带的最后一名弟子。之后，他在山东大学不再带学生。

3 月 8 日上午，莫老师慷慨回信：

林泉：

您好！

谢谢你帮我申请邮箱。

失眠确实是个折磨人的问题。

前天的报纸说，世界上大约四分之一的人，有失眠问题。请你转告乐老师和汤老师，不要把这个问题太往心上去，首先减轻心理压力。有这么多“病友”陪伴啊。但失眠确实是病症，而且导致失眠的原因很多，最好还是去医院看看，北京有好多医院开有失眠门诊，你可上网搜索一下，找到几个有失眠门诊的医院，告诉汤老师。搜索“失眠”，便可看到许多这方面的信息，有诊断，也有治疗方法。

2002 年 6 月，学生兰传斌和莫言在一起

我去看过中医，也看过西医，治疗的方法，是吃中药，也吃了一些西药。但重要的还是锻炼。现在我的睡眠状况还不是太好，但比前年好多了。请告诉汤老师，一定要去医院看看，因为看病的过程，也是一次心理疗治的过程。

兰传斌我有印象，很好。

祝贺你转正，现在更有条件为你的师妹们买锅了。

莫　言

2004 年 3 月 8 日

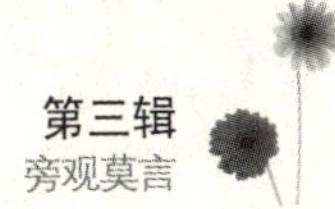

莫老师在信中诙谐地提到的买锅的事情，源于贺老师在毕业时我来北京前分派给我的一个“任务”：“到北京赚了钱，作为师兄，一定要先给一块毕业的师妹程春梅和于红珍买个锅。她们要吃饭，呵呵。”后来师妹王美春和赵学美来京，把这个“典故”告诉了莫老师。每次见面，莫老师就拿这个来打趣我。

不一会儿，又收到了莫老师的邮件，大概他从电脑里找了半天，翻到了一个药方：

林泉：

您好！

有一个治疗失眠的药方，我吃过几十剂，似乎有些作用。你可转发给汤老师看看。中医基本上就是这些药。

你上网搜索一下吧，把有用的资料下载一些，转告汤、乐二位先生。

一定要看医生，不要盲目用药。

替我问候他们。乐老师讲课时的风采历历在目。

莫　言

2004年3月8日

莫言和盗版书的一段趣事

◇齐林泉

2003年7月13日，我来京到《中国教育报》报社报到。但因为“非典”，报社对这批新人的工作未作安排，只好回校等通知。莫老师好久没有我的消息，8月5日发信来问我：

> 小齐，熟悉工作了吧？把话剧发给你看，老是忘记。

“话剧”是指他的新作《我们的荆轲》，因为种种原因，话剧并未上演，但当时我并不知道。按计划，他的新作长篇小说《四十一炮》发行。我及时回信告知莫老师我的情况：

> 莫老师：
>
> 您好！
>
> 我其实离开您那里的第二天就回山大了：一是工作具体没有安排，吃住都不方便，二是我可以带着做您新书访谈的任务回来，再是我们的网站还没有做完，可以利用一下这个时间。现在已经忙得差不多了，我在家。明天我就可以把访谈内容发给您了。
>
> 您的剧本我马上拜读。不知道什么时候演出？
>
> 在济南一家租书的地方，我发现印有“光明日报出版社出版、北京顺义县……印刷厂印刷”的一本标着“著名作家莫言最新著作”的小说《就这样拉帮套》，作者“莫言”，出版日期：2003年5月。语言风格是通俗小说一类，内容无非是农村炕头上的东西。不知是否可以追究这家出版社和印刷厂的责任。
>
> 好了，一会到您的嘉宾聊天室（某网站对莫言做的嘉宾访谈）看看，不多聊了，代问师母好。
>
> 文安！
>
> 林泉
>
> 2003年8月6日

莫老师第二天下午回复：

最近一拨盗名书又出来了。昨天华师大的杨扬来信说他买了一本《古镇上的男人·女人》，我告诉他不是我写的。这种事，简直是没有办法，随它去吧。

第一次接触网站，其实和接受报社记者采访一个样子。没有什么新的话要说。

莫　言

2003年8月7日

排演莫言话剧《霸王别姬》

◇齐林泉

知道莫老师 2001 年 6 月份要来山东大学接受兼职教授聘书，为了表示欢迎，在我的鼓动和参与下，山东大学话剧团将在莫言接受聘书当日首演《霸王别姬》。作为剧团的成员，早在 3 月中旬，我就曾致信莫言先生，希望能在高校校园内演出在北京轰动一时的他的第一部话剧《霸王别姬》。莫言先生欣然同意，并亲自将从未发表过的该剧剧本寄发过来。

2001 年 5 月底，眼见莫老师就要到来，我写信给他：

莫老师：

您好！

为了您的到来，我们剧团正在加紧排演《霸王别姬》，争取您来时在山大首演，让您看到，现已获得了校内和校外的很大支持。同时，我们的电视纪录片《莫言》也准备就此进入先期制作，这两方面现在都急需知道您到来的确切时间和具体日程，不知现在您定下了没有。若定下来，望能告诉我们，以便我们更好地作准备。

另外，剧团的同学们很想看看空政排的《霸王别姬》，不知您哪儿是否有资料。到时候可给我们开开眼界。当然，更希望您的亲自指导。

先谈这些，见面再谈。夏安！

林泉

2001 年 5 月 30 日

当天夜里，莫老师回信：

小齐：

我初步决定 6 月 3 日到山大，因为事情很多，没有空去空政那里拿资料，你们

自己大胆地排就是了。这种东西不要当真。

我已经把行程跟谭(好哲)院长说了,等订了票后在(再)给贺立华打电话。

莫　言

2001年5月30日

2001年6月3日18点30分,济南火车站出站的人流中,一位威严的中年人,头戴白色亚麻短沿凉帽,身穿条格短袖衬衫,拉着行李箱走出站口。他就是因《透明的红萝卜》、《红高粱》系列等小说一举成名而备受海内外关注的著名作家莫言先生。我和莫老师在山东大学外语学院就读大一的女儿笑笑前来接站,同时还有在济南电视台任职的一位朋友跟随摄像。

正当莫言先生站定四处寻找接站人时,女儿笑笑首先发现了爸爸,她大喊了一声"爸爸",几步扑上来,拽住爸爸的胳膊,高兴地看着他,而莫言先生的第一个动作就是掏出小梳子给女儿梳理被风刮乱的头发。父女俩已近半年没见面了。女儿摸摸爸爸的帽沿,"你的帽子真好看……"叽叽喳喳地围绕着帽子问这问那,又讲叙自己买凉帽的故事,莫言随和地应答着,脸上流露出掩饰不住的温情。

由于晚18点到站的火车很多,打的很难,一行四人绕来绕去排不上号,最后还是女儿笑笑,见来了一辆空的白色捷达面的,一把拽住车门,因为出租车必须在指定地点才能停,笑笑硬是拽着车门跑了四五百米,而心疼女儿的莫言先生,也不顾"斯文扫地",不放心地紧跟着女儿跑,此时的表现更是一位舔犊情深的父亲。

坐在车上,女儿讲起母亲节与同学们一块儿去卖花又将赚的钱捐献给"保护母亲河——黄河基金会"的经历,莫言赞许地听着。

我问莫言老师:"笑笑来山大一年了,有什么变化?"莫言先生说:"说起来她还是个孩子,不过最起码先自己独立了。她们这一代都是独生子女,在家里时都是父母包办的,现在出来,不但生活自理了,与同学们相处得也很好,还参加一些公益活动,这挺有利于她发展的。再一个山大校风好,孩子在这里让人放心。"

在回山东大学的途中,莫老师跟我谈论最多的,是有关校园话剧《霸王别姬》的筹备排演情况。

次日,莫言头部微秃处周围头发较长部分,可能为了防止容易凌乱,多了枚黑色的发夹,这必是疼爱父亲的女儿笑笑的"杰作"了。在我印象中之后很长时间,记得是很多年,无论在什么场合,莫老师头上都别着这枚女儿给他别上的发卡。

在当晚山东大学文学与新闻传播学院接待晚宴和第二天下午与该院研究生座谈时,莫言说:"我原先认为话剧是一种即将死掉的艺术,但从去年起,在北京、上海这些文化底蕴深厚的城市又风行起来,首先是一部很现代的叫作《纪念碑》的话剧,然后就是我的《霸王别姬》掀起高潮，并由小剧场到大剧场，逐渐形成了一个较固定的观众群。”

6月4日上午，在文学院院长谭好哲先生的陪同下，莫言先生领取了特聘教授证书。他说：“我受之有愧，童年时因为家庭成分是上中农，失去了上学的机会，山东大学在我童年心目中是一座遥不可及的圣堂，今天做梦也想不到成为山东大学的教授。”

随后，莫言先生谈到他对授课方式的设想。他说：“可以带些个对文学创作感兴趣的学生，辅导他们搞创作实践，力争培养他们成为作家。山大出两个部长是荣耀的事，出几个作家也同样荣耀嘛！当然这些学生也有他们自己的理论导师。”

会面结束后，莫老师独自回学人大厦午餐。山东大学校方并未设宴接待。

此前，莫言先生在紧张的安排中，特意抽出时间去看望了正在紧张排演《霸王别姬》的话剧团的演员们，并在各重要场合宣布，以后凡是校园话剧团演话剧，他免费提供本子。

6月4日中午，艳阳高照，校园内林木葱郁，笔者陪同莫言先生在去同文学院研究生座谈的途中，问到最近是否有新作，莫言先生说：“今年以来一直没坐下来创作，先是到瑞典斯德哥尔摩大学进行交流，接着又因小说《酒国》的译介去法国领取了最佳翻译小说奖，最近又去了澳大利亚，可能下半年能静下心来写些东西了。”

下午风云变幻，暴雨过后，闷热了好多天的泉城一下子凉爽了许多。

6月4日晚上，莫言先生走上设在科学会堂的舞台，发表简短讲话，他半幽默半认真地说：“一个没有话剧的校园就是没有希望的校园，在国外好多大学，校园演话剧很普遍，就是在国内，几十年前甚至十几年前，校园话剧也是风靡的，我们的领导人有几个没演过话剧？演话剧可以锻炼你的表达能力、组织能力及各种艺术才能，你看看国外总统竞选，一个个口若悬河，那是因为他们演过话剧，而中国人一向只唱戏不演话剧，表达能力就差，致使一些干部一讲话就念稿子。所以，如果你想当商人，就要演话剧；如果你想当政治家，就要演话剧；要想当艺术家，就更应演话剧。”

随后，在他大声宣布“好戏开场”中，校园版大型话剧《霸王别姬》开演了。莫言先生亲自到现场观看了同学们排演的《霸王别姬》，而此时的他本来应该坐在具有世界影响的“开罗戏剧节”的嘉宾位置上，观看由空政话剧团上演的该剧。因为他的这部剧作已被外交部作为国际交流节目选派到“开罗戏剧节”演出。他本应随剧组前往，但为了这次山大之行而推掉了。但愿他能在9月份该剧被文化部作为国际交流剧选派参加“慕尼黑戏剧节”时，在“洋人”处亲眼看到自己的“土戏”。

晚间莫言先生看完同学们的话剧《霸王别姬》演出后，与女儿及在山大的三两好友驱车到千佛山下饮茶。清风徐来，月下夜话，情趣盎然。

由于9日莫言先生还要到湖南卫视去参加一个活动，因此这次在济逗留时间不能太长。于是，在山大逗留了两日后，6月5日清晨，先生又匆匆地踏上了南去的列车。

创作《莫言》纪录片

◇齐林泉

在草原上，不管风雪夜还是月光中，那守护在羊圈门口的牧人。他有宽厚的臂膀，威慑群狼的威武牧鞭，而对羊，则有父亲的威严和慈爱……那些羊是凡人的灵魂；这个牧羊人是守护他们灵魂的人，让他们在人生风雨坎坷中得到安宁，在迷茫失落中寻回幸福。

这是我在多年后追记在研究生部电影系学习、后赴美国艺术学院比较艺术系留学的王汉川博士的一篇短文中对一位父亲形象的描写。

王汉川博士是导师贺立华先生的大学同窗。1950 年出生于山东省日照农村的他，1968 年高中毕业后回乡务农，1969 年春参军，在解放军空军服役八年，1977 年夏复员回乡，1978 年春考入山大中文系。他和贺老师当时在班里年龄都算是比较大的。2001 年春，已经毕业在美国定居的王先生在贺老师的引荐下，我们开始频繁地进行书信往来。因为贺老师希望借助王先生精深的专业功底——曾任山东电视台和中国电影艺术研究中心特邀编导，编导作品有 52 集电视系列片《电影艺术欣赏》、电视专题片《银屏喜剧掠影》等——为莫言老师拍摄一部个人传记式的纪录片。剧本初定一万字，由我在王先生和他的指导下撰写。

这是中国版图上华北平原的一个普通村落，平静，破落，朴拙。

这是艺术世界里燃烧着生命激情的村落，涌动，美丽，灵性。

两个村落里有一个共同的孩子，他就是童年的莫言。

成年的莫言手持烟斗，在烟雾缭绕中，以智者的神态，端详着这个羸弱而强韧的生灵游走于两个村落，亦哭亦歌，在不尽的玩味中用想象构成一个美丽的王国，呈给自己，呈给世人，呈给子孙……

莫言老家屋后的胶河

2001年5月12日，剧本完成，这是剧本的开始一段文字。通过邮件发给大洋彼岸的王先生后，他两天后欣然发回修改意见，并信心满满地建议："请认真考虑到世界电视节上拿大奖的目标。"并要求我们开始联系要采访的人，作出一个计划和日程安排。同时，他慷慨地表示："如果我们的目标是打入国际市场，我们应该再斟酌切入点。我的公司可以出资，作为合作制作单位，负责英文版的制作、发行。我也可以担任美方制片人。"他也从专业上作出指导："我想，我们的注重点就是浓郁的风土人情、莫言的生活和他的艺术以及影响。"并且，在原剧本上给我仔细作了修订。随后，附了一个整体的意见：

林泉：

总的感觉，写得很有味道，为以后的拍摄奠定了很好的基础。可喜可贺。

但是，我们不可能拍这么长。因此，还需要浓缩，推敲。

暂时，先不要管总的结构形式，在现有的基础上提炼加工。可能有很多细节不舍得删节，但是，一部30分钟的片子，容纳不了这般多东西。

或者，我们尽可能多拍摄一些素材，等到剪辑的时候再考虑长度。

或者，我们可以考虑拍两个版本，一个"教学版"，一个"文艺专题版"。如果这样，我们还需要一些新的素材，包括请贺立华——莫言研究专家谈一谈，也请那位意大利研究生出面拍一组镜头。

或者，我们甚至可以考虑拍一个国际版，在西方发行，来个名利双收，不亦乐乎！我想，我们可以有这个雄心壮志，到世界上拿个专题片大奖!!!

总之，我们还要在考虑创造意境、诗意、人情味、跟莫言的生活创作风格特色吻合，以及跟中国文化、社会现实吻合等方面下一些功夫。

一周后，王先生再次来信对剧本进行追踪：

请参照以下格式继续构思、加工。栏目可以任意增减。

总体构想已经有了。在不断提炼加工的同时,请海阔天空,充分利用"形象思维",在画面和声音以及"声画构成"(对位、类比和平行等)方面多下一些功夫。天道酬勤。

如果内容太多,请分三部分进行。见面后我们再一起讨论商定最后的拍摄用剧本。我还要拿出一个更详尽的拍摄脚本,包括镜头长度和声画蒙太奇、节奏创造等。

遗憾的是,由于种种原因,片子最终未能进一步取得进展。原来片子中本来要作的采访,其中两个被采访人的话语成了永远的空白:

走出村庄的莫言,在油棉厂还认识了影响他日后生活的另一个重要人物——张世家。

现在我们所在的地方,是高密县第一税收大户、荟萃了众多博士生和硕士生、年创收百万元的乡镇企业——天达药业公司。向我们走来的,就是它的创建者和现任董事长张世家。

记者:你们两人是怎么从认识到成为铁哥们的?

张世家:

记者:听说1984年莫言回家探亲,在你宿舍对饮时,产生了写高密东北乡的想法,能说说当时的情景吗?

张世家:

记者:莫言曾说过,你们"白日做梦,也是如何冲出牢笼,离开家乡"。但你又为什么劝他的创作一再回到高密东北乡呢?

张世家:

记者:在一篇文章里,你曾提到,20世纪80年代莫言每年两次回家探亲,每次在乡供销社的一间小屋里写下很多东西,能带我们去看一下吗?

张世家:

(小屋情况)

记者:你知道在这屋里都产生了哪些作品吗?

张世家:

记者:你们是挚交好友,你曾读过他多少作品?那么你认为莫言创作上以往最大的缺点是什么?以后最大的障碍又是什么?

张世家:

……

2010年4月15日，这位年仅56岁的东北乡的汉子英年早逝。他是莫言的挚友，更是莫言小说创作中不可或缺的知音。1994年10月，他亲自创建山东天达药业公司（今山东天达生物制药股份有限公司）并任董事长，历经十几年，终使天达公司成为全国知名企业、高密纳税大户，累计向国家交税近亿元；他亲自参与研发、生产的"天达－2116"成为山东省著名品牌，优秀的惠农产品，并被列入国家"863计划"。因经营管理业绩突出，他曾先后荣获"中国乡镇企业十大新闻人物"、"第五届跨世纪人才十大新闻人物"和潍坊市"劳动模范"等荣誉称号，1998年12月被聘任为山东大学生命科学院生物医药工程系兼职教授。

我跟他最后一面，印象是来北京工作后一次在莫言老师家里。之前的一面，是我们交流最多的一次。在硕士毕业离开山东大学前，在贺老师的办公室里，贺老师向他介绍我马上要到《中国教育报》工作，他表现得非常兴奋和感佩，像一位长辈，又像一位挚友，很热情并明显给予厚望地对我说了一些话，可惜他浓浓的高密口音几乎让我一句也没听懂，但同样才华横溢的他随口吟了一首诗，我听懂了："运交华盖欲何求，未敢翻身已碰头。破帽遮颜过闹市，漏船载酒泛中流。横眉冷对千夫指，俯首甘为孺子牛。躲进小楼成一统，管他冬夏与春秋。"这是鲁迅的《自嘲》。

另外一个就是发表莫言第一篇小说的老编辑毛兆晃。

20世纪80年代的第一个春天来了，山花烂漫，春雨霏霏。莫言在河北保定文联主办的文学期刊《莲池》第1期上，发表了他的第一篇小说《春夜雨霏霏》，接着又在内《莲池》第2期上发表了第二篇小说《丑兵》。正如一首古诗所言："好雨知时节，当春乃发生。随风潜入夜，润物细无声。"

金秋十月，他可爱的女儿出生，取名笑笑。欢笑第一次和莫言的生活紧密相连。1981年，是青年莫言黄金时代的开始。

今天我们再也找不到《莲池》杂志社了，这个曾很风火地培养了莫言等一批青年作家，后来改名为《小说创作》的地级文学期刊，早已穷死了。

我们有幸找到了这家刊物当初负责莫言稿件的老编辑毛兆晃。

记者：还记得收到莫言投稿的情况吗？

老编辑（毛兆晃）：

记者：莫言当时除了你们的支持，还得到了河北老作家孙犁的鼓励。之后，河北花山文艺出版社表示："莫言的书赔钱也出。"莫言是山东人，却是在河北起步的，你们为什么如此出力培养呢？

老编辑（毛兆晃）：

……

剧本中设计了以上的情节和问答。可惜的是，当时我们并不知道这位慧眼识珠、从众多作者中选中莫言并着力培养的老编辑，在一年前已经过世。今天查核这位带莫言走进文学之门的恩师的生平，了解到：1930 年出生，由福建莆田一中 1951 届（春季班）高中毕业后，当年考取北京师范大学化学系；第二年不顾家人的反对，偷偷改念戏剧系，并在老舍话剧《龙须沟》中当过群众演员，后辗转来到河北保定文联的《莲池》期刊编辑部任编辑。

关于小说《夜渔》的几段书信往来

◇齐林泉

莫老师在山东大学上课的那天中午的午宴上，中文系当代文学的牛运清教授对莫言的短篇小说《夜渔》情有独钟，并将之选入自己编写的一本文集当中。当着莫老师的面，牛教授邀请我写一篇赏析文章。从高密回来后两天我就写完了，9 月 30 日 18 点 21 分发信让莫老师指导：

莫老师：

您好！

首先祝节日快乐。

25 号中午午餐时牛运清教授让我给《夜渔》写赏析，直到今天下午才写，现在写完了，烦请老师指导一下，我再给他。

另，山东友谊出版社有人托我问您明年有无在这里出版作品的可能。

别无他事。祝顺！

林泉

2002 年 9 月 30 日

莫老师 20 点 02 分回信过来：

小齐，稿子看了。写作这些作品时，我已经从鲁迅文学院毕业。我家的街道是“天坛路 26 号”。写得挺好的，你再润色一下吧。这篇小说其实是在表现少年朦胧的性意识，你可以稍微点那么几句，不必细说。

每次回去都让你跑前跑后，感谢。

随后根据莫老师的指点做了修改。10 月 1 日 11 点 40 分发给莫老师：

莫老师：

您好！

按您的指点，又做了一些修改，不知可否？

老师来学生跑腿天经地义的事。说不上感谢的。

节日快乐！

林泉

2002年10月1日

好的故事

——莫言小说《夜渔》赏析

天真烂漫的童年，淳朴温馨的故乡，是长大后漂泊的异乡人永远的怀想。浓浓的好奇，不尽的梦幻，少年懵懂的性意识，给故乡和童年蒙上一层淡淡的神秘、柔柔的蜜意，成为羁旅途中难以释怀的情愫。《夜渔》正是这样一篇记叙童年轶事的短篇小说。我们不必在乎故事的真假，只需在静时静处坐下来，全身心地与作家分享那缕缕已被喧嚣浮华的成人世界掩没许久、甜蜜而忧伤的思绪，让疲惫的心灵找一处暂居的归宿。

以小说《红高粱》一举成名并蜚声中外的当代作家莫言，在这篇写于1991年的作品中，一改《红高粱家族》的激情澎湃、灵感迸发，《食草家族》极端叛逆的怪异和锐气，《天堂蒜薹之歌》的舍身请命、愤懑不平的蛮力与勇气，也尽扫前期同样童年题材小说《透明的红萝卜》、《枯河》等那种童年的苦涩悲歌，而是潜心于平和与安逸的梦想。小说《夜渔》里面童年中秋时节到野外捉蟹子巧遇荷仙的趣事，让人感到一种清丽而刺激、丰满而充实的温情。小说里有鬼怪灵异，但不狰狞可怖，而是温情脱俗；有贫难惊险，但不痛苦悲惨，而是满足而神奇。在这里莫言奏出的是一首另类的田园牧歌，辟出的是一方另类的桃花源处。

时年36岁的莫言，虽在《红高粱家族》引起轰动后大红大紫了一番，但随着之后《欢乐》、《红蝗》等"实验"作品的不断"犯规"，口诛笔伐之声四起，当时刚刚由北京师范大学研究生班毕业的他，借暑假之际，回到山东高密老家，在城区天坛路26号这所普通的民宅里，平均两天一篇，一口气写了18部短篇小说，当然，这些小说的最初发表，也都是在海外媒体上。也是在这段时间，他开始极其热衷晚年潦倒于市的同乡人清末蒲松龄的短篇小说集《聊斋志异》，《夜渔》中美丽多情的仙女，与蒲氏笔下那些可人的花仙狐异何其相似。同时，我们也仿佛又看到了类似于20世纪20年代鲁迅先生在作品集《野草》中所著的另一篇《好的故事》。

下午16点12分,莫言回信:

小齐,看了,就这样发吧。祝你们假日愉快。

关于这篇小文的立意,让我在国庆长假期间时时品味与莫老师的原作是否切合。10月6号,终于忍不住疑惑,赶在凌晨给莫老师再次发信请教:

莫老师:

您好!

《夜渔》赏析已经顺利交稿,但在阅读中有一个疑问,很想请教一下。

小说中有一段谶语:"镰刀斧头枪。葱蒜萝卜姜。得断肠时即断肠。榴莲(《莫言文集》上是不是错了?《现代汉语词典》是这个榴莲,望老师注意一下)树上接槟榔。"我不知道这段话的含义指什么。当代小说中这种继承《红楼梦》的谶语手法的很少见,短篇中更少见。您既然用了就必有含义。

我是这样认为的:这里面隐含了您(作者)的个人经历,第一句点明了您的军旅生涯,第二句点明了您的创作生涯,第三句、第四句是您个人的情感生活,不知我猜测的对不对?

您用谶语的作用是,一方面增加小说的神秘气氛,另一方面与后来的事情形成因果。但是,前后因果并不对称,似乎很多东西谶语里有,但小说结局中没有。不知道这是为什么。您是不是想把它写成一个长篇?

望老师解疑。

节日快乐!

林泉

2002年10月6日

7号中午11点24分,莫老师回复:

小齐,写时没有想那么多,只是想借此增加一点神秘气氛。当然,潜意识里是不是有你猜测的东西,就很难说了。

榴莲是一种南洋水果,你查到的是对的。文集中的是错的。

假期你没回老家吗?

两天后，我作了回复：

莫老师：

您好！

首先感谢您的悉心指教！

虽然还没几天，但已经对在一起的那些日子充满怀念了。那些日子师生之间浓浓的亲情是难以尽述的。感谢您给了我们这样的机会。

国庆节没有回家，因为和笑笑同一天考试。又是一场没有把握的战斗。

由于家在县城，每次回去都来去匆匆，老家又没有太近的人了，所以我已经七年没回老家了。

这次跟您回老家，也勾起了我很多对童年和老家的怀想。

原计划出国考试顺利的话，今年就可以申请国外学校了。但首先成绩不好，重考又遇上了笔试。时间上已经很紧张，加上签证没把握，所以今年基本放弃了，打算专心考博。其他从长计议。

网站（那时在建"青年思想家"的网站）上的栏目，初步内容已经有了，一个月后就可以正常运行了。对外的联络到时候再开展。愿您随时监督。

问候师母好！

文安！

林泉

2002年10月9日

沐儒风，文飞扬

——莫言印象

◇宁　明

在大街小巷回荡着“妹妹你大胆地往前走”的时代，我第一次听到了“莫言”这个名字，因为是山东老乡的缘故，还颇为此有些自豪，但对他的认识仅此而已。第一次接触他的文字始于那部获得大奖、又引发众多争议的《丰乳肥臀》。历史变革的五十年间，一个家庭的荣辱变迁，那用大地般宽广的胸怀承载着儿女悲欢、家族忧乐，永不向命运屈服的母亲形象跃然纸上，拨动了我的心弦。之后断断续续读了他的《天堂蒜薹之歌》、《酒国》、《檀香刑》和《生死疲劳》等，文字或张扬、或细腻，故事或荒诞、或写实，述历史，描当下，创造了一个个五彩缤纷、奇幻异彩的世界。我对这位老乡的好奇心也越来越重。

2008 年，读博期间，得知我对莫言作品的喜爱，我的导师贺立华教授建议我把莫言的创作艺术作为博士论文的主题，并且让我利用自己的外语专业背景作一些有关海外莫言研究的梳理工作。看我对此颇感为难，贺老师推荐我去拜访一下莫言老师，说博学的莫言老师一定能就我的论文和海外研究资料的查找方面给我一些指导。

对于拜访这样一位著名的作家，我心中充满了忐忑，我不知道那飞扬文字背后的当代著名作家会怎样对待我这样一个在文学研究领域尚属学生辈的人。拜会莫言老师的过程颇有些刘姥姥进大观园的意味。我是提着一箱山东大煎饼在十二月雪后一个干冷的上午，在师妹赵学美的引领下去他家的。一路上，师妹亲热地拉着我的手，介绍着我们车子所经过的地方：这里有家不错的书店，那里的饭馆值得一…… 我却是有些心不在焉，凛冽的寒风透过车窗的缝隙吹进来，兜里那张写着问题的纸，却已经被我出汗的手弄得皱巴巴了。

门铃响动，出来应门的是一个与师妹年龄相仿的女子。师妹与她热情的互相问候，也将我带入了这个看起来简单小巧、干净雅致的家。随着师妹一声“师母”的招呼，在厨房忙碌的那位利落又贤惠的师母端着一大盘水果走了出来。在我有些生怯地叫了声“阿姨”后，用让我倍感亲切的山东话说了句：“这闺女，长得真俊呢！”并拉着我的手让我坐下，我忽然心中升起一股暖流，感受到了一种久违地被长辈宠爱的感觉。这时，听到动静的莫言老师也从书房走了出来，他笑微微地与我打招呼，并且问起师妹最近的工作生活。尽管屋外的地上尚存有未融化的积雪，屋内的气氛却是温馨舒适，我紧绷的神经一下子松弛下来，也首次感到了来京后的暖意。与莫言老师的对话就在这样轻松的氛围中开始了。

说实在的，尽管之前在书上和网上多次见过莫言老师的照片，可是一见面，他的和善还是让我顷刻间有些眩晕。我有些怀疑，这个看上去像极邻家大叔的人真的是写出那样感性的文字，编出那些通天入地故事的大名鼎鼎地莫言吗？可是，待他一开口，我终于知道这的确就是那个创作了《红高粱》，写出了《丰乳肥臀》，在近三十年的创作过程中，写了10部长篇（《蛙》当时尚未出版），20多部中篇和80多篇短篇的莫言了。围绕我的“你认为自己的创作与传统文化之间有什么关系？作品的语言、结构等与古典文学有何关联？西方现代主义对你的创作有何影响？海外研究状况如何？”等问题，莫言老师妙语连珠、旁征博引、清楚明确地作出了回答。他认可中国传统文化对自己创作的影响，并且表示曾阅读大量的西方文学作品，但并没有明确借鉴任何一部作品。谈到在文坛引起瞩目的《红高粱》时，莫言老师笑称那是部有文学历史价值的作品，因为可以说是他首次采用了这种“新历史主义小说”的创作手法，之后文坛才出现了一批这样书写历史的作品。待我提到尽管不少研究者认为其作品和他本人主要受到齐文化，甚至匪文化等的影响，而我却从他的作品和他本人身上读到了儒家文化的深厚印记时，他十分高兴地表示认同，并且说自己在生活中就是一位遵循儒家传统的人。他思维清晰，语速很快，我真后悔没有学习专业记者带个录音设备，失去了记录下那些睿智话语的机会。我看着他那沉稳的面容、温和的眼睛，聆听着文采飞扬的文字，我忽然想也许“休眠火山”是对这个“邻家大叔”模样的大师最好的注解了。那一幅处变不惊之下，却是这样地波涛汹涌，待到合适的时机，定然是会喷薄而出的。这样的谈话不间断地持续了大半个小时，等我提出希望他帮我提供一些海外学者或译者的联系方式时，他欣然地走进书房，为我书写了一份名录，这也成为了我日后进行莫言海外研究的最重要的线索。

之后，莫言老师又关切地询问起我要作的论文的情况，并幽默地表示：“好的、坏的，你随便写就行，不用担心我的感受，我理解。”看着我们的谈话已近尾声，和学美聊着家常的师母站起来走进厨房，端出每个盘子都装地满满的饭菜坚持要留我吃饭，莫言老师也笑呵呵地说可以试试煎饼卷大葱呢。

这次拜访让我有机会近距离领略了这位不平凡作家的真实一面，让我感动于他的平易近人，敬佩于他的敏捷文思和横溢才华，待我最后得以与他合影留念时，我陡然觉得这位“邻家大叔”高大了许多。

得知莫言老师获得了2012年诺贝尔文学奖，我一边为其感到高兴，一边期盼这位生于孔孟之乡、沐浴齐鲁文化的大师能够用其飞扬的文字叙写新的篇章，祝福莫言老师！

第四辑　揭秘莫言

莫言为什么叫“莫言”

◇兰传斌　赵学美

一

莫言为什么叫“莫言”？这是一个简单的问题，细说起来却很有意思。

“莫言”，字面意思就是不说话。生活中的莫言的确话不多，他在领取诺贝尔文学奖时在瑞典文学院的演讲中说：“对一个作家来说，最好的说话的方式是写作。我该说的话都写进了我的作品里，用嘴说出的话随风而散，用笔写出的话永不磨灭。”

“莫言”这个笔名，第一次使用是在1981年发表的第一篇小说《春夜雨霏霏》。“莫言”二字，既是对原名“管谟业”中“谟”字的拆分，也有了不多说，不可说，甚至不说之意。从此，这个名字不仅出现在莫言作品中，后来连身份证的名字也都改作“莫言”了。大家于是也都习惯地叫起“莫老师”来。

莫言不多说话，但一旦开口，往往精彩之极

一个作家以“莫言”为笔名，是一

个很有意思的现象，而印着“莫言”二字的莫言作品，或许更具深意。

二

说起“说话”这个话题，不妨先来看看莫言笔下的一组儿童形象。

他们可以作如下分类：一类是《牛》中的罗汉、《四十一炮》中的罗小通等，他们极端爱说、能说，喋喋不休；一类是《罪过》中的大福子、《拇指铐》中的阿义、《枯河》中的小虎，他们沉默寡言，甚至是哑巴；还有一类，就是《透明的红萝卜》中的黑孩——他应该经历了一个变化，在苦难的生活中瘦猴一样的他，从罗汉最终变成了阿义。

之所以说黑孩并非一开始就沉默不说，是因为书中有这样的证据：“那时候他比现在当然还小，但比现在身上肉多，那时候父亲还没去关东，后娘也不喝酒。他跑到闸上来看热闹……”从这里，我们就能猜到黑孩那时候一定还没有这么沉闷，还是一个爱看热闹的正常的孩子。

从黑孩能够看到莫言，他们有一种精神上的相通之处。

领取诺贝尔文学奖之际，莫言在瑞典文学院的演讲中也承认：“那个浑身漆黑、具有超人的忍受痛苦的能力和超人的感受能力的孩子，是我全部小说的灵魂。尽管在后来的小说里，我写了很多的人物，但没有一个人物比他更贴近我的灵魂。或者可以说，一个作家所塑造的若干人物中，总有一个领头的，这个沉默的孩子就是一个领头的，他一言不发，但却有力地领导着形形色色的人物。在高密东北乡这个舞台上尽情地表演着。”

莫言并非生而莫言。

三

小时候的莫言喜欢说话，甚至喜欢自言自语，而且展现出了非凡的语言天赋。

2009年1月，莫言在美国斯坦福大学演讲时说：“那时候我真是才华横溢，出口成章，滔滔不绝，甚至合辙押韵。有一次我对着一棵树自言自语，我的母亲听到后大吃一惊。她对我的父亲说：‘他爹，咱这孩子是不是有毛病了？”

在高密农村的土话里，非常爱说话的孩子被叫作“炮孩子”。后来莫言在小说《四十一炮》里塑造了一个“炮孩子”，其中也有他个人的经历。“炮孩子”是一个很形象的比喻，用来形容一个孩子喜欢说话，喜欢说真话，就往往给别人带来“伤害”，给家里带来很多麻烦。说话多不仅容易招人嫌，而且容易招惹是非，于是便被形象地称为“炮”，意思是像放炮一样，伤了别人，也轰了自己。

莫言自己回忆说："我也不是一个特别好的学生，从小很调皮捣蛋。因为饥饿、馋，我特别嘴碎，喜欢说话。""我特别喜欢热闹，哪个地方热闹就往哪个地方跑。"在六年级的时候他就发表过老师是奴隶主、学校是监狱的言论，为此受了警告处分；也曾不知好歹地写过反动标语，让全家人胆战心惊。在学校里，他因调皮而大名鼎鼎，与人比赛喝墨水之类的事情常有发生。

莫言在美国斯坦福大学演讲中还提到："后来我长大了一些，参加了生产队的集体劳动，进入了成人社会，我在放牛时养成的喜欢说话的毛病给家人带来许多麻烦。我母亲痛苦地劝告我：'孩子，你能不能不说话'？"莫言回忆说："我当时被母亲的表情感动得鼻酸眼热，发誓再也不说话，但一到了人前，肚子里的话就像一窝老鼠似的奔突而出。"

莫言说，所以过了几十年以后，当要写小说准备发表时，给自己起了一个笔名叫"莫言"，就是告诫自己要少说话。莫言同时也承认："事实证明，我一句话也没有少说，而且经常在一些特别庄严的场合，说出实话来。我觉得讲真话毫无疑问是一个作家宝贵的素质。如果一个作家讲假话，不但对社会无益，也会大大影响文学的品格。因为好的文学作品，肯定有一个真实的东西在里边，尤其是真实地反映了下层人民群众的生活面貌。"

2012 年 10 月，获得诺贝尔文学奖之后，莫言在接受《南方周末》采访时说："我现在还是乱说话——按照某些人的逻辑，我经常乱说话，有时候得罪了这一方面，有时候得罪了那一方面。要两方面都不得罪，那只能闭嘴。其实，我一直用文学在表达我内心的话，我习惯把我要说的话写到小说里。"

四

莫言生于 1956 年，1976 年离家参军。这二十年，既是莫言走过童年、少年和形成自己性格的时代，也是新中国历史上政治最高压、物质最贫困、文化最匮乏的时代。这二十年是新中国成立以来思想规约最为严格的二十年。1957 年的反右斗争、1959 年的反右倾扩大化运动、1966 年到 1976 年的"文化大革命"，阶级斗争为纲始终笼罩全国，人们的一切言语和行动必须符合要求，否则即被划到革命敌人的行列，受到批判。

人们在高压中谨小慎微地生活，而在这种压力中，中农成分的莫言一家更是如履薄冰。莫言的父亲靠着过硬的算盘技术、先人后己的为人原则才得以在会计的位子上坐到退休，他对自己和家人的举止要求非常严格。莫言小时候曾经因为偷吃生产队的一个萝卜而被罚向毛主席像请罪，父亲知道后几乎要把他打死！

因多说话、爱调皮而扬名的莫言屡遭挫折，被冤枉了许多坏事。比如生产队牛的死、邻居家丢的肉、堂弟的摔伤等等，幼小的莫言有口难辩，或者越辩越难以让人们相信。他说："我娘也说所有的坏事都跑不了你，所有的好事都找不到你。"在棉花加工厂上班的时候，莫言因为卖力而受到表扬，他回忆说："这是我这辈子第一次受到表扬，过去的十八年，有骂我的，有批评我的，有奚落我的，从来没有人重视、表扬过我，这时我真是感到一种激动和幸福！"从这句话中，我们对 18 岁以前莫言的生活有些许体察。

于是，原来太多闲言碎语的莫言变得沉默了，因为只有闭口不言才能免去许多的谴责和打骂。就这样，莫言成为了黑孩。他努力使自己缩到一个最小的世界里躲避着人群，长时间地封闭自己，终于他"一见人就紧张，一讲话马上就变成结巴"。

黑孩沉默了，空洞的眼睛望着冷漠的人们。因为母亲、父亲的相继离去和继母的施暴，在不断地体验贫穷、饥寒和虐待中，儿童最纯真的心灵习惯了沧桑，变成了麻木。而现实中的莫言本性在成长中发生了变化，这种变形发展是莫言成长所处的特定的年代决定的。这既是莫言的经历，也是那个时代的共同履历。在近二十年的以"阶级斗争为纲"的时代里成长起来的一代，自我保护的本能使人形成了谨小慎微的处世方式，莫言非神非圣，也就不是例外。

五

但是，这种外在的行为方式并不表明人们彻底放弃了独立的见解和自由的思考，相反，人们受束缚的程度越深，对自由的渴望就越为强烈，一旦找到发泄口，就如同泄洪的闸门打开一样一发不可收拾。

而莫言的出口就在创作中。一旦进入创作状态，莫言就仿佛回到了五年级以前的那个最本真的自己，"胡言乱语"滔滔不绝，爱说能说的一面自然地表现出来，而在内容上则表达了对自由生命的深切崇拜。

莫言说："我为什么成了一个这样的作家，而没有成为像海明威或者福克纳那样的作家，我想这与我独特的童年经历有关。"莫言也说，不幸的童年是作家创作的摇篮。诚然，种种苦难伴随了莫言幼小的心灵，然而，比较黑孩，莫言是幸运至极的，他走过了苦难又能够反观不幸的一切，而且从中受益匪浅。

高密东北乡是个什么地方

◇兰传斌

一

高密东北乡遍地是红高粱吗，密密层层的青纱帐顶着火红的高粱穗，里面出没着英雄豪杰，也隐藏着许多个传说，猎猎风吹来，一片美酒香？

高密东北乡的人长得什么样？骁勇彪悍、孔武有力的“我爷爷”还好吗？手握檀香棍杀人不眨眼的赵甲死后埋在了哪，那条我姑姑乘着船走过的河里是否还生满了蝌蚪？

高密东北乡的青杀口、十八里红、漫天飞过的红蝗，还有那个黑孩苦苦守候着的砧板上的红萝卜，都还好吗？

因为莫言，高密东北乡成了关注的焦点。1984年，莫言在《白狗秋千架》中第一次使用了“高密东北乡”这个文学地理概念：“高密东北乡原产白色温驯的大狗，绵延数代之后，很难再见一匹纯种。”

文学评论家贺立华教授说：“莫言是背着高密东北乡的山河走天下。”张世家曾经对莫言说：“莫言老弟坚守你的高粱地吧！这里有你写不完的生活，作为朋友，这是我对你的忠告。因为四年前你说过，只有抢占下高密这块黑土大地，你才能在文学上有所建树。家乡父老等待你抱回诺贝尔文学奖，成为‘世界性’的作家。到那时，高密会给你莫言老弟立个永恒的碑。”

莫言说：“我写的不是我原来的家乡，仅仅是借助了高密东北乡这个名称。活动的人物，生长的植物，都不是那里的，这是我理想中的地方。”

《秋水》中，爷爷和奶奶来到荒芜的高密东北乡，开始了它的草创历史。《红高粱》展示的是日本侵华时候的高密东北乡。《30年前的一次长跑比赛》、《枯河》、《透明的红萝卜》、《大风》是20世纪五六十年代的故事。而《天堂蒜薹之歌》中天堂事件的背景是20世纪80年代末的东北乡。《丰乳肥臀》则写了东北乡如何从一种荒芜的状态经过百年历史发展成一个繁荣的城市，从东北乡看整个民族的变迁。《四十一炮》从东北乡的一个村子去看商品经济大潮中农村和农民。《檀香刑》里高密东北乡的英雄好汉抗击德国殖民者“胶济铁路大拆迁”，苍凉高亢的猫腔响彻大地。《生死疲劳》里有东北乡的乡亲们和土地之间的几十年恋歌和悲歌。《蛙》里有高密东北乡生生不息的孩童，还有长满蝌蚪的河水……

如今，高密东北乡已经伴随莫言走遍天下。而高密东北乡，到底是个什么地方？

二

从地理上讲，“高密东北乡”是指高密东北方位的河崖乡、大栏乡这一片土地，是沿用了明清到民国时期的叫法。而莫言出生的叫作“平安庄”的村子，就在大栏乡。

“红高粱大地”，这个称呼似乎已经成为高密和高密东北乡的别称。至于为什么高密跟高粱联系在一起，是有历史原因的。

笔者(左一)和许多记者在莫言老屋门前合影，探访这里的神奇

高密地处胶东半岛和昌潍平原的连接处，胶济铁路在此贯穿而过。胶河在高密蜿蜒流过，南面还有顺溪河和墨水河，水系纵横，水量丰沛。早些年间，胶河年年发大水，有“十年九涝”的说法，正因如此，高秆作物就成了这里的宠儿。高粱为百姓提供了果腹的口粮，也酿出了醇厚的美酒。当然，客观上为英雄好汉行走江湖提供了舞台，也为土匪强盗杀人越货设计了屏障。正是高粱，造成了高密大地特有的神秘与朦胧，庄严与肃穆，于是成就了“红高粱大地”。

同样是高密人的山东师范大学教授、博士生导师杨守森先生曾说，“与鲁文化相比，齐文化显得更为放达活泼，不拘传统，更富于想象力和创造力”，“正是得力于这样一种齐文化的潜移默化，处于齐国腹地的高密人形成了自己独特的审美目光和艺术想

象视角，自出机杼，创造了别具风姿的剪纸、泥塑、扑灰年画三大民间艺术”。

对于高密剪纸，杨守森教授曾经有过这样的论述：“高密剪纸，既不像陕北剪纸那样透射着秦汉风骨的粗犷简洁，也不像东北剪纸那样朴拙宽厚，而是奇思怪想，天马行空，取材随意，情趣盎然。”

对于高密剪纸，莫言的挚友、也是高密奇人的张世家的评价是“玲珑剔透，淳朴浑厚，天马行空，自成一格”，对于剪纸的内容和风格还曾经自创这样一段：

牛郎头上罩神光，脚踏行云会鹊桥。
猴子架起二郎腿，学人吃烟面偷笑。
老鼠嫁女办喜事，吹吹打打碰着猫。
刘海戏来金蟾女，一双娃娃玩小鸟。
花鹿驮着寿星走，和气二仙各斗宝。
望香十冬哭甜瓜，世代流传为心孝。
梁祝长亭十八送，依依不舍离难熬。
十八的姑娘爬墙头，越爬姿态越窈窕。
吹箫吹来凤凰舞，三姐彩楼把球抛。
牛王舞枪来称霸，猴子抡棍揍老妖。
瑞莲夜奔寻兰宽，井台之上情相邀。
剪纸生花四季香，春草小鸟都会叫。

剪纸、泥塑、扑灰年画，这三大民间艺术不仅代表了高密的地域特点，也包含着高密独特的文化传承。齐国开国之君吕尚(也就是姜子牙)在这里“因其俗，简其礼”，让这里形成独特的文化传统。泛神论色彩的动植物崇拜意识，不拘形式的开放意识，富有想象力和创造力的生活意识，在这里生根发芽。事实上，高密也是一个人才辈出的土地，齐国名相晏婴、东汉经学大师郑康成，都是莫言的老乡。

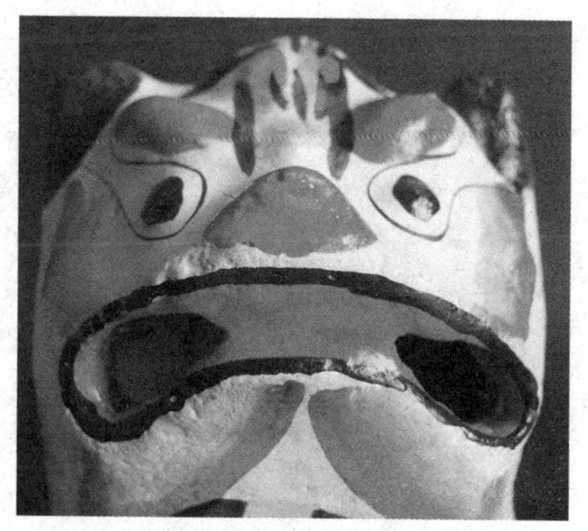

高密三大民间艺术之一的“泥塑”

三

《红高粱》一开头便写道:“高密东北乡无疑是地球上最美丽最丑陋、最超脱最世俗、最圣洁最龌龊、最英雄好汉最王八蛋、最能喝酒最能爱的地方。”

一句话,概括了高密东北乡的灵魂。事实上,高密东北乡给予莫言的,绝不仅仅是生而养育,这里是他生身的故乡,也是精神的故乡,是他创作素材的来源地,也是创作才华施展的舞台。只有莫言找到了高密东北乡,莫言才成了莫言。

高密东北乡的人和事是莫言无尽的资源宝藏。早些年的饥饿记忆,变成了《透明的红萝卜》里独特的感觉,通过一言不发的黑孩和砧板上亮晶晶的萝卜,展现给读者全新的图景;1938 年 3 月 15 日的孙家口伏击战,以及后来的“公婆庙惨案”,写进《红高粱》里成了怀抱酒缸慷慨赴死的英雄壮举,唱出了一曲民族生命伟力的赞歌;莫言的三奶奶的确是分娩后就遇到了日本鬼子(《丰乳肥臀》中母亲的遭遇),后来得了病,死之前彻夜不息地叫,最后用了桃木剑才好(《奇死》中的二奶奶);莫言的四叔也的确是被乡委书记的车撞死,然后 3000 元钱草草了事(《天堂蒜薹之歌》);战争年代敌我割据时期,游击战场上花样百出的残杀,诸如活埋、剜眼、开膛、碎尸、切乳,艺术化为《檀香刑》里“中国第一刽子手”赵甲“杀人的艺术”;东北乡人袭击建铁路的德军也是确有其事;至于“我爷爷”、“我奶奶”、“我姑姑”,以及曹梦九、王文义、说书的,都进入到小说里,成了活灵活现的另一个人。

高密独特的文化则为莫言铸就自己天马行空、大开大阖、放纵不羁的创作风格,提供了精神支撑。莫言对高密三大民间艺术颇为钟爱。据张世家回忆说,1986 年秋天,回家探亲的莫言曾约其一起专门拜访过高密的剪纸高人范作信,买了其作品五百余件;后来还到高密聂家庄搜集了一批泥塑老虎、叫猴等。

后来,剪纸中的“蝈蝈出笼”和“梅花鹿”,被莫言写进《高粱酒》,作为“我奶奶”的创作成果。莫言写道:“我奶奶要是搞了文学这一行,会把一大群文学家踩出尿来,她就是造物主,她就是金口玉牙,她说蝈蝈出笼蝈蝈就出笼,她叫蝈蝈唱歌蝈蝈就唱歌。她说鹿背上长树,鹿背上就长出了树。”莫言作品通过“我奶奶”,与剪纸艺术完美融合,也得到充分彰显。

正是因为有了高密东北乡,所以莫言有了一片可以纵横驰骋乃至恣意妄为的土地。莫言说:“故乡——农村留给我的印象,是我创作的源泉,也是动力。我与农村的关系是鱼与水的关系,是土地与禾苗的关系,当然,从另一方面看,也是鸟与鸟笼的关系,也是奴役与被奴役的关系。”他说:“故乡留给我的印象,是我小说的魂魄,故乡的土地与河流、庄稼与树木、飞禽与走兽、神话与传说、妖魔与鬼怪、恩人与仇人,都是我小

说中的内容。”

莫言对“高密东北乡”魂牵梦绕，而他笔下的“高密东北乡”，与现实中的“高密东北乡”实在相差太远。无数慕名而来的专家、学者、记者、旅游者，都满怀好奇而来，不无遗憾而去。莫言老家那座低矮破旧的老屋，屋后那条依然流淌的胶河，河边那些早已无影无踪的高粱地，远不像莫言作品那样魔幻。

四

正是因为莫言“魔幻现实主义地描写中国乡村”，才塑造了一个不同凡响的“高密东北乡”。从这个意义上讲，莫言颠覆了中国乡土文学的流脉走向，“高密东北乡”也成为中国文学的乡土领域里独特的存在。

以某一地域为着力点的“乡土文学”，在中国现当代文学中蔚为大观：废名的黄梅故乡、京西城郊世界，芦焚的河南果园城世界，萧乾的北京城根的篱下世界，一直到后来的汪曾祺。他们很大程度上影响了中国乡土文学的美学品格和人们针对乡土文学的审美习惯，从而在一定意义上成为乡土文学的代言者。

沈从文塑造了一个湘西世界的佳话，那里无比淳朴、自由，溢满了生命力。沈从文最有代表性的作品是《边城》，写渡船老人与孙女翠翠相依为命的生活和一个爱情故事，“小说达到了乡情风俗、人事命运、下层人物形象三者描写完美和谐、浑然一体的境地，像一颗晶莹剔透的珠玉”。

莫言的高密东北乡却是一个藏污纳垢、鱼龙混杂的地方，那里不仅有蝗虫、大便、吃青草拉无臭大便的生蹼的祖先，还有通奸、交媾和杀人越货，这里不再和谐，不再单纯美丽，这里是一个野性十足、鬼魅奇妙的土地。比如，《透明的红萝卜》没有写乡下人们对小黑孩的脉脉温情和农村生活的恬适自然，倒是多了不少人情冷暖，更多的则是把笔墨放在小黑孩独特的感觉和敏锐的心理上。那只透明的红萝卜将个人体验推向极致。小黑孩对红萝卜的渴望和对菊子姑娘的感觉才是重点，然而，一切都已与和谐无关。莫言还将丑、荒诞、变形、非理性等现代主义元素注入作品中去，让他们与高密东北乡的神秘色彩相结合，从而让这片神奇土地摆脱了安详和舒缓，增添了狂乱、畸变和躁动不安，甚至故意造成一种不和谐。

莫言的高密东北乡作品打破了沈从文等人营造的乡土文学的和谐美，不再将故乡和乡土作为梦中的家园和理想的世界，放弃了将乡土理想化的努力，致力于展现农村生活的原生状态，甚至故意用审丑、变形、荒诞等手法去描绘乡土，高密东北乡也便不再如湘西世界那般和谐美丽。

莫言打破了这种和谐，他采用“暴力叙事”的方法，写作上大起大落，粗犷凌厉，语言狂欢，叙事向着个人经验、向着语言和感觉层面转向，肆意打破和谐和静谧，并对传统道德观念加以反叛。在这背后，是作家的写作姿态发生了变化。受鲁迅影响，文学研究会乡土作家群王鲁彦、彭家煌、台静农等人的乡土文学创作是20世纪20年代的重要现象。这批作家受五四新文化运动的影响，很大程度上承担了启蒙的使命，他们以道自任的精神很强烈，用知识分子的眼光俯视苦难的农村，用启蒙的眼光对待大众，因此作品里更多的是对闭塞愚昧农村的揭露和批判。沈从文等人则在接触了现代文明之后，退回到书房，着意建造具有理想色彩的“希腊小庙”。沈从文虽然声称自己是“乡下人”，但他理想化的书写方式毕竟回避了乡下人生活的许多方面，从而还是在一种想象中与现实拉开了距离。

莫言不一样，他出身农民，并声称“作为农民写作”。这一创作姿态的转变让莫言有了更新的视角。与文研会众作家对农村的落后痛心疾首不同，也与沈从文等人对乡村美好的想象有别，莫言多了一种对乡土中国苦难的体验，更多了一层对这些苦难的认同：这是乡土大地上本来就存在着的，有美好，也有肮脏。

不仅如此，莫言的出现还给中国现代主义文学带来了变化，将其从洋场和都市的局限中牵引出来，引入到乡土的广阔世界，并在自己独特的感觉中发展了现代主义的手法，这些都是具有建设意义的。

五

美国作家威廉·福克纳自称为邮票大小的“约克纳帕塔法”，哥伦比亚作家加西亚·马尔克斯的“阿拉卡塔卡”，中国作家沈从文的“湘西”，这些都已成为经典。

莫言也有“高密东北乡”。

现如今他还是每年有相当长的时间住在这里，并把住所名曰“一斗阁”，在这里思考写作。他在这块土地上打下一眼深井，并且通向了大海，进入更广阔的空间。相信他还会继续写下去。

莫言为什么会讲故事

◇兰传斌

一

“我是一个讲故事的人。因为讲故事获得了诺贝尔文学奖。”

2012 年 12 月 8 日，在有着三百多年历史的瑞典文学院，在最为人所瞩目的世界文学的讲坛上，在多位伟大的作家站过的金碧辉煌的大厅里，新科诺贝尔文学奖获得者莫言说出了这样的话。

2011 年冬，兰传斌陪同莫言游览大明湖

在此之前，无数人猜测过以“莫言”为名的莫言，面对世界开口的时候，他会讲些什么；也有很多人给莫言提过许多热心的忠告，建议他如何体现大师风度；不少人担心，忐忑不安的莫言会战战兢兢，“HOLD”不住这种场面。这是一个娱乐业兴起、大众传媒统治舆论场的时代，再伟大的作家在这滚滚浪潮之中，都只是一朵浪花，即便怎样光彩夺目，也有很多的身不由己。

莫言自己说，准备这场演讲，他只用了两天。这么庄严神圣的场合，这么重要的演讲，准备只用两天？但是当他甫一出口，大家就都松了一口气，甚至为他的从容、诚实、言语和美妙的故事所吸引、所感动。

这就是莫言,一个讲故事的人,给大家讲了几个关于讲故事的事。

二

只要他不说,外人便永远不会知道他会讲出什么故事,更不会知道,他脑袋里还有多少个让人惊讶的故事。于是,读者便会急切地关心他所编织的下一个故事。

这,便是莫言的本事。

莫言为什么会讲故事?这个问题,接近他创作的核心。是他的脑袋里有某部分细胞特别发达,是他经受过什么特殊的训练,还是他有什么"讲故事宝典"?

对于这一点,莫言自己说:"有的小说起源于梦境,譬如《透明的红萝卜》;有的小说则发端于现实生活中发生的事件,譬如《天堂蒜薹之歌》。但无论是起源于梦境还是发端于现实,最后都必须和个人的经验相结合,才有可能变成一部具有鲜明个性的、用生动细节塑造出了典型人物的、语言丰富多彩、结构匠心独运的文学作品。"

梦境,现实,经验。这组关键词足以道破天机。

所谓梦境,大抵是出于想象。这种天赋是伟大的作家乃至艺术家创造伟大作品的最可宝贵的财富。庄周晓梦迷蝴蝶,创造了让人痴迷的南华经典;凡高在近乎疯癫的状态,画出了绚烂奇诡的景象;同样,莫言以他的天赋,他独特的感觉,甚至是梦境,见到人所未见的景,听到人所未闻的声,结交了人所未交的人,也经历过人所未经的事,这种悟性和天分,是他独有的。

如果没有这种天分,莫言很可能只是一个农民,一个木匠,一个在工厂里弹棉花、管仓库的工人,而绝非是一个作家。

三

莫言所讲的故事,大都发生在"高密东北乡"。

1976 年 2 月,莫言从高密东北乡出走时,尚且青春年少,如今他的作品名满文坛,笔下却依然是那片土地。对许多他的同乡而言,那里或许也只不过是家乡,但在他眼里,那里有土匪、好汉纵横驰骋的高粱地,有刑场上飘着香油味道的一声凄惨"猫腔",也有鸟兽虫鱼、妖魔鬼怪。他笔下所有故事的根,都在那里。

对于一个作家——这类以讲故事为业的人而言,酒桌上半醒半醉的闲扯,街头巷尾风言风语的家长里短,以及童年时代猫在草鞋窨子里听来的传说,都可以成为无穷的富矿。用莫言自己的话说:"辍学之后,我混迹于成人之中,开始了'用耳朵阅读'的

漫长生涯。”

儿时的莫言曾经痴迷于去集市上听书。说书这种中国独有的曲艺形式，把民间的爱憎情仇、道德伦理，寄托于一个个英雄好汉、才子佳人或者市井传奇的故事，广为人们所喜爱。莫言听书，一来比起干活挣工分，听书显然是一件轻松愉快的事；二来故事的吸引力实在太大，听之难放。为了向母亲有所交代，他听了书便回家给母亲说书，给姐姐、婶婶、奶奶们说书，为了追求故事效果，他还添油加醋、添枝加叶地编造了好多情节，有时候甚至改变故事结局。这种训练，对莫言今后的创作，无异于是一种基础训练。

几十年前的中国农村，是一个缺乏声光电、没有网络、电视的土地，人们勤苦地劳作，缓慢地生活，一年一年度过有松有紧的清贫日子。松与紧之间，便有一些闲暇，比如日落饭后的豆灯之下，比如秋收冬藏之际的火炉旁边，伴着噼噼啪啪柴火燃烧的声音和刺刺拉拉纳鞋底的声音，都是讲故事的好时间——没有故事，日子便不知道怎么过。

莫言在崂山。莫言对神怪传说之类有着浓厚的兴趣

莫言说：“我在集体劳动的田间地头，在生产队的牛棚马厩，在我爷爷奶奶的热炕头上，甚至在摇摇晃晃地行进着的牛车上，聆听了许许多多神鬼故事、历史传奇、逸闻趣事，这些故事都与当地的自然环境、家族历史紧密联系在一起，使我产生了强烈的现实感。”

就是在这个时间，莫言“结识”了蒲松龄，并与《聊斋志异》结缘，世间也多了一个会讲故事、会讲稀奇古怪故事的人。

四

对于一个已经问鼎中国长篇小说最高奖的作家，人们不由自主地首先看到他的奖。但对于莫言，能够来到这个戴满花环的所在，是从一条荆棘之路走来的。一个农民的儿子，一个靠当兵走出乡土的青年，他今天沉甸甸的大部头，都只不过是昨天千万张写满字的废稿纸。

走出农村、步入军营之后的莫言，恰逢遇到了20世纪80年代的思想解放和文学热潮。那是一个热情澎湃、思潮涌动的时代，王蒙等不少老作家枯木逢春，再度迸发出创作热情；一些新人加盟文坛，从伤痕文学起，反思文学、改革文学、寻根文学等一浪赶过一浪；西方现代主义理念引进，中国的先锋文学兴起……此时的莫言，也开始跃跃欲试。

在部队创作室的书桌上，他延续着写好人好事、英雄模范的传统范式，而且发表了《春夜雨霏霏》、《丑兵》等作品。莫言自己评价说："文学价值很低。"1984年，莫言考入解放军艺术学院文学系，这个只有小学文化的农村兵开始叩问文学的大门。在著名作家徐怀中的指导下，他写出了《秋水》等一批中短篇小说，其中尤以《枯河》和《透明的红萝卜》最有代表性。前者开始有意识尝试变换小说的叙事角度，后者的独特感悟和故事让他显然已经成长为一名作家。

而莫言一旦找到了"高密东北乡"这一文学地理标志，就如同马尔克斯执著于"邮票大小"的阿拉卡塔卡，如同沈从文迷恋着巫傩和美丽并存的湘西。更重要的是，莫言想起了那里生活着的一个个鲜活的人，那里发生过的一件件生动的事。

莫言说："高密东北乡无疑是地球上最美丽最丑陋、最超脱最世俗、最圣洁最龌龊、最英雄好汉最王八蛋、最能喝酒最能爱的地方。"在那里，莫言吃过高粱面，忍受过难挨的饥饿，经历过轰轰烈烈的人民公社化运动和"反右"运动，见识了历史的车轮和乡村的巨变。如果没有这一切，就不会有《透明的红萝卜》，不会有《生死疲劳》，不会有《蛙》，自然也就不会有著名作家莫言。

经历过复杂的现实，尤其是历经沧桑的阅历，是一个作家的必经之路。一个没有经历的作家，即便想象再发达，天分再高超，写来写去也只可能是温柔缱绻的仙幻故事，或者虚无缥缈、半真半假的传说，最终失去了根基，变得轻飘飘、软绵绵的。

五

莫言讲的故事，与别人不一样。莫言曾说，"一个人在日常生活中应该谦卑退让，但在文学创作中，必须颐指气使，独断专行。"

这是一个从高密东北乡走出去的作家，他深耕创作之田三十年，建立起了独一无二的小说王国。在那片领地，他任意挥洒，让文字汪洋恣肆、绚烂摇曳，让人物酣畅淋漓、敢爱敢恨。他仿佛手握魔杖，口念咒语，只要他金口一开，便有一片灿烂的园地，那里鲜花盛开，光怪陆离。他游刃有余地驱遣文字，却自名"莫言"。即便成了著名作家，生活中的他还是显得"讷于言"，就像一个淳朴的山东汉子。

他一路前行，四季耕作。他曾积极向西方现代派小说学习，成为中国先锋文学中最为活跃的分子，唯一不同的是他在某一个节点"大踏步后退"，主张"作为一个农民写

作”;他也曾尝试过形形色色的叙事方式,而后来的《生死疲劳》却宣称“向中国古典小说和民间叙事的伟大传统致敬”;他营造一个个幻妙的梦境,导演一幕幕神鬼传奇,却随时顾盼社会历史,书写人间暖;在茅盾文学奖作品《蛙》问世后,他又提出“把自己当罪人写”,“要到没有路的地方去走”。

不断尝试,不断超越,不断出新,这就是莫言的不同,也是莫言的故事有所不同的原因。

在瑞典,莫言告诉人们:“我获奖之后发生了很多精彩的故事,这些故事让我坚信真理和正义是存在的,在今后的岁月里我将继续讲我的故事。”

莫言讲故事有什么技巧

◇赵学美

求新、求异是每个作家的不懈追求。作家们都在努力实现对上一部作品的超越，除了要讲述与上一部不同的故事以外，作家也努力在文本结构上发生变化。而这种变化多端的结构上的实验也是对一个作家建立在丰富的想象力的基础上的宏观把握能力的考验。没有自由的思维和开阔的想象空间是不可能有如此之多的文本结构的创造的。在当代作家中，莫言在结构上的心思之多、之巧可谓首屈一指。在莫言已有的九部长篇中我们找不到结构相同的两部小说。

莫言的第一部长篇小说《红高粱家族》是由五部中篇补缀而成的，采用的是"我"——一个孙子讲述爷爷奶奶的故事的形式。"我"作为一个晚辈，打破时空限制，自由地出入爷爷奶奶、父亲母亲的世界，讲述爷爷奶奶的野合，父亲的被狗所咬和母亲的围困枯井，而且细节之处非常生动逼真，这是一种独特的叙述视角。

创作于1988年的《天堂蒜薹之歌》，从某种意义上可以说是莫言第一篇真正意义上的长篇小说。小说每章用张扣的歌首先将内容讲述一遍，然后用传统的方式进行正文叙述，将各个人物的命运从头到尾一一展现出来，同时作者对社会现实的思考寓于其中，而小说的最后将故事反映的现实用公文的形式又讲了一遍。小说分别使用了民间话语、知识分子话语和政治话语三种不同的话语方式和视角将一个故事全方位地展现出来，通过叙述话语的变化实现了结构的完成。

接下来的《十三步》是一次彻底的试验之作。它打乱了一切时空顺序，抛弃了故事发展的因果关系，让小说的旁枝细节取代可能的主线索而成为小说的主体。小说可能的主线——方富贵猝死教室、李玉蝉与王副市长的关系等，本身并没有太多意义，相反，其他穿插其中的额外细节，才具有更多的细品价值。

1993年完成的《酒国》一直备受冷落，这与其采用的结构和文体风格大有关系，可以说是一部象征意味十足的作品。小说由三条看似互不相干、实则互相支撑、彼此依

靠的线索串起：一是丁钩儿在酒国的办案经过，由此展现出酒国外在的生活状态；二是李一斗和莫言的通信往来，主要反映的是体制内外的作家——知识分子的处境和选择；三是李一斗的几篇作品，以小说的形式揭示酒国的真实内幕。通过这三条线索，莫言描写了子虚乌有的酒国市的内外在生活状态，对现实的讽喻暗含其中。

1995年引起风波的《丰乳肥臀》与前几部的多条线索又有不同。小说的前六章用传统的顺序方式展现了高密东北乡近百年的"丰乳肥臀"的生活史，其中塑造了一个吃苦耐劳、坚韧不屈的母亲；第七章则从母亲的出身开始讲母亲与各个男人的关系，前一阶段形成的光辉形象渐渐瓦解。小说最后部分的七补则如同北海中的园中之园，可以独立出来成为中篇。

2001年的《檀香刑》更是体现了作者对小说结构的独具匠心。小说由凤头、猪肚、豹尾三部分组成。凤头通过主要人物的内心独白将人物关系罗列清楚并且引出中心事件；豹尾部分同样以内心独白的方式将各个人物的结局一一表明，与凤头部分形成呼应；而猪肚部分则是对凤头、豹尾的注明，将事件的来龙去脉一一补足，展现了广泛的社会场景——戊戌变法、义和团运动、袁世凯、朱八一伙叫化子等等。

2003年的《四十一炮》中，莫言花样再现。小说由两套时空组成：一是通过罗小通的讲述再现了十年前的屠宰村和他的家史；另一个是在罗小通讲述的同时，这个村子里正在发生的一切。这两个不同时空的故事以罗小通对大和尚的讲述为中心镶嵌在一起，又加上"我"对兰大官的传奇性史的想象共同完成了莫言对"食"、"色"两个永恒主题的思索。

总之，莫言不仅在故事上出人意料，而且在结构上出奇出新。他往往打乱惯常的时空顺序，从不同的叙述视角、话语方式、语言风格、人称代词等入手组织行文顺序，总能把已有的创作素材用出其不意的结构组合起来，给读者增添一份陌生感的艺术效果，从而使读者在阅读过程中获得一种额外的惊喜。卡尔维诺说，一个作家的想象力也集中地表现在其作品结构的组织上。这也就是说，成功的作品结构的安排离不开作家丰富的想象力，莫言在结构上的一再创新正是这一理论的有力证明。

吃、饥饿记忆与莫言创作

◇兰传斌

一

吃，是莫言小说中的一大主题。

《红高粱家族》中，秋天养肥了黄色的野狗，成为英雄锅盆里香喷喷的美味；《牛》里，人见人嫌、多嘴多舌的少年罗汉，围着两个炒牛卵，在村长的厨房周围乱转；《野骡子》中，罗小通是一个见到肉就没命的孩子……

关于吃与创作的关系，莫言自己也多次提及，一个广为人知的说法就是"当作家是为了吃上饺子"。这个说法并非只是一个玩笑，因为饥饿而吃，以吃来纪念饥饿，饥饿记忆对与莫言创作的影响是深沉而长久的。

2005 年 12 月，莫言在接受香港公开大学荣誉文学博士学位时发表演讲称："我的想象力还是不错的，为什么不错呢？因为我的想象力是饿出来的。"

二

> 无论是谁，只要给我一条烤得香喷喷的肥羊腿或是一碗油汪汪的肥猪肉，我就会毫不犹豫地叫他一声爹或是跪下磕头。

这是《四十一炮》里，看似没心没肺、整天吵着要吃肉的罗小通的这一番话，道出了饥饿的感觉下吃是一件多么迫切、多么原始的冲动。如果继续饿下去，会怎么样呢，不妨看看《透明的红萝卜》——

> 光滑的铁砧子，泛着青幽幽的光。泛着蓝幽幽光的铁砧子上，有一个金色的红萝卜。红萝卜的形状和大小都像一个大梨，还拖着一条长尾巴，尾巴上的根根须须像金色的羊毛。红萝卜晶莹透明，玲珑剔透。

这是《透明的红萝卜》里，衣不蔽体、食不果腹的黑孩，面对红萝卜时产生了独特的感受，他看到了一根透明的红萝卜，金色的外壳里流动着银色的液体，四周围绕着耀眼的光芒。小说通过"变得如同广电源"的黑孩的眼睛，审视一根普通的红萝卜。这种写法，普遍意义上被认为是莫言非凡的想象力和超人的感知力的结果，我却认为，对待红萝卜的态度，更深层上说是由饥饿带来的渴望所产生的幻觉导致的——饥肠辘辘的人面对食物的感觉，绝对可以超乎寻常。

在饥饿面前，人不仅能够提高想象，增强感知，还能异化出非同凡响的"特异功能"。

在莫言的短篇小说《铁孩》里，铁孩的咀嚼功能让人叹为观止：

> 铁孩拿来一根生着红锈的铁筋……我看到他果真把那铁筋伸到嘴里，"咯嘣咯嘣"地咬着吃起来。那根铁筋好像又酥又脆……

不仅如此，作家还以"我"的身份，亲自试验了一下：

> 我半信半疑地将铁筋伸到嘴里，先试着用舌头舔了一下，品了品滋味。咸咸的，酸酸的，腥腥的，有点像腌鱼的味道。我试探着咬了一口，想不到不费劲就咬下一截，咀嚼，越嚼越香。越吃越感到好吃，越吃越想吃，一会工夫我就把那半截铁筋吃完了。

这种"特异功能"，不仅出现在莫言的小说中，也还出现在他的散文里，成为亦真亦假、超乎想象的内容。比如他的散文《吃相凶恶》中，曾经对"吃煤"进行过描述：

> 冬天，学校里拉来一车煤块，亮晶晶的，是好煤。有一个生痨病的杜姓同学对我们说那煤很香，越嚼越香。于是我们都去拿着吃。果然越嚼越香。一上课，老师在黑板上写，我们在下边嚼煤，咯咯蹦蹦一片响。老师说你们吃什么，我们一张嘴都乌黑。

还有什么比敢于吃铁、吃煤更刺激的？有！

从饥饿和寻找食物的主题出发，长篇小说《酒国》写出了令人发指的"红烧婴儿"。小说分别以《肉孩》、《神童》、《烹饪课》等章节，描述了"养育—买卖—宰杀—烹制"的全过程，介绍了这道"酒国市"的名菜，并且以此为线索，把检查员丁钩儿查案的过程写成了一次吃喝之旅，并且在酒肉愉悦口舌之后走向人生的终点。

可以说，莫言把吃写到了极致，把饥饿写出了诡异，吃与饥饿成为莫言文学创作的重要题材。

三

莫言在挑选水果

对吃和饥饿的独特感知，源于莫言早年刻骨铭心的记忆。莫言是从饥馑年代走过来的。生于1955年2月17日的莫言，20世纪60年代大饥荒的时候，他正在孩提之年，快速生长的身体遇到了粮食食物的匮乏，饥饿伴随着他的童年和少年，萦绕在他的心灵并且烙上了深深地记忆。

《透明的红萝卜》里香甜的萝卜，正是饥饿的莫言真实的写照。莫言曾经这样描述当年的自己：

> 我们的肚皮仿佛是透明的，隔着肚皮，可以看到里边的肠子在蠢蠢欲动。我们的脖子细长，似乎扛不住我们沉重的头颅。

因为饥饿，莫言对吃便有着异乎寻常的兴趣。多年之后，他还曾经专门写过《吃事三提》，用以纪念那段日子。在其中的一篇《忘不了吃》里，他写到：“我难忘草地里那种周身发亮的油蚂蚱，炒熟后呈赤红色，撒上几粒盐，味道美极了，营养好极了。”此外，各种形形色色的东西都变成了美味，期待着它们能够出现在餐桌上。

> 我们从水面上捞浮萍，水底捞藻菜，熬成鲜汤喝。
>
> 最好吃的草籽是水的种子。这东西很像谷子，带着壳磨碎，做成窝头蒸熟，吃到嘴里嚓嚓响，很是精彩。
>
> 深秋的蟋蟀黑得发红，肚子里全是子儿，炒熟了吃，有一种奇异的香气。
>
> 还有豆虫，中秋节后下蛰。此物下蛰后，肚子里全是白色的脂油，一粒屎也没有，全是高蛋白。

在那个全民饥饿的年代，吃给人留下的绝非是这般轻松愉快的记忆。莫言曾经讲过这样的故事。1961年，为了让人们过一个吃得饱的春节，政府每人配额发了半斤豆饼，饿久了的乡亲们欢喜鼓舞。

> 有的人，用衣襟兜着豆饼，一边往家走，一边往嘴里塞。我家邻居孙大爷，人没到家，就把发给他家的豆饼全都吃光了。他一到家就被老婆孩子给包围了，骂的骂，哭的哭，恨不得把他的肚皮豁开，把豆饼扒出来。

可是后来，孙大爷吃豆饼太多，口渴难耐，不停喝水，最后活活给胀死了。"这次年关豆饼，胀死了我们村17个人，教训很深刻。"莫言这样回忆道。

在饥饿面前，撑死和饿死哪个更好？这是一个悲凉的问题。

莫言曾经回忆道，"文化大革命"期间有这样一件事：

> 我们那个公社书记，从海南岛弄来一种杂交高粱，产量特高，味道苦涩，公鸡吃了不打鸣，母鸡吃了不下蛋，人吃了便秘……那十年里，我吃了三千斤杂交高粱，所以一接到入伍通知书，我就想：去你妈杂种高粱，这下我不用吃你了。在那十年里，我和我的父老乡亲们，十分怀念地地道道的红高粱。

很难想象，以写红高粱出名的莫言，竟然对高粱有着如此复杂的感情。

为了寻找食物，为了填饱肚子，人已经发生异化，就如同长颈鹿要想吃到高树上的树叶，必须进化到长出长长的脖颈一样。莫言回忆道：

> 我们吃树上的叶子，树上的叶子吃光后，我们就吃树的皮，树皮吃光后，我们就啃树干。那时候我们村的树是地球上最倒霉的树，它们被我们啃得遍体鳞伤。那时候我们都练出了一口锋利的牙齿，世界上大概没有我们咬不动的东西。

就是在这种情况下，才出现了莫言小说中吃煤、吃铁筋这样的事情。

就是在这样的背景下，才有了莫言和饺子的这段故事。

莫言有个邻居姓单，是师范大学中文系的毕业生，祖上曾经开过烧酒作坊，也就是《红高粱家族》里烧酒作坊主单秀才的原型。被打成了"右派"的他常给莫言讲外面的故事。有一次便讲到了有一个作家，写一本书能挣一万多块稿费，能买下一万只烧鸡；还说有一个作家因为有钱，一天三顿能吃大白菜肥肉馅饺子。莫言经不住饺子的诱惑，问道："如果我能写出一本书来，是不是就可以不在农村劳动，可以吃饱饭了？"他听到的回答是："岂止是可以不在农村劳动，什么都有了，你想吃饺子，一天三顿都可以吃。"

如今成名成家的莫言早已不再为吃饱吃好发愁，却依然钟爱饺子，这应该也是历史的遗迹吧。

四

莫言挨过饿，对饥饿有着难忘的记忆，这是莫言创作的原动力，但是这是莫言热衷于写吃、写饥饿的唯一原因吗？

在莫言的作品里，吃是原始生命力最直接的表现，是人的本能冲动的必然要求。从《红高粱》开始，莫言作品中对原始生命力的赞美和对人的种姓衰弱的哀叹，成为一个鲜明的主张。我爷爷和我奶奶豪放不羁、自由洒脱的精神气，在百姓口中口口传唱，大口吃肉、大碗喝酒，一人敢走青杀口、见了皇帝不磕头的精神头，在高粱大地上经久不息。

在饥饿年代，吃就是原始生命力。在《丰乳肥臀》中，多子多孙、多灾多难的母亲上官鲁氏，是无数个坚强博爱的母亲的代表。为了让子孙得到食物，她练就了牛马般的反刍功能。在生产队里，她把豆子粮食囫囵吞下，歇工回家后用手指头抠住喉咙，把豆子粮食吐出来。珍贵的粮食掺杂在黏稠的胃液中，这种场景令人震撼，久久难以平复。

莫言的这一思路，应该来自于他的母亲给他们兄弟讲过的一个梦。在梦里，已经去世的外祖父在坟边向母亲说，在那边，他依然吃棉衣棉被里的棉絮，吃进去拉出来，洗一洗，再吃进去……

不仅如此，莫言作品还将吃赋予了象征意义，从而超越了"果腹"这一生理范畴，具备了更为深远的意义。《透明的红萝卜》里的黑孩，是极具象征意义的人物形象，这个脑袋大、脖子细，始终不发一言的孩子，不仅在身体上是一个饥饿的人，而且在精神上也是一个孤独的人。从某种程度上说，他的孤独就是他的饥饿，他的孤独更胜过他的饥饿。他的弱小注定了他的卑微，而他的卑微激发着他强烈的自尊。他可以冷对嘲弄和侮辱，压抑内心的情感和爱恨，可在菊子姑娘这个他心目中神圣而美好的人面前，他的孤独无处遁形。在这篇小说里，饥饿和孤独互相交织，互为补充，把一个故事推向了深远的地方。这种象征，在《红蝗》等作品里也有很多体现。

吃和饥饿，还是莫言作品反思问题、承载社会的平台。在回忆邻居孙大爷一家人曾经为食物而互相叫骂一事时，莫言曾经说出了一句让人气馁的话："爱在饥饿的人群里，要大打折扣。"不仅爱打折扣，道德也为之失色，伦理为之颠倒，这是一个不正常的存在。正如莫言在小说中所言："当女人们饿得乳房紧贴在肋条上，连例假都消失了的时候，自尊心和贞操观便不存在了。"在《粮食》中，莫言也说："这年头人早就不是人了，没有面子，也没有廉耻，能明抢的明抢，不能明抢的暗偷。"《牛》中，作者跟随主人公为使小聪明而吃到半碗牛蛋子而窃喜；《五个饽饽》中，作者同情因为饥饿至极而偷走五

个饽饽的“财神”。

《丰乳肥臀》中，美丽高贵的女知青乔其莎，在饥饿面前，为了得到一个馒头，竟心甘情愿地被粗鄙肮脏的食堂师傅强奸了，更让人瞠目结舌的是整个过程中她不仅无动于衷，反而因为得到一个馒头而心满意足。

在《酒国》里，莫言把吃写到了顶端，也把反思写到了深渊。吃的东西如此奢华：

> 巴掌大的红螃蟹，挂着红油、像擀面杖那般粗的大对虾，浮在绿色芹叶汤里的青盖大鳖像身披伪装的新型坦克，遍体金黄、眯缝着眼睛的黄焖鸡，周身油响、嘴巴翕动的红鲤鱼，垒成一座玲珑宝塔形状的清蒸鲜贝，还有一盘栩栩如生、像刚从菜畦里拔出来的红皮小萝卜。

面对这一切，省高级人民检察院的高级检察员丁钩儿“满嘴香腻滑粘甜酸苦辣咸，心里百感交集，肉体的眼光在袅袅的香雾中漂游”。之所以如此感觉，是因为他是奉命去调查酒国市流行的“红烧婴儿”现象的。他为一个吃的问题而来，在吃的过程中迷失，最终在吃完之后走向人生终点。“红烧婴儿”一事却若有若无地消失了。虽然消失了，却在几十年之后重提“吃人”一事，让人想到20世纪初的鲁迅先生笔下的《狂人日记》。

莫言的想象力从哪来

◇兰传斌

一

想象力是诗人与骗子共同拥有的天赋，这是一句很形象的话，用以说明想象力是一个作家最基本的素质，也是最宝贵的财富。

从中国古典文学中的《西游记》、《红楼梦》，到西方文学经典如卡夫卡的《变形记》、普鲁斯特的《追忆逝水年华》，再到中国现当代文学中的《阿Q正传》、《围城》、《白鹿原》，无一不是丰沛想象力的产物。不仅文学，爱因斯坦说过，“想象力比知识更重要，因为知识是有限的，而想象力涵括着世界上的一切，是知识进步的源泉”。音乐家谭盾则说：“我最大的财产就是想象力。除了想象力，我一无所有。”

而莫言的想象力之丰富、之诡谲、之特立独行，尤甚。在《红高粱》里，“我”爷爷公然脱下裤子，往刚出锅的酒缸里撒尿，撒得痛快，撒得放纵，撒得狂野，撒得无赖，一泡尿尿出了香飘十里的十八里香。

《幽默与趣味》中的大学教师王三因惧怕、拒绝城市文明而变成了猴子；《生蹼的祖先们》中很漂亮的梅老师有“生着粉红色蹼膜的手”；《红蝗》也写到近亲的交媾，人们手脚上粘连着蹼膜的孩子不断出现，游泳技术高超……

《酒国》里，有一个为了拒绝被吃，从而畸形地超自然生长的“小魔头”，可以飞檐走壁，让人匪夷所思。酒国市最有名的菜是那盘亦真亦假、似真似假的“红烧婴儿”；厨子们为了保证菜肴的美味，先以酒将婴儿灌醉，烹制名菜“麒麟送子”。

《檀香刑》里，用上等檀香木削成一根三指粗五尺长的檀香木棍，一头尖一头钝，放进大铜锅里用上等香油煮三天三夜，然后风干，让香油都渗透到檀香木棍里，使其硬韧适中，涩滑有度，然后从犯人的肛门钉入，顺着脊骨往上钉，技术好，不流血，不伤内脏，再喂以参汤补气，保证犯人几天几夜不会死，还可以把他从嘴巴那边的棍头和肛门那里的棍尾挂起示众。

这些情节让人闻所未闻，目瞪口呆。如此令人惊诧的想象力，到底从何而来？

二

莫言出生在1955年的中国农村，那是一个波澜壮阔的年代。2005年12月，莫言在接受香港公开大学荣誉文学博士学位时发表演讲称："我的想象力还是不错的，为什么不错呢？因为我的想象力是饿出来的……直到现在，我依然动用的还是我20岁以前积累的生活资源。我20岁以后的东西，基本上还没有正儿八经地去写。"

莫言出生、长大的古老的土地，是周朝开国功臣姜子牙的封地，也是名相晏婴的故乡。一条胶河从莫言家老屋后面流过，周围则是广袤的田地。从秦代设县起，高密已有两千多年历史了。惟妙惟肖的剪纸、土里土气的扑灰年画、憨头憨脑的泥塑，都代表了这里千年的文化传承。

一个人出生在农村，出生在一个有着文化积淀的土地上，让他一辈子都深受影响，这些都是莫言出生、玩耍、长大、成熟的营养。

莫言回忆说：

> 到了荒滩后，我把牛羊放开，让它们自己吃草。蓝天如海，草地一望无际，周围看不到一个人影，没有人的声音，只有鸟儿在天上鸣叫。我感到很孤独，很寂寞，心里空空荡荡。

这是一个农村少年在悠闲缓慢的日子里常有的忧思，对外面世界的向往、对人生轨迹的模糊，往往交织缠绕，萦绕在心头。那个时候一草一木、一山一川，便都寄托了无尽的遐想。莫言说：

> 有时候，我躺在草地上，望着天上懒洋洋地飘动着的白云，脑海里便浮现出许多莫名其妙的幻想。我们那地方流传着很多狐狸变成美女的故事，我幻想着能有一个狐狸变成美女与我做伴放牛，但她始终没有出现。但有一次一只火红色的狐狸从我面前的草丛中跳出来时，我被吓得一屁股蹲在地上。狐狸跑没了踪影，我还在那里颤抖。有时候我会蹲在牛的身旁，看着湛蓝的牛眼和牛眼中我的倒影。有时候我会模仿着鸟儿的叫声试图与天上的鸟儿对话，有时候我会对一棵树诉说心声。但鸟儿不理我，树也不理我——许多年后，当我成为一个小说家，当年的许多幻想都被我写进了小说。

著名儿童文学作家曹文轩称:“童年的想象世界,是伴随一个人一生的音乐与诗。我们在灰色的、丑陋的、充满了铜臭味的世界中奔走、流放、困顿之时,这些在童年的记忆中留下的想象世界,会成为一种精神支撑我们。这样的儿童文学是一个人在临死前都要由衷地感激的。当一个人在他的弥留之际,大脑中能够出现儿时所读到的儿童文学所留下的天堂情景,那么这样的人生也就算得上是幸福的人生了。”

三

像莫言这样想象力特别发达的作家,他们的脑袋里到底有什么样的密码?

莫言曾经多次面对这样的问题。他略显为难地说:“许多人夸我想象力丰富,有一些文学爱好者,希望我能告诉他们培养想象力的秘诀,对此,我只能报以苦笑。”

虽然是苦笑,挺为难,但莫言在跟学生们的谈话中,还是给过一些启示。他说:

在这间老房子里,莫言曾经有过无数的幻想

> 我觉得,神鬼魔幻的故事,是跟封闭和落后的环境紧密相连的。我甚至觉得,自从有了电,有了电灯,人们的想象力就急剧地衰退了。我之所以有点谈狐讲鬼的“才能”,是跟我们村子直到1982年才通了电有关系。如果我出生在一个灯火通明的地方,连街道和厕所都被电灯照亮,我就不会讲这类故事了。蒲松龄先生的时代自然也没有电。读古典小说和古典诗歌,经常可以读到关于月光的描写,非常优美,原因就是那时没有电。有了电,就没有了月亮。

现代文明极大地满足着人们的感官欲望,也诞生了许多伟大的成果。比如好莱坞的电影产业,链条上每一个技术环节都尽可能精细化,所以才有了3D,才有了特效,才让大导演詹姆斯·卡梅隆的杰出想象力变成了让人目瞪口呆的《阿凡达》,让中国张家界的“哈利路亚山”变成了太空奇景。

可是事实上,现代文明对人们想象力的抑制也是明显的。越来越便利的高科技,让大脑有了更多懒惰的可能。对此,莫言曾经讲过这样的故事:

我们不能说外国的月亮比中国的圆，但我们可以说过去的月亮比现在的圆。我爷爷生前曾经多次对我说，1947 年中秋节的月亮，明亮得异乎寻常，说那晚上，男人可以在月光下读书，女人可以在月光下做针线。抬手可以看清掌纹。爷爷的说法，我也不是完全相信，因为很可能那时候的人眼神特别好。

四

对于想象力，莫言曾经有过许多精彩的论述。如今读起来，或许能够看到莫言是如何从一个农村娃成长为世界级大作家，如何从写作好人好事发展到操作大题材，并如何在这个过程中实现顿悟和突破，从文学的“门外汉”顺利进入“文学的小屋”的。

莫言说：

> 一篇真正意义上的作品应是一种灵气的凝结。
>
> 一个文学家的天才和灵气，集中的表现正在他的想象能力上。浮想联翩，类似精神错乱，把风马牛不相及的若干事物联系在一起，熔为一炉，烩成一锅，揉成一团，剪不断，撕不烂，扯着尾巴头动弹，这就是想象的简单公式和一般目的。

有了“浮想联翩”、“精神错乱”这样的“简单公式”，他所进行的文学尝试便有了不一样的效果。莫言的《天堂蒜薹之歌》长达 20 多万字，写起来洋洋洒洒，文气贯通，故事流畅。而这部小说的缘起，却是莫言在好友张世家的宿舍兼办公室里，通过《大众日报》刊登的一篇 800 余字的消息。故事和线索荡涤着作家的感情，刺激着作家的欲望，激发着作家的想象，最终才有了丰满而感人的小说。对此，莫言说：

> 作家在进入创作过程之前和创作过程中，最艰苦也最幸福、最简单也最复杂的劳动就是想象。没有想象就没有文学。没有想象的文学就像摘除了大脑半球的狗，虽然活着但没有灵气，虽然是狗但也是废狗；因此没有想象的文学作品虽然不缺零件但缺少最重要的灵气，所以不能叫真正的文学作品。

作家的想象，让原始的生活素材插上了翅膀，从此可以摆脱沉重的羁绊和琐碎的细节，飞到天马行空、自由自在的高度，也让文学创作有了更广阔的空间。莫言 10 多万字的中篇小说《红蝗》就是个典型案例。当时，莫言在《文汇报》上看到一条《高密东北乡发生五十年来罕见的蝗灾》的消息，当天他即从北京给父亲寄回 200 元钱，并且在十天后赶回了老家。在得知老家灾情并不严重后，他才放心地回京。莫言就此为线索，联想到了五十年前高密东北乡发生的重大蝗灾，写出了《红蝗》，发表在《收获》杂志上。

莫言说：

> 创作需要生活，更需要想象。想象毕竟是富有创造性的，想象的过程是个“化学”的过程，他能化出全新的东西。
>
> “百闻不如一见”并不是绝对真理。从某种意义上说，想象的景色比亲眼看到的景色更加波诡云谲。没看到过海的人写出来的海也可能美。因为这个海是他的海，是他在海的基本知识基础上经过想象高度理想化了的海，这个海不能不带来强烈的神秘气氛和童话色彩。

不仅限于想象，莫言所要追求的是独特的、不同于一般的想象，从而达到一种特色。他说：

> 要想搞创作，就要敢于冲破旧框框的束缚，最大限度地进行新的探索，犹如猛虎下山，蛟龙入海。
>
> 无论在创作思想上还是在艺术风格上，都必须有点邪劲儿。敲锣卖糖，咱们各干一行。你是仙音缭绕，三月绕梁不绝，那是你的福气。我是鬼哭狼嚎，牛鬼蛇神一齐出笼，你敢说这不是我的福气吗？

有如此想象力，必定是作家的福气，也应该是读者的福气。

独特的感觉是莫言的绝招

◇兰传斌

一

情节怪诞不羁，语言汪洋恣肆，色调光怪陆离，风格天马行空。这几个词组组合起来，就是莫言作品给人的直观印象，这也成为莫言作品迥然不同的特色标签。之所以这样，是因为莫言有着非同寻常的独特感觉。

感觉，是一种无法捉摸、无以言表，却存在无疑的东西。同样的一片天地，有的人从中听出高山流水觅知音，有的人却视而不见、充耳不闻、无动于衷。莫言的感觉之独特、之发达、之诡异，足以令人羡慕嫉妒恨。

对此，作家、文学评论家逄春阶的评价是“莫言的感受独一无二”。他还曾经有一番很有意思的描述：

莫言的头跟我的头差不多大，但他怎么装了那么多故事？语言怎么会如决江之河，滔滔而下？七年前，

莫言的脑袋里，有无穷无尽的故事

在北京，我第一次采访他，就有这个问号。昨日（2011 年 7 月 12 日），我在高密再次见到莫言，问号又冒了出来。我甚至想用指头敲敲他的头，想用手比量比量他的头，或者是用我的头去碰碰他的头，但又怕冒失……莫言的头，跟我的头，确实不一样，他的头海大海大的。我们家乡的方言，形容“大”，就是“海大海大”的。

二

感觉，首先是眼耳鼻舌这些感觉器官的工作，看到什么，听到什么，闻到什么，品尝到什么，是不是有感觉，感觉是不是不一样，不一样到什么程度，决定了这个世界在一个人的感觉里的精彩程度。

莫言对于色彩，有着精彩绝伦的良好感觉。

> 一天彩云照着水，红的红，黄的黄，云彩模糊地混在水中漂……忽闪忽闪飞舞着成群结队的银灰色大鸟……翅羽上涂着霞光。爷爷看到他们从水中衔接上一条条白色的鱼……

这是《秋水》中的一段描写，莫言把色彩和描写对象紧密相连，描绘出一段色彩斑斓的景象。在《秋水》的结尾部分，莫言用一首儿歌串起了一个多彩的世界——绿蚂蚱、紫蟋蟀、红蜻蜓、白老鸦、蓝燕子、黄鹡鸰、绿草梗、紫荞麦、红虫虫……莫言对色彩的调配和运用，似乎是信手拈来，不费雕琢之功，却很传神，很出彩。

如果仅限于普通色彩的运用，莫言就不是莫言。莫言的本事在于能够把见惯了的色彩写出未曾见到的效果。《透明的红萝卜》里光滑的铁砧子，泛着青幽幽的光，金色的红萝卜的尾巴上，根根须须像金色的羊毛，这个红萝卜晶莹透明，玲珑剔透。这种写法不仅仅是作家笔力的体现，也是作家非凡感觉的体现。

在此基础上，莫言也常常把色彩作为重要的元素，很多时候索性放在书名上，给作品一个鲜明的基调。《透明的红萝卜》、《红高粱家族》、《红蝗》、《红树林》等作品把“红”写到了极致；《白狗秋千架》、《白棉花》又以白色为主基调。

莫言对于声音的钟爱与操控，又与色彩不同。如果说色彩是台前色彩斑斓的画面，那么声音很多时候是深沉苍凉的背景音乐。《红高粱家族》里，当我爷爷这些英雄好汉们穿过青纱帐，畅快地吼起“妹妹你大胆地往前走哇，往前走，莫回呀头”时，小说便在高亢的音乐中走向高潮，以至于后来张艺谋拍电影，也将音乐作为重要的元素，最后还让“我爹”出来吼了一曲：“娘娘上西南，宽宽的大陆，长长的宝船，娘娘，上西南，骝骝的骏马，足足的盘缠。”

到了《檀香刑》里，莫言把高密的茂腔放到作品里，化名“猫腔”，为整部作品增添了苍凉悲壮的色彩。最终孙丙那悲凉凄婉的猫腔响彻天空，渗透进血染的大地上，诉说着屈辱、凄惨、反抗的故事：“割地输金做儿臣，忍弃这中原众黎民，十年功业一朝尽，求和辱，覆巢恨，只怕这半壁江山也被鲸吞……”

除了声音和色彩，还有气味。比如《酒国》写 60 多岁的岳母放屁有“糖炒栗子的味道”，《复仇记》写九香妇每天扭着屁股能放九阵“香气”。另外还有滋味。比如，《铁孩》里，“我”半信半疑地将铁筋伸到嘴里，先试着用舌头舔了一下，品了品滋味。咸咸的，酸酸的，腥腥的，有点像腌鱼的味道。

三

如果说写声、写味、写光影不易，那么写好人物内心就更加困难，因为一个人物的内心是最微妙、最难以捉摸的东西，也是一个人物形象最生动的部分。

莫言是这方面的高手。

最典型的例子便是《透明的红萝卜》和黑孩。黑孩是一个压抑的可怜的孩童形象，他不被爱，不说话，独守孤独，艰难过活，承受着重重的苦痛。莫言将怎样走进这个孩子的内心世界？

他首先关照他的苦痛，并且让他以麻木不仁来对抗苦痛：深秋时节，黑孩只穿着一个裤头，光着脊梁，他饥肠辘辘，满眼冒金星，他攥着烧红的钢钻眼睁睁看着手里冒出黄烟，并且拿到欺负他的小铁匠面前获得心理满足。

有着独特感觉的莫言，在触摸这棵古树时，不知道有没有特别的感觉

莫言还给他一种爱和希望。他让菊子姑娘这个美好神圣的形象出现在黑孩的世界里：黑孩不息砸伤手指以引起她的注意，她以天然的母爱去抚慰他，黑孩却冷不丁在姑娘的手腕上狠狠咬了一口。这些细节把黑孩渴望又抗拒、珍惜又怕失去的内心描写得淋漓尽致。

莫言最后还是让黑孩走回现实。小石匠与姑娘的恋情，让黑孩脆弱的心灵和敏感的自尊失去依托，他扳倒了护着他的小石匠，却帮助了欺负她的小铁匠——这该是多么纠结而又复杂的内心世界。

中篇小说《球状闪电》通篇以一个尿炕者的心理问题作为支撑。这个叫“蝈蝈”的男人，少年时代的尿炕让他产生了耻辱和自卑感，长大了考不上大学让他产生了尿迫感，婚姻的自由、不自由的纠葛让他产生了压抑感和焦躁感。在这些感觉的笼罩下，小说出现了许多模模糊糊、似懂非懂的图像：记忆之河结了厚厚的浑浊的冰，水流在冰下凝滞地蠕动。

此外，《金发婴儿》里的瞎眼老太婆凭着那灵敏的听觉与嗅觉获得对外界的感觉；军人孙天球则从望远镜里看裸女雕塑，从而产生了独特的生理和心理感觉。

可以说，莫言对人的心理活动有着独特的理解、敏感的触碰和细腻的描写。

四

莫言的独特感觉，必然通过笔端付诸实现。在这个过程中，莫言有两个窍门：一是比喻和象征修辞的运用，二是极具天赋的语言感觉。

有评论家认为，一个成熟作家的文体讲究，一般很少用比喻句，特别是明喻。莫言却视这种清规戒律于不顾，不仅大张旗鼓地使用比喻，而且用得有声有色，出奇制胜。莫言曾经明确提出：“没有象征和寓意的小说是清汤寡水。空灵美、朦胧美都难离象征而存在。”

《透明的红萝卜》中那个晶莹透明的萝卜，《红高粱》中一望无际的青纱帐，《枯河》里那只肠子拖地的小黄狗，《球状闪电》中那令人恐惧的神秘的球状闪电，还有《酒国》中畸形超自然生长、可以飞檐走壁的“小魔头”，这些形象都极具象征意义，让人过目不忘，而又值得反复思索。

比喻和象征的手法，在《蛙》这部长篇小说中达到巅峰。在那条“我”姑姑追赶过孕妇的河里，疯长着成群结队的蝌蚪，它们在充满生机的夏天茁壮长出后腿和前腿，长成无数个“蛙”；“我”姑姑最终在雕塑家郝大手那里找到了归宿，陪伴他的是一个个泥人，“蛙”和“娃”两者最终合二为一。

可以说，正是通过比喻和象征，让莫言超强的感觉力有了可以发挥的载体，从而创造出一个个惊世骇俗的形象。

与此同时，必须强调的是莫言超强的语言感觉。

只上过小学的作家莫言，凭借着语言天赋，凭借着“炮孩子”的生活方式，凭借着听书说书的训练，凭借着草鞋窨子里讲故事的经历，再加上后天的训练和努力，形成了不可复制的“莫言式语言”。

“莫式语言”，汪洋恣肆，一发不可收；天马行空，没有疆界雷池；可以说大俗大雅，大开大阖，大张旗鼓，具有极强的爆发力和冲击力。有了这样的语感，莫言的写作非常快，文字有一种速度的快感，带着写起来一发不可收的倾吐欲，比如49万字《生死疲劳》只用了43天。

正因如此，从《红高粱》开始，不断有人批评莫言的语言“不节制”，到《红蝗》的“毫无节制”，再到现在读者渐渐接受这种“飞快的文字”和被冲击的感觉，莫言创造了自己的语言系统。

莫言作品为什么写性爱

◇赵学美

福柯梳理欧洲史后发现，身体和言谈从一个相对开放的时期走向一个越来越受压抑和虚伪的时代。19世纪，性欲被限制在家门之内，甚至只局限于父母的卧房，成了索然无味而实用的东西。一切不符合一种严格的、压抑性的和虚伪的准则的行为、言语和欲望都会受到严厉的禁止。福柯解释说，我们的性欲是与某种别的东西联系在一起的，这种别的东西就是权力的具体形式。

既然性欲的遮掩、变形源于外力的挤压，那么性欲的自我、回应身体欲望的自然反应，则具有了形而上的意义，成了人性解放中不可或缺的一部分。

“莫言着力表现和强化的生命意识，侧重于性与爱这一生命的自然性的发掘。”性爱自由是莫言笔下自由生命的重要组成部分，是体现他们生命意志的重要方面，莫言多次描写了自由不羁的心灵在性爱中发散出来的美丽和力量。

《红高粱》中，“我”爷爷和“我”奶奶第一次野合，“奶奶浑身发抖，一团黄色的、浓香的火苗，在她面上哗哗剥剥的燃烧……在他的刚劲动作下，尖刻锐利的痛楚和幸福磨砺着奶奶的神经，奶奶低沉喑哑地叫了一声：‘天哪……’就晕了过去”。《檀香刑》中，眉娘终于如愿以偿，“他和她褪掉茧壳，诞生出美丽，就在方砖上羽化成仙”。《天堂蒜薹之歌》中，金菊“有时候把身体用力弓起来，去捕捉绿光点，她的手抓挠着他的背，好像要捉它们。它们不是一味的绿，瞧它们变化颜色了，变成暗红了……又绿了……又红了……又绿了……最后是一片金子般的辉煌”。

这些完美的性爱描写是他们自由品格的表现，也是他们对外在束缚的一种抗争。“我”奶奶在顺从余占鳌的时候一定怀有对她的父亲报复的快感，而金菊在委身高马的时候也一定有舍弃一切、唯有自我的瞬间洒脱。

《白狗秋千架》中的暖，命运凄苦。在天生丽质的她憧憬着天堂的美丽时，命运却把她扫入了地狱——瞎了一只眼，嫁了一个哑巴，还生了三个哑巴儿子。生活的剧变，时间的蹉跎，似乎已经让少女的心结了一层厚厚的茧，没了活的生命的感觉。当她撩起衣襟擦汗、露出乳房而毫不羞涩的时候，我们的心痛丝毫不亚于看到矮小的她背起了一座柴山！但是，最后，这个浸泡在苦水中的女人，说："我要个会说话的孩子……你答应了我就是救了我了，你不答应就是害死了我了。有一千条理由，有一万个借口，你都不要对我说。"说这话时，她义正词严、心平气和，只是这么简单的一句就告诉我们：这个女人没有真的对生活失去信心，没有真的心如死灰，失去希望。她对因传统性观念而生的种种理由和借口毫不理会，只是努力寻求着一条走向幸福的路。她对自由、幸福的追求跟我们每个人一样，甚至比我们更直接、更强烈。可以说，暖对传统性观念的无视，正是她自主意识的复苏、表现。

莫言的笔下也有不少放荡的性爱的描写，其中最为集中的就是《丰乳肥臀》。司马库娶过四房太太，而且与其妻姐发生关系，对妻妹动手动脚。历经种种辛酸苦难的母亲，我们实在不忍将其划到放荡的行列。但是，九个孩子确确实实来自六个父亲，而且只有一次是出于被迫，其他的时候都是自己的选择。更为典型的是上官家的大女儿来弟，除了第一个爱人沙月亮、法定丈夫哑巴孙不言以外，她还与二妹夫、三妹夫有过短暂而热烈的性爱。她毫不廉耻地大喊"浪死了呀，熬死了呀"，而在与鸟儿韩"疯狂而艳丽"的性爱中，母亲不得已用敲铁锅的方式掩饰他们放肆的大喊大叫。但是，我们不觉得来弟下流、卑贱或者无耻，放荡的喊叫只是喊出了她心里的感受，做了她想做的事情，是她生命本能的一种要求。于是，在母亲以充当非法保护人的方式去同情来弟的时候，我们也跟随着为她感到一丝快慰。

总之，不管是形而上的性爱还是形而下的性欲，虽然两者性质不同——前者是理性的自觉选择，后者是本能的自发冲动——但都是生命自由的表现，都是无拘无束生命形态的外现。于是，在莫言的文本中都给予了肯定，或者默认，或者欣赏。

莫言为什么喜欢写丑

◇兰传斌

一

莫言爱写丑，善写丑，而且写起来有声有色，有滋有味。这已经成为莫言作品的一大特点。

对莫言作品当中的丑，批评界争议颇多，批评自然也很多。尤其是，莫言很多时候将丑施加在“乡土”这个题材上，用现代派艺术手法，客观上形成了一个独特的高密东北乡景观。莫言书写的高密东北乡，与沈从文笔下的湘西、孙犁笔下的荷花淀、汪曾祺笔下的高邮，是如此的不同。

二

“丑”，在中国传统审美中是不受礼遇的一个词。

中国传统文化崇尚美和和谐，而最大的美和和谐便是“天人合一”。老子讲“人法地，地法天，天法道，道法自然”；庄子追求“天地与我并生，而万物与我为一”的境界；而孔子则对学生倡导这样的学习生活状态：“暮春者，春服既成，冠者五六人，童子六七人，沐乎沂，风乎舞雩，咏而归。”美、和谐，这是千百年来中华民族反复咏唱的主题。

晋陶渊明崇尚“采菊东篱下，悠然见南山”的气定神闲、宠辱不惊；唐王维写下“明月松间照，清泉石上流。竹喧归浣女，莲动下渔舟”的动人诗句，将人与自然的和谐写得精妙绝伦；元马致远则有“枯藤、老树、昏鸦，小桥流水人家，古道西风瘦马，夕阳西下，断肠人在天涯”这样的旷世散曲，人、情、景的交融达到了惊心动魄的程度；现代则有沈从文笔下湘西世界的美丽风景和淳朴人情，把和谐一脉传承、延续到数千年之下。

可是莫言呢，他在文学观念和审美形式上突破了我国古典美学的禁忌，放弃了尽善尽美、美善相乐等和谐的审美理想，颠覆了长期以来形成的审美惯性。他将"审丑"观念纳入到小说创作中，这是不是对中国当代文学史的一个贡献，估计争议将继续存在。但可以肯定的是，这是一种崭新的尝试、一种颠覆性的书写、一种独特的文学存在。而在客观意义上，他把丑的艺术形象作为正面反映的对象，也扩大了艺术感觉和艺术表现的空间。

三

同以往乡土小说努力营造的和谐美不同，莫言不但不避讳丑，甚至还大张旗鼓地渲染、描写丑。莫言小说中的丑大致可分为秽物的丑、恐怖的丑和比喻的丑，三种写丑手法交织使用，充斥在许多作品里，形成了一个颇为特别的景象。这让读者完全推翻了他们的阅读期待。

莫言在崂山欣赏芍药和牡丹

秽物包括粪便、屁、尿、污水，等等。比如，《红蝗》中这样写粪便："五十年前，高密东北乡人的食物比较现在更加粗糙，大便成形，网络丰富，恰如成熟丝瓜的内瓤。那毕竟适宜的令人向往和留恋的时代，麦垄间随时可见的大便如同贴着商标的香蕉。"《酒国》写 60 多岁的岳母放屁有"糖炒栗子的味道"，《复仇记》写九香妇每天扭着屁股能放九阵"香气"，皇帝被熏得"晕乎乎"的。即便是环境描写，也往往充满了丑："那是盛夏的上午，沼泽地里汪着铁锈色的水，水面上漂浮着铜钱大的油花子，深埋在地表下的昆虫尸体在进一步腐烂，草叶多生着白茸茸的细毛，九老妈卧在绿草上，像一条昏睡的大泥鳅。"

恐怖的丑在莫言作品中也是数量可观的。《红高粱》中罗汉大爷被剥成"肉核"，还有后来的《檀香刑》将刑罚和暴虐描写得细致入微，让人毛骨悚然，"头发根发麻，喉咙里秽物翻腾，皮肤上起鸡皮疙瘩，好不舒服"。

莫言作品对丑可谓情有独钟，以至于连比喻都带着丑气。《复仇记》中写女赤脚医生“两只肥滚滚的奶子上爆起一层疹子,像褪了毛的鸡一样”;《红蝗》中则有把“女人的嘴唇”比作“一个即将排泄稀薄粪便的肛门”:这些比喻不仅没有起到美化语言的作用,反而是向丑靠拢的一种形式。

对于莫言作品中的审丑问题,不少评论家曾经提出过不少批评意见,但也有评论家将莫言称为“中国当代文学中的‘恶之花’”。比如,山东师范大学教授、博士生导师杨守森曾经这样评价:“莫言作品特别值得珍视之处正是在于:以波德莱尔式的冷漠笔触,已超政治、超现实的文学目光,对人性的残忍、丑陋和邪恶进行了无情的揭露,以提醒人类:不要对自身人性指望过高。”

四

审丑是西方现代主义文学的一个主要艺术特征。随着波德莱尔、卡夫卡、陀思妥耶夫斯基等一大批作家精彩作品的出现,丑在文坛上成为一种风潮,对罪恶、污秽、荒诞、畸形等的书写极大地挑战着读者的承受能力,而许多读者却对此乐此不疲。

罗森克兰兹被奉为现代丑学开创人。1853 年他的代表作《丑的美学》问世,这是第一部专门研究丑的美学著作,也标志着丑从此真正成为一种特殊的审美形态。罗森克兰兹说:“吸收丑是为了美,而不是为了丑。”

审丑的出现,是有历史背景的:和谐惨遭解构,和谐的理想在近现代遭受了重大挫折,这是人类社会文明发展进程中一次具有划时代意义的变化,也是人类在追求现代化的道路上必然付出的一种代价!各种现代主义的哲学思潮和美学思潮相继涌现,他们对和谐存在的真实性提出了质疑,对和谐是否虚幻无边的假设让他们绝望而沮丧,这些先锋人士开始以故意打破和谐的极端方式表达他们对和谐丧失的失望与孤独:田园牧歌变成了嘈杂号叫的摇滚乐,美轮美奂的巴洛克变成了抽象画甚至行为艺术……

莫言显然在接受现代派艺术手法的同时,借用了审丑的文学方式,这是呈现现代化艺术景观的重要手法。这种倾向,在莫言中早期作品,如《酒国》、《红蝗》、《复仇记》等作品中表现得最为突出。

五

关于丑的问题,莫言曾经自己做过这样的提问:“在我们这个很独特的社会里,我们一味地歌颂真善美,能不能准确地表现出我们社会的面貌来?”

这是一个深刻的问题。

莫言自己回答说:“既然承认了现实主义……实际上还是要把社会客观地表现出

来，如果一味地歌颂真善美，恰好变成了一个独轮车。”

除了要全面客观地反映社会，莫言写丑还有其他用意：“我为什么觉得应该把丑写得淋漓尽致呢？就是为了张扬个性。”回顾莫言早期擅长写丑的作品所产生的年代背景，我们发现，当时的思想解放运动还处在一个较低的层次上，能否反抗崇高，推倒偶像崇拜，打破原有的价值和标准，成为当时时代的课题。要想解放自我，要想搞创新，就要敢于亵渎神灵，而亵渎神灵最好的办法就是向佛头着粪。从这个意义上说，作品中的丑，正是承载着深刻的思想内涵。

而在莫言近几年的作品中，对丑的书写，无论是从书写频率，从语言用力，还是从文学目的上，都大为降低，那种并不节制、恣肆汪洋的对丑的书写，逐渐变得收敛、克制，使用起来也逐渐走向寓言性、象征性和代表性，从而让书写更多地服务于对内涵意义的书写，文学手法也更加圆融老练。

比如《生死疲劳》，在这部被称为“向中国古典小说和民间叙事的伟大传统致敬的大书”中，虽然也有变牛变猪之后的审丑书写，但更多的则是象征和寓言意义。获得茅盾文学奖的《蛙》，关于小蝌蚪的描写，即便仍然具有“瘆人”的场景，但是明显更具有隐喻意义，从而实现了一种升华。

莫言与蒲松龄和《聊斋志异》

◇兰传斌

一

丰沛不羁的想象，光怪陆离的故事，汪洋恣肆的语言，变化多端的叙事……这些特点的集合，构成了莫言作品的鲜明特征，也成为极具辨识度和个性色彩的“莫言制造”标签。

对于莫言，诺贝尔奖评委会的评价是，“魔幻现实主义融合了民间故事、历史与当代社会”，“创造了一个世界，所呈现的复杂程度令人联想起威廉·福克纳和加夫列尔·加西亚·马尔克斯”。

事实上，在莫言与马尔克斯、莫言与魔幻现实主义越来越为人所熟悉的同时，他应该还有更多的精神和创作资源，值得深入挖掘，比如蒲松龄和《聊斋志异》。

在我看来，如果说马尔克斯是莫言的老师，那么蒲松龄更像是莫言的长辈亲属；如果说国外的魔幻现实主义是莫言早期的“描红摹本”，那么《聊斋志异》更像是莫言的枕边书、启蒙书和做童子功的教科书。

二

近三百多年前的一个夜晚，明月穿过薄雾，越过梢头，透过简陋的窗棂，跳进低矮的屋子里。窗边一座土炕上，枯坐着一个干瘦的老头，他看见狡黠的狐狸拖着毛茸茸的大尾巴，从墙角窜出来，看见绝色的姑娘披着美丽的画皮走来。他们从四面八方走来，走到昏黄的油灯下，走到发黄的草纸上。

这是蒲松龄的创作。他的作品是从三教九流那里来的，大多是三言五语。这些别人嘴里的闲谈激发着他无尽的想象。他把这些支离破碎的片段缝合包装,穿上美丽的衣裳,成了491个绝妙的故事。

蒲松龄能想,能写,而且写得好看。莫言也有这个本事。

蒲松龄画像

在莫言的笔下,既有食草的红蝗,也有生蹼的祖先;有泡过香油的檀香木行刑,也有疯狂生长的蝌蚪。莫言怎能想出这么多稀奇古怪的东西来?他貌似与常人无异的脑袋里,到底有着怎样复杂的结构,竟然藏着这么多新奇的想法?

在这一点上来说,莫言与蒲松龄,虽然时间跨越三百年,感情却是相通的。蒲松龄与莫言,都有着异乎寻常的想故事、编故事、讲故事的能力。

蒲松龄在六朝小说和唐传奇当中,看到三个小故事,叫《纸月》、《取月》、《留月》。讲的是有一个人,能够剪个纸的月亮照明;另一个人会取月,能够把月亮拿下来放在自己怀里,没有月亮的时候照照;第三个人则能留月,把月光放在自己的篮子里边,黑天的时候拿出来照照。都很简单,不过百八十字,蒲松龄却拿来写了《崂山道士》。

而在莫言那里,一个平凡无奇的孩子与萝卜的故事,他却变成了名篇《透明的红萝卜》。文中独特的感觉让人瞠目结舌,有从未有过的体验:

> 泛着青蓝幽幽光的铁砧子上,有一个金色的红萝卜。红萝卜的形状和大小都像一个大个阳梨,还拖着一条长尾巴,尾巴上的根根须须像金色的羊毛。红萝卜晶莹透明,玲珑剔透。透明的、金色的外壳里苞孕着活泼的银色液体。红萝卜的线条流畅优美,从美丽的弧线上泛出一圈金色的光芒。光芒有长有短,长的如麦芒,短的如睫毛,全是金色……

三

事实上,蒲松龄和《聊斋志异》对莫言的影响,无疑是巨大的。

2002年9月,莫言曾陪法国翻译家杜特莱夫妇,专程前往探访蒲松龄故居。就在淄博市淄川区洪山镇这个叫作“蒲家庄”的小地方，两位时间相隔三百年，却同样有着神奇想象力和无穷创作天赋的作家，实现了一次对话。

对于这一次探访，莫言曾说，“看到了他的聊斋，但我想现在的聊斋，肯定不是当年的聊斋，蒲家不会有那么漂亮的花园。我觉得只有那铺小土炕是真的。”

想必莫言真正感兴趣的，并非是作为旅游景点的故居，而是那个从这里诞生并写作的落魄书生蒲松龄，那些并不复杂却充满了张力的故事，还有那些曾经无数次在这里出现、有着各式各样魔法的花妖狐媚。

2005 年 12 月，莫言在接受香港公开大学荣誉文学博士学位时发表演讲称：

> 至于想象力，也有外来接受的地方。我们山东高密这个地方，离写出《聊斋志异》的蒲松龄的故乡也不远，隔了三百多里路。我听老人讲了很多很多关于鬼神的故事，人因为恐惧也会产生想象力。20 世纪 60 年代，死人非常多。我们村子里最高纪录是一天死了十八个人。一出门就看到原野里有鬼火在闪烁，而且经常有各种各样火一样的球在天空中飘来飘去。我当医生的姑姑就告诉我，这是狐狸在恋爱。人一旦进入这种环境，就会有一种恐惧，你就觉得你周围充满了一些神秘的生物，你在走路的时候经常听到脚后面有一个声音在跟随着你。人的想象力就这么出来了。

对于蒲松龄，莫言还曾写过这样的诗句：

师　从

装神胜过装洋蒜，弄鬼强似玩深沉。
问我师从哪一个，淄川爷爷蒲松龄。

在诗歌里，莫言对蒲松龄的“装神弄鬼”的创作方式表示好感，认为比“装洋蒜”、“玩深沉”要强得多。而且他还明确无误地表示，自己与蒲松龄的“师从”关系。这种师从不仅是文学创作上的师从，还是精神上的相通、情感上的相近。对于这一点，莫言的另外一首诗歌或许能够继续说明：

庚寅冬日听聊斋

少时听人说聊斋，妖风迷雾扑面来。
长大方知人即鬼，蒲公深意我能解。

“蒲公深意”，是莫言对蒲松龄的“人鬼杂谈”的理解。在《聊斋志异》营造的花狐人鬼的世界里，鬼与人并非泾渭分明、不相往来的，而且彼此之间的善与恶更是突破了常人的固有理解，显示出作家的深刻。莫言用“我能解”三个字回应蒲松龄，显示出这两位伟大作家思想上的共鸣。

2012 年 12 月 8 日，莫言在瑞典文学院的演讲中明确提出：“根据我的体会，一个作家之所以会受到某一位作家的影响，其根本是因为影响者和被影响者灵魂深处的相似之处。正所谓‘心有灵犀一点通’。”我想，莫言与蒲松龄已经跨越三百年，进行了灵魂深处的对话。

四

2012 年 10 月，莫言到青岛，我陪同他游崂山。期间，他兴致勃勃地讲起《聊斋志异》中《香玉》篇中美丽的芍药和牡丹，讲起《崂山道士》篇中心术不正的王七“出糗”的故事，并且在下清宫芍药牡丹和崂山道士所穿墙壁前留影。

《聊斋志异》对莫言意味着什么？他曾经在转给著名《聊斋》研究专家，山东大学教授、博士生导师马瑞芳先生的信中这样说道：“我在中央台收看了好多次马老师说《聊斋》，很精彩。聊斋是我的经典。”

他还委托山东大学教授、博士生导师贺立华先生，把他的话剧《我们的荆轲》转给马瑞芳先生。他说：“游戏之作，可供一乐！这样解构‘英雄’，不知道他们能否接受。”

就在诺贝尔文学奖公布前夕，马瑞芳先生大胆预言莫言获奖，并且再次谈到了莫言与蒲松龄的关系：“信不信？莫言肯定获奖，那小子的作品有民族性，而民族性就是世界性；那小子像福克纳一样有自己一块邮票，高密东北乡；那小子想象力丰富而且传承了《聊斋》，其实马尔克斯们玩的都是蒲松龄玩剩下的。”

莫言在崂山道士所穿墙壁前

把蒲松龄、莫言、马尔克斯放在一起，三

言两语点评彼此的关系，这样的判断非有对几位作家熟稔在胸的自信，非有文学批评上的勇气，恐怕很难做出。如果说莫言的“想象力丰富而且传承了《聊斋》”这句话精到却容易为人所接受，那么“马尔克斯们玩的都是蒲松龄玩剩下的”这个判断足以震动评论界，或许也为文学研究者开启了一个研究领域。

与莫言的谦虚相比，马瑞芳先生对莫言的赞美却是毫不吝啬。她在一封信中这样评价莫言：

> 我和牛老师（牛运清——山东大学教授、博士生导师，著名现当代文学专家）这两天认真地看了莫言在《文艺报》的长文。牛老师说：“莫言越来越像大师了。”莫言在我眼中本来是个没有多少学问却相当有才气的作家，现在看来我的看法是成见，此人很喜欢学习而且很善于学问。一个人的学问并不在于他有什么学位，而在于他所掌握的知识。莫言好学深思，既学今亦学古，既学中亦学外，这样的作家才会有大出息。

诚如马先生所言，从《聊斋志异》中汲取营养，也“喝过洋墨水”，现在已为诺贝尔文学奖认可的莫言，凭借着他的“学习”、“深思”，会向着“大出息”前进的。这也是读者所盼望的。

第五辑　对话莫言

关于鼎钧文学奖的一次访谈

◇齐林泉

在2003年元旦过后，在深圳电视台工作的同学、张华教授的硕士研究生王春芳告诉了我一个好消息：莫言的《檀香刑》以比以往任何高扬“民间性”的小说实践走得更远，也更内在化，他对本土叙事资源和语言资源的回归为新世纪的中国小说确定了一个新的艺术方向为由，荣获由11位国内著名学者、编辑共同发起的一项专业性文学奖项——“21世纪鼎钧双年文学奖”，这11名学者、编辑分别来自国内著名大学和社科院等研究机构及《人民文学》、《收获》、《作家》等权威文学期刊。

欣喜之余，在王春芳的建议下，2003年1月24日13点22分我以邮件的形式约访莫言老师：

莫老师：

您好！

首先预祝你春节快乐，合家欢聚，新的一年里健康幸福！

最近好吗？我现在正在准备考博，报了北大、复旦、山大三个学校，不知会去哪一个。本不想找工作，但教育部的《中国教育报》来文学院要人，全院最后筛下两个人，有我，考虑到单位不错，就答应下来，可能春节后很快过去实习。对于现在考博还是工作，我想听听您的高见。

还有一件事，您上次来山大跟我们一块吃饭的张华校长的研究生王春芳现在已经到了《深圳都市报》工作。她托我对您采访有关您获得21世纪鼎钧双年文学奖的事，我写了一份采访稿，如果您有时间并感兴趣的话，就帮着“填填空”吧，正好我在作毕业论文中也有一些问题要问您。有关采访我想也向其他报刊投一投。另外，您的作家答词可以给我一份吗？

今年春节回家过吗？过年是一段生活相对安闲而感情容易活跃的日子，相信您又会满载而归的。家里的爷爷身体那么好，热热闹闹一大家人，真是福气啊！

我腊月廿六回家，很快就回校。小时候是在农村过年的，觉得年味特别足。后来一直在县城里过，觉得过年无非是全家聚一次餐而已，跟平常日子已经没有什么区别了。

好了，最后提前给您、师母及全家人拜年！

新年好！

林泉

2003年1月24日

当天晚上22点09分，收到莫老师回信：

小齐，即便是博士毕业也未必能找到一个合适的工作，《教育报》应该不错，又是在北京。我看你还是先来北京工作吧。

稿子明天再看。

1月25号13点05分，莫老师把访谈的内容发给了我，并且不放心地一遍遍嘱咐我抓住来北京工作的机会，这里面有师生的眷恋，更有长者的睿智和关切：

小齐，将稿子发过去。我们刚刚从高密回来，过年就不回去了。到教育部工作，机会很好。还是来吧，博士以后还是可以读的。稿子如有不妥之处，你随便改吧。祝你春节好。

1月25号，根据访谈内容，我把访谈录整理出来，题目叫《作家莫言：接穷神过大年》。

过了深夜，26号凌晨2点37分，给莫老师发了过去。这天上午11点10分，莫老师发信过来：

小齐，我把稿子调整了一下。你再看看，有没有不合适的地方。

1月27日23点26分，莫老师突然又发来一封邮件：

小齐，今天很不舒服，草草地回答了一些问题，做了一些删改。不愿意得罪人太多。题目也改了一下。你师母也看到了你拟定的那个题目，她说不好，就按我改定这个发吧，也可以简略为“写小说过大年”。祝你春节好并祝能顺利地来京工作。

我开始极度愧疚，这篇东西这些天看来把莫老师折腾得不轻：

莫老师：

您好！

不知您身体怎么样了？收到来信后很不安，也很担忧。年前一般是很忙碌的日子，一定注意什么事都要悠着来。多休息和锻炼，让心境悠闲下来，也给忙了一年的心放放假。

再一个，这段时间不该打搅您这么多，很过意不去。昨天贺老师知道了还批评我，不该这么打扰您。如有能力，以后一定好好补偿。

定稿完了后，我就不马上给您往回发了。过完节再说吧。也让您安安静静过个好年。您放心，您回答不够的，我从您来山大讲课的内容以及其他资料里再充实一下，一些可能引起某些大人物过敏的话我把它处理得委婉一些或者避一避。其他按您和师母的意见。

春节一定悠闲地过一过，一张一弛是文武之道。

师母又该忙着准备年了，不过感觉她一切总是那么调适有度，处事自然。

笑笑这次放弃报名三月份的考试是明智的，学习上把自己搞得太疲惫了，总是费力不讨好的。不如养精蓄锐一番，而后一鼓作气搞定。

最后祝全家和和美美、快快乐乐过个大好年！

来年全家好运！健康幸福！事业、学习、生活都蒸蒸日上！

拜年了！

林泉

2003 年 1 月 28 日

当晚 19 点 24 分，莫老师回邮件：

小齐，没有事的，你们贺老师瞎批评你。

现在想来当时是不懂事的，还是在晚上 20 点 30 分马上发了改后的稿子给莫老师：

莫老师：

您好！

得知没什么事，就放心了。不过还是注意多多休息。过年无论如何，也是一个调整身心的时间。

贺老师也是关心您，很多老百姓还等您的小说看呢。所以您的身体好坏可不是您一个人的事。

稿子弄完了，还是给您发过去吧。就是作协主席那里改了。另外，我的问话里不合政策的地方也改了改，重新调整了结构，大致从文学奖与文学、创作方法、创作心态、文学与社会道德、20世纪前后文学传承、文学理念六个方面进行了探讨。我也相对从整体上与您进行了较全面的沟通，对我硕士期间的一些思考是一次验证，对我的毕业论文的顺利完成大有裨益。谢谢莫老师啦！

我明天上午就回家了。调整几天。下学期就又忙起来了。

全家春节快乐！

林泉

2003年1月28日

半个小时后，21点09分，收到莫老师的邮件：

小齐，祝你春节愉快。

是的，还有三天就是新年啦。

下面，就是这篇反复修改而来的访谈。虽然被很多报刊刊发过，但莫老师很看重它，不仅当年在他重版的长篇小说《十三步》中作为“代序”，还在日后多次收入自己的不同文集。在我心里，这篇访谈的分量更是举足轻重。

作家莫言：写小说就是过大年

——莫言获首届“21世纪鼎钧双年文学奖”的对话及其新年创作谈

采访时间：2003年1月25日

背景资料：2003年1月15日，著名作家莫言和李洱，分别以长篇小说《檀香刑》和《花腔》获首届“21世纪鼎钧双年文学奖”。“鼎钧双年文学奖”是由国内11位文学人士发起并担当评委的专业奖项，他们中有高校、社科院的学者，也有著名文学刊物的编辑。计划每两年颁发一次，每次授予两名中国作家，其中一名年龄在40岁以上，另一名在40岁以下(含40岁)，获奖者须在评选期内有重要作品问世，水准在其个人创作史上处于高峰状态，并对汉语写作有创造性的贡献。目前评选倾向于长篇小说，但也不排除诗歌、散文将来会进入评选范围。

一、得奖不是什么值得张扬的事情

齐：莫老师，首先祝贺您新年伊始就喜获首届“21世纪鼎钧双年文学奖”。这是一年的好兆头！对于这个奖项，因为是首次颁发，好多人还不太了解。可以先谈谈有关这个奖项的情况吗？

莫：这是由民间人士出资赞助、由从事文学工作的专业人士组成的评委会按照严格、规范的程序操作的奖项。详细的情况我还不太清楚，但我感受到了这个奖的严肃和专业性。在简单的颁奖仪式上，出资设立该奖基金的人并没有张扬，甚至拒绝向媒体透露自己的身份。这样就与借设奖以扬名作广告的诸多奖项有了区别。

得奖当然是好事情，但也不是什么值得张扬的事情。那种因为一个短篇得了奖就成了“著名作家”的时代早就过去了。这件事仅仅说明了社会上有人还关心热爱文学，有人还喜欢我的作品。

齐：有媒体认为“鼎钧双年文学奖”是带有同仁性质的奖项，评选结果完全建立在11位专家评委个人阅读的体验上，与主流观念、市场标准都没有关系。目前在市场上遍地开花、大红大紫的作品，完全没有进入评委们的视野。您是怎样看待“专业标准”与“流行趣味”在评奖上的这种分离的呢？

莫：专业标准也是相对而言，一部小说，其实包含着多种因素。我也不敢说我的《檀香刑》里就没有“流行趣味”。但这些评委因为他们的职业和教养，对文学的认识与一般的读者有差别，也是客观事实。换一帮评委，我的书别说得奖，只怕连提名也轮不到。即便在所谓的“纯文学”的小圈子里，对我的小说持异议的人也很多，即使在这11名评委里边，不喜欢《檀香刑》的也有，而且不止一个，这也恰好说明了这个奖的可爱之处。

齐：在这个奖项说明里面，我们看到它有两项专业性质的标准：一个是水准在其个人创作史上处于高峰状态，一个是对汉语写作有创造性的贡献。对于前者，我想了解一下，一个作家怎样来界定自己是否处于创作高峰？从作品数量看，1996～1997年是您的创作低潮期，但这两年内您不但开始创作了您的第一部话剧剧本《霸王别姬》，而且后来更具创新性、更加成熟的第八部长篇小说《檀香刑》也是在那个时候构思动笔的。之后推出的《拇指铐》等一批中。短篇小说更是风格焕然一新，所以我想作家自己对创作高峰的界定是不是与评论家不一样？您认为自己现在处于高峰状态吗？《檀香刑》后您的创作不多，是不是又在酝酿新的长篇？还是做其他小说形式的尝试？对于现在方兴未艾的科幻小说（如日本的《银河英雄传》等），打算尝试过吗？

莫：评论家和读者评价一个作家是否处于创作的高峰状态当然是以他公开发表的作品为准。但这样难免会有误差。譬如他们认为我目前处于高峰状态，但这两年我恰好什么也没有写。而如你前面提到的那批作品恰好是大家都认为我的创作处于低潮的时期写出来的。至于我目前的状态，很难用低谷或是高峰来描绘。我承认过多的与文学没有什么关系的活动，侵占了不少的写作时间，但一个作家也的确不能每天关在屋子里写作。对于我来说，一切活动最终都要和小说发生直接到或者间接的关系。我正在为新的小说做准备，不着急，慢慢来。科幻小说，我很喜欢，但这种小说很难写，如果你不掌握很多的现代科学知识，是科幻不起来的，许多科幻小说中描述的情景，最终都变成了现实。前辈的科幻作家，都是后辈科学家的老师。

齐：至于上面问题里提到的第二个标准——对汉语写作有创造性的贡献。我记得，您在2002年9月份给研究生上课时提到，一个文学家必须首先具备这样的素质，这是文学家有别于作家之处。在您的作品中，也极具体现。而在现实生活中，一些通俗小说以及影视作品、网络传媒、甚至服饰广告可能对汉语及其文化潜移默化的改造更大，金庸、亦舒等的小说、痞子蔡、安妮宝贝等的网络作品，周星驰的电影、琼瑶的电视、日本的动画、韩国的爱情剧、MP3、FLASH、波波族等等，不知道在您的眼里，它们这种也不乏创造的更大的改变算不算是贡献？是不是文学家的贡献更纯粹一些？一个好的文学家应该如何对自己所处时代中的流行趣味作出自己有品位的甄别？

莫：你这个问题很尖锐。是的，流行的东西，对语言的影响很直接，简直就是语言的传染病。但这种东西来得快去得也快。最终沉淀下来的不会太多，但每一个时代的流行语言都会在文学作品中留下痕迹。好的作家，大概像一个语言的炼金术士，他攫取语言中的一切粗矿，然后与自己的语言气质相结合，加以锤炼，然后形成独特的文体。

齐：像众多大的文学奖项一样，“鼎钧双年文学奖”对诗歌、散文不是太感兴趣。我国曾经是诗的国度，诸子百家、唐宋八大家等代表散文传统也源远流长，古代的小说却是勾栏里巷的俗物，现在诗歌、散文反倒不能登大雅之堂，尤其诗歌，现在在中国的待遇还不如国外，像诺贝尔文学奖不乏诗人作品入选，不知道这是中国传统文化形式的悲哀呢，还是中国文学与世界接轨的大幸？

莫：我不懂诗歌，不能妄加评论。但实际上诗歌还是很热闹的。号称诗人的人，大概有几十万吧？而且各式各样的诗歌奖更是多如牛毛。你去看看那些诗人的小传，就会发现，诗歌奖比小说奖要多得多。

齐：我知道您已经出了三本散文集了，您的散文随意亲切，遐思飘荡，弥散着大家之气。可以讲一讲您散文创作的历程和其创作体会吗？

莫：三本散文集，其中的篇章重复得很多，只能算一本散文的三个版本吧。我那些文章，都是漫不经心之作，没有经营过，粗糙得很。你不要胡乱表扬。我也不知道散文做法是什么，连小说都没有做法，散文就更没有做法了。想到哪里就写到哪里,心里怎么想,笔就怎么写就是了。

齐:对与您一起获得"鼎钧双年文学奖"的作家李洱,您对他的为人和作品了解多吗?对于他们这批年轻一些的作家,与你们那一代作家比,更为可贵的品质是什么?在您眼里,他们目前还欠缺什么?

莫:李洱我不熟悉,见过几面,但都没有深谈。你知道我是一个不善交际的人,在文坛混了二十多年,也没有几个可以谈文学的朋友。但李洱的作品我还是看过一些,在他没有写出《花腔》之前,我就看过他的几部中篇,很喜欢,并且我在三年前就跟人说过,李洱是他们这茬作家里既有比较深厚的生活积累,又熟谙叙事技巧的一个。他的《花腔》一出我就看了,开讨论会时他们邀请过我,但我好像是要出差没有去成。在颁奖那天,有记者提问我对这部作品的看法,我说《花腔》很像《檀香刑》的姊妹篇。《檀香刑》写了声音,《花腔》也是在写不同的声音。

至于这茬作家的欠缺,这个问题不是太好谈。其实,每一茬作家都有自己的欠缺,说局限也许更妥当些。我们这茬作家有我们的局限,李洱他们有他们的局限。我大概地知道他们喜欢什么样子的作家,也能从他们的作品中看出他们的"家传"。不要去看他们的关于小说的理论,任何作家的小说理论都是云山雾罩,一读他们的小说你就会知道他们的底细。他们这茬作家对我这样的作者多半是嗤之以鼻的,这我很清楚,而且我也知道,他们中的多数人,基本上没看过我的任何作品。不看一个作家的作品而彻底地否定一个作家,听起来很荒诞,但这在文学史上是常有的事。同样,比他们更年轻的作家很可能也会对他们不以为然,"芳林新叶催陈叶,流水前波让后波",这很正常,也很必要,因为任何创新都是从不满开始的。

齐:可以谈谈您对其他国内外奖项的看法吗?比如国内的"茅盾文学奖",您去年在法国获得的"卢尔·巴泰膺"奖,还有您呼声很高的"诺贝尔文学奖"等,您认为这些文学奖项对文学的繁荣起多大作用呢?

莫:关于文学奖,其实没有什么好谈的。总而言之,任何奖都有自己的标准,符合了就得奖,不符合就不得。得了奖也不说明你的作品就比别人的好,没得奖也不说明你的作品比得了奖的不好。文学奖跟文学的繁荣,我认为基本上没有关系。唐朝的时候没有文学奖,但文学不是很繁荣吗?现在有这么多的文学奖,几乎每个作家都得过这样那样的奖,有的人还得过数百个奖,这也很难说是文学的繁荣,更不能说那些得了数百个奖的作家就有多么了不起。

二、穷神啊穷神,到我家来吧

齐:莫老师,您是自2000年来新闻发生率最高的作家之一。话剧《霸王别姬》、"热身诺贝尔文学奖"以及大江健三郎的击节赞赏,《檀香刑》再掀您的创作高峰，到山东大学任客座教授，英美文学界重量级文学评论期刊《今日世界文学》推荐七十五年来40部顶尖文学名著，您的《红高粱》入选，大江健三郎与张艺谋相约到您家座谈，大江健三郎先生到高密您的老家过年，等等，这些使您一直并不寂寞。但您对待这些浮名始终保持着良好的心态，您是怎样把握的呢？

莫：我那所谓的话剧，纯属凑热闹，不值一提。“热身诺贝尔奖”，更是荒诞的说法，这可不是体育比赛，还要热身。大江健三郎先生对我的一些夸奖，也只是一个作家对同行的夸奖，没有媒体渲染得那般邪乎。《檀香刑》毁誉参半，有人认为是鲜花，有人认为是狗屎，都对。我有一群坚决的反对者，他们看到我的文字就反感，就愤怒，甚至不看到我的文字，一听到我的名字就反感、就愤怒，而且这些人里边有许多非常年轻的写作者，并不仅仅是老人。这个群体对我来说非常重要，这说明我的写作触及到了某些讳莫如深的领域，我的存在让他们不舒服。从某种意义上说，让这些人不舒服，正是我的价值。当然，也还是有喜欢我的读者，他们几十年来始终支持着我。到山大担任客座教授，是真正的滥竽充数，我是有自知之明的。写了几篇小说，浪得虚名，自己心中知道自己能吃几碗米的干饭。至于美国那家刊物的排名，只能代表他们一家的观点，有多少好小说被遗漏了啊。我其实一直很自卑，知道自己的“本钱”，狂妄不起来。当然，我也反感那些写过几篇小说就忘记了自己姓什么、自以为是伟大人物的作家。

齐：说起作家的心态，我想一个作家的心态肯定会在他的作品中不自觉地展露出来。都知道浮躁是一种很有害的心态，但它仍很普遍地存在。还有一种较为普遍的心态，现在我很难说它对作家本人和对别人、对社会有利还是有害，这就是宿命和悲观的心态，很多人认为这种心态更接近于文学的本质，也更具有人文精神。我认为您的作品中没有这种东西，因为我能感觉到您作品中处处游荡的那种不散的英魂。就宿命和悲观的这一心态的存在和作用，我想听听您的看法。

莫：浮躁心态的产生，一个重要的原因，就是太把文学当成了伟大的事业，或者是太把文学当成了升官晋爵的敲门砖。你看看各级作协换届时，为了争夺一个“副主席”之类的头衔，结帮拉伙、四下串连的闹剧，就会明白这些人看重的到底是什么了。还有的作家，因为本身就是高等华人，尽管他们口口声声地说要为人民写作，其实，他们哪里能体会到老百姓的心情？一个老百姓，无法不悲观，无法不宿命。我回老家，经常听说村子里出现了仙姑看病，许多老百姓都去看。你可以批评老百姓迷信，但到了那样的环境里，你无法不迷信。你知道一个百姓去医院看病的艰难吗？你看过那些医务人员可怕的嘴脸吗？你知道医院宰人的凶狠吗？你知道老百姓吃的药有多少是真的吗？你知道老百姓对官员们的真实看法吗？关键的是，你知道一个老百姓辛苦劳作一年，能收入多少钱吗？但老是这样悲观、可是莫言呢，他在文学观念和审美形式上突破了我国古典美学的禁忌，放弃了尽善尽美、美善相乐等和谐的审美理想，颠覆了长期以来形成的审美惯性。他将“审丑”观念纳入到小说创作中，这是不是对中国当代文学史的一个贡献，估计争议将继续存在。但可以肯定的是，这是一种崭新的尝试、一种颠覆性的书写、一种独特的文学存在。而在客观意义上，他把丑的艺术形象作为正面反映的对象，也扩大了艺术感觉和艺术表现的空间。

三

同以往乡土小说努力营造的和谐美不同，莫言不但不避讳丑，甚至还大张旗鼓地渲染、描写丑。莫言小说中的丑大致可分为秽物的丑、恐怖的丑和比喻的丑，三种写丑手法交织使用，充斥在许多作品里，形成了一个颇为特别的景象。这让读者完全推翻了他们的阅读期待。

莫言在崂山欣赏芍药和牡丹

秽物包括粪便、屁、尿、污水，等等。比如，《红蝗》中这样写粪便：“五十年前，高密东北乡人的食物比较现在更加粗糙，大便成形，网络丰富，恰如成熟丝瓜的内瓤。那毕竟适宜的令人向往和留恋的时代，麦垄间随时可见的大便如同贴着商标的香蕉。”《酒国》写60多岁的岳母放屁有“糖炒栗子的味道”，《复仇记》写九香妇每天扭着屁股能放九阵“香气”，皇帝被熏得“晕乎乎”的。即便是环境描写，也往往充满了丑：“那是盛夏的上午，沼泽地里汪着铁锈色的水，水面上漂浮着铜钱大的油花子，深埋在地表下的昆虫尸体在进一步腐烂，草叶多生着白茸茸的细毛，九老妈卧在绿草上，像一条昏睡的大泥鳅。”

恐怖的丑在莫言作品中也是数量可观的。《红高粱》中罗汉大爷被剥成“肉核”，还有后来的《檀香刑》将刑罚和暴虐描写得细致入微，让人毛骨悚然，“头发根发麻，喉咙里秽物翻腾，皮肤上起鸡皮疙瘩，好不舒服”。

莫言作品对丑可谓情有独钟，以至于连比喻都带着丑气。《复仇记》中写女赤脚医生“两只肥滚滚的奶子上爆起一层疹子,像褪了毛的鸡一样”;《红蝗》中则有把“女人的嘴唇”比作“一个即将排泄稀薄粪便的肛门”:这些比喻不仅没有起到美化语言的作用,反而是向丑靠拢的一种形式。

对于莫言作品中的审丑问题,不少评论家曾经提出过不少批评意见,但也有评论家将莫言称为“中国当代文学中的‘恶之花’”。比如,山东师范大学教授、博士生导师杨守森曾经这样评价:“莫言作品特别值得珍视之处正是在于:以波德莱尔式的冷漠笔触,已超政治、超现实的文学目光,对人性的残忍、丑陋和邪恶进行了无情的揭露,以提醒人类:不要对自身人性指望过高。”

四

审丑是西方现代主义文学的一个主要艺术特征。随着波德莱尔、卡夫卡、陀思妥耶夫斯基等一大批作家精彩作品的出现,丑在文坛上成为一种风潮,对罪恶、污秽、荒诞、畸形等的书写极大地挑战着读者的承受能力,而许多读者却对此乐此不疲。

罗森克兰兹被奉为现代丑学开创人。1853 年他的代表作《丑的美学》问世,这是第一部专门研究丑的美学著作,也标志着丑从此真正成为一种特殊的审美形态。罗森克兰兹说:“吸收丑是为了美,而不是为了丑。”

审丑的出现,是有历史背景的:和谐惨遭解构,和谐的理想在近现代遭受了重大挫折,这是人类社会文明发展进程中一次具有划时代意义的变化,也是人类在追求现代化的道路上必然付出的一种代价!各种现代主义的哲学思潮和美学思潮相继涌现,他们对和谐存在的真实性提出了质疑,对和谐是否虚幻无边的假设让他们绝望而沮丧,这些先锋人士开始以故意打破和谐的极端方式表达他们对和谐丧失的失望与孤独:田园牧歌变成了嘈杂号叫的摇滚乐,美轮美奂的巴洛克变成了抽象画甚至行为艺术……

莫言显然在接受现代派艺术手法的同时,借用了审丑的文学方式,这是呈现现代化艺术景观的重要手法。这种倾向,在莫言中早期作品,如《酒国》、《红蝗》、《复仇记》等作品中表现得最为突出。

五

关于丑的问题,莫言曾经自己做过这样的提问:“在我们这个很独特的社会里,我们一味地歌颂真善美,能不能准确地表现出我们社会的面貌来?”

这是一个深刻的问题。

莫言自己回答说:“既然承认了现实主义……实际上还是要把社会客观地表现出

宿命,也不行,为了活下去,他们发明了幽默,也就是苦中作乐。而苦难到了极端后,老百姓就要抗争,我说的不是造反啊,是不向命运低头的抗争。我们那里,有一个穷人,过年时家家都接财神,他却到大街上去喊叫:穷神啊穷神,到我家来吧,我们一起过大年!好玩的是,这个穷人的日子从此竟发达起来。这故事中包含着很多意思。我的小说里也有这种东西。

三、也许用不了二十年,道德就要发生巨变了

齐:现代科技的发展,使人们在拥有巨大物质财富同时,却面临着空前的精神困惑。在宗教盛行的国家里,这种困惑可能小一些,而在中国这个有"泛神"传统的民族,这是极为迫切的问题。在这种情况下,寻找我们民族力量的源泉,挖掘我们民族文化的生命内核,来给现代生活一个有力的支点,应该说是每个以文化为业的人所必须考虑的。从您《红高粱》以来的一系列小说中,可以看到您的这种努力。您试图从人们对历史传奇完美的寄托中寻找我们今天前行的动力,您认为这种努力现在已经收到了多大的效果了?怎样再继续下去?

莫:我们也信神,但都是很功利的。你去南方看看,那些庙宇,都是香火鼎盛。听说每年的第一炷香都是达官贵人用高价买断了的。人们求神,是为了升官晋爵,发大财,总之是很功利,这跟真正的宗教精神相去甚远。解决一个民族的精神信仰这样一个重大的问题,几篇小说是无能为力的。别说是我的小说,连那些伟大作家的小说也解决不了这个问题。

齐:您在《檀香刑》后记中提到,这部小说的创作过程是一次有意识地大踏步撤退,其实这种后退的取向在《红高粱》里,"种的退化"一经说出时,就被规定了。对今天"种的退化"的肯定,恰是您在高扬"尚古",但这跟守旧复古又不一样,而是类似于文艺复兴对于古希腊文化的态度。但又不完全雷同,这里面还含有了中国古文化思维中那种逆向的时间崇拜,即以"上古"或过去为仪范,像"人心不古"、上古之时如何如何等这一本民族文化内涵的东西,只不过这次《檀香刑》的创作从内容到形式做得更彻底、更老到。让人感觉到您在逆流行大潮而上,寻找失落的民族文化,并以充沛的现代内涵孕育催发它,以便为在全球化的今天,恢复和保持我们民族的一份自信,并为人类的多方面健康发展探寻一种可能性而进行不懈努力。不知道我理解的对不对?

莫:你可以这样说,但我写作时并没有考虑这样多。其实,古代也未必像我们想象得那样美好,那时候的人,跟现在也差不多。你看看《儒林外史》,看看《金瓶梅》,就明白那时候的小人,一点也不比现在少。作家大都是不满时代的,为了表现自己的理想,只好将古代理想化。至于我在《檀香刑》后记中所谓的"大踏步撤

退”，也只是一种感觉而已，是我对那些假先锋的反感、假民间的反感。我一向反感大词，什么“民族文化”、“民族自信心”，一个写小说的，如果陷落在这些大词的泥坑里，那就毁了。当然，评论家可以这么说。评论家必须玩弄概念，而写小说的，只应该关心人物和故事，当然还有语言、结构什么的。还有一个问题是，也是一个可怕的问题，这就是福克纳说过的，一个作家如果在作品中说过一次假话，那他就永远也不会说真话了。而且，他还会把假话当成了真话。我看过那些高举着“伟大”、“神圣”等等大旗写作的作家的作品，发现他们关心的问题与老百姓关心的问题相去甚远。他们自我标榜的许多东西更是不可相信。这样的人当然不可能喜欢我的作品，如果他们喜欢我的作品，那才是真正的咄咄怪事。古人说“道不同，不与谋”，样板戏《红灯记》里的李玉和对鸠山说“我们是两股道上跑的车，走得不是一条路”，我这样说也是一种浮躁，但这样的浮躁会使我更加极端，会使我离这些高贵的作家越来越远，背道而驰，直至让他们望不见我讨他们厌的背影。

齐：谈到《檀香刑》，不得不谈到死的问题。您认为有什么东西可以超越死亡吗？您怎样认识它？

莫：其实没有什么东西可以超越死亡。文人们总是认为自己的作品可以流传千古，超越了死亡，这也是一种精神胜利法，高级阿Q，其实，从肉体的意思上，你还是死亡了。后代人们心中的你，与真实存在过的你早就不是一回事了。我们心中的李白、杜甫，与真正的李白、杜甫有什么关系？我觉得，只有繁衍后代，才勉强可以算作超越了死亡。当然，克隆小孩子，造一个与自己一模一样的人，就更加超越了。这是违背现时的道德但终究拦挡不住的事情。再过二十年，也许用不了这么多年，道德就要发生巨变了。

齐：死亡本是一种自然的生理现象，但当它成为一种强迫性的惩罚和威慑的手段时，就有了死刑。在刑架上，从受刑的人身上产生的是宗教；在刑架旁，施刑的人身上产生的是专制；在刑架下，观刑的人身上产生的是奴性。这样，被杀的上了天堂，看杀的就下了地狱，只有杀人者乐在其中。在《檀香刑》里，受刑的死难者的宗教是一幕轰轰烈烈、传唱千秋的大戏，施刑的统治者的专制是一项冷艳夺目、精美绝伦的艺术，观刑的奴隶们的奴性是不寒而栗两股战战的巨大恐惧和麻木不仁的两边喝彩。由于小说的多义性和隐喻性，人们的理解还可以有很多。但就上面我所理解的这三种人，如果要选择一种，您希望人们做哪一种选择呢？

莫：哪一种也不要选择。受刑之苦，无法想象。看客之昏，难以忍受。执刑之人，心中之苦，不亚于受刑。因此，三种人都不要去当。其实，每一个人身上，都具有受刑、施刑、观刑这三种属性。这三种角色是可以互相置换的。只有在写作这部小说时，我既是受刑人，又是施刑人，也是观刑者。

四、我跟赵树理肯定不一样,那个时代的作家很无奈

齐:评委们认为您的长篇小说《檀香刑》,比以往任何"民间性小说实践"都走得更远,也更内在化。小说中有民间戏剧、说唱、民歌、民间风情,地域特点浸淫于字里行间,被移植到小说中的语言风格中,形成妙不可言的回声,对本土叙事资源和语言资源实现了回归,为新世纪的中国小说确定了一个新的艺术方向。确实,您的这种艺术风格让人耳目一新,而且,您也在多种场合说您是"作为老百姓写作"的。专家对您的评价和您的写作态度,很容易让人想到老一辈作家赵树理,您认为自己跟赵树理有哪些相同和不同之处?

莫:我跟赵树理肯定不一样。首先,赵树理就不会同意自己是"作为老百姓写作"的。相同之处是,我们对农村生活都很了解。他们那个时代的作家,是很无奈的。我看过丁玲1931年在光华大学的一次演讲,说她再也不想去写恋爱的小说了,也不会去写工农的小说,她的理由是自己不是工农,她说要写一部有关她的家庭的小说。她说她的家庭是一个大家庭,各个枝系加起来有三千多口人,祖父当过高官,她的父亲,把家产全部挥霍光了。她说她们家养着一个手艺高强的绣工,专门绣马鞍子上的垫子,但他的父亲是一个不会骑马的人,他备好马,让长工骑着在前面奔跑,他跟在后边追着看。她父亲还经常向人挑战,比赛买东西。她还说她们家那一枝,住在一个有二百多间房子的门院里,房间里有许多大床,雕花的,床上都带着窗户。院子里有许多空房子,每到晚上,无人敢进去。她说她一个叔叔当了土匪,家中几乎没有一人是读书的,全在酒色中完了。家中藏着许多杆枪,白天都躲在屋子里,不敢出来。我想,丁玲如果能用她写《莎菲女士的日记》的笔,用一个大家族破落户飘零子弟的眼光,而且是女子的独特眼光,写出这部家族小说,将是一部什么样子的书啊?那时候,拉丁美洲的马尔克斯还没有出生吧?但丁玲没有写出这部书,她成了后来那个政治色彩远远大于文学色彩的丁玲。实在是可惜啊。丁玲的才华,不在张爱玲之下,她原本是可以完成这部伟大作品的,一切都是现成的,但是她没有写。我想,赵树理也有类似的遗憾吧,更大的遗憾也许是他们没有意识到自己的遗憾。

齐:相比丁玲、赵树理一代而言,就创作环境来说,曹雪芹、蒲松龄他们应该是幸运的,那种自觉创作、心无旁骛的自由轻松,造就了他们小说的经典性。关于蒲松龄,也是我们的老乡,他坐在门前大柳树下搜集过往行人讲的民间故事,在他笔下创造了一个狐仙花怪的世界。他家离您家二三百里路,地域基本重合,同是齐国文化渊源,年代也不过相差三百来年,我想这个狐仙花怪的世界,跟您的文学王国高密东北乡,应该有很多瓜葛吧?(世风人心啦,言语笑貌啦,甚至有些故事可能还是同一渊源呢!但这两个世界又一定很不一样。)

莫:曹雪芹和蒲松龄也是有所顾忌的,否则蒲松龄就没有必要去写鬼怪,曹雪芹也就没有必要在书中布下那么多迷魂阵。但他们的写作没有那么多功利心倒是真的。去年9月,我们陪法国翻译家杜特莱夫妇去过蒲松龄故居,看到了他的聊斋,但我想现在的聊斋,肯定不是当年的聊斋,蒲家不会有那么漂亮的花园。我觉得只有那铺小土炕是真的。蒲松龄坐在大树下摆着烟茶请人讲故事,也多半是后人的演义。前几天我回高密,看到了一个高密的朋友写了一篇关于我的文章,说我父亲逼着我背书,而且是让我倒背,还说我过目不忘,无论什么书看一遍就可以倒背如流。这不是在编造神话吗?倒背文章,多么艰难,你背一篇试试看。如果我有那么好的记忆力,何必写小说?当年我小学辍学,我父亲让我跟大爷爷学习中医,一篇《药性赋》,不过万把字,我背了一个月,才磕磕绊绊地勉强背过。但我那位朋友的文章,白纸黑字地摆在哪里,再过去几十年,难免不被人误以为真。我觉得,神鬼魔幻的故事,是跟封闭和落后的环境紧密相连的。我甚至觉得,自从有了电,有了电灯,人们的想象力就急剧地衰退了。我之所以有点谈狐讲鬼的“才能”,是跟我们村子直到1982年才通了电有关系;如果我出生在一个灯火通明的地方,连街道和厕所都被电灯照亮,我就不会讲这类故事了。蒲松龄先生的时代自然也没有电。读古典小说和古典诗歌,经常可以读到关于月光的描写,非常优美,原因就是那时没有电。有了电,就没有了月亮。我们不能说外国的月亮比中国的圆,但我们可以说过去的月亮比现在圆。我爷爷生前曾经多次对我说,1947年中秋节的月亮,明亮得异乎寻常,说那晚上,男人可以在月光下读书,女人可以在月光下做针线,抬手可以看清掌纹。爷爷的说法,我也不是完全相信,因为很可能那时候的人眼神特别好。

五、我心中的理想世界,就是人人都很善良,不要欺负人

齐:在您的小说里,可以看到曾被五四新文化运动抛弃的中国古代小说的神韵,也能感到曾一度被人嗤之以鼻的红色经典小说的浸润,还可以领略到不同时期异域小说的风情,您这种艺术上的兼容并包也许成就了您成为现今文坛上的集大成者,使您达到了正如金庸小说中称道的“侠者,大也”的境界。外界评论也是褒奖有余,但作为一个明智的作家,您一定有自己很客观很明确的定位。我想知道,您是怎样给自己定位的?您认为自己最大的不足是什么?怎么来克服?

莫:我前面已经说过,我是浪得虚名。更不敢说自己是什么“侠者,大也”。我的理论素养很差,认字不多,看书也很少。我最大的不足就是没有学问,但到了这个年纪,再要学点什么也很困难了,所以索性就不去克服了吧。

齐:一个真正的作家应该是属于全人类的。我看到您的作品不仅在国内很受欢迎,并且它们已经被译成十多种文字,承载着我们民族特有的文明走向世界。

可以说，不管您是否出于本意，在全球化的今天，您正通过您的作品塑造着我们民族的新形象，也给整个人类提供着一个新的理想模本，让人们不断看到惊喜——这似乎有点像走上 NBA 赛场的姚明。我想，在您的心里，有没有这种新形象？如果有的话，他具有什么样的品质？您心目中的理想世界是什么样的？

莫：我的那几本小说，承担不起这样的重担啊。我也可以坦率地说，用文学作品也不可能"塑造我们民族的新形象"，更不可能提供什么"理想模本"。在改变"东亚病夫"形象方面，一万个作家加起来也比不上一个姚明。

我心中的理想世界，就是人人都很善良，不要欺负人，但这是不可能的。

齐：翻译过您的《酒国》、《丰乳肥臀》等小说的法国汉学家杜特莱先生曾经说，翻译您的小说时直想笑，可见您的幽默在国外也很被接受，您的作品也正跨越国界、跨越文化差异给更多的人快乐。我想，其他国家民族跟您同代的作家中也一定有这样的好作品带给你快乐，如果有，他们是谁呢？

莫：肯定有，但我的确不知道他们的名字。

齐：上个月您刚刚从台湾访学归来，这次台湾之行有什么收获呢？可以谈谈台湾文学给您的印象吗？

莫：我在台湾期间，那里正在选举。十几万农民上街游行，很热闹，很狂欢。我去台湾，原想能写点什么，但却一点也没有写。外边锣鼓喧天，口号连连，我坐不住。台湾文学，跟大陆文学景况差不多。在台湾流行的作家，到了大陆也流行，就说明了这个问题。但台湾也有很多的作家在寂寞地坚持着自己的文学理想，不为市场写作。他们在文体的试验上，比我们走得远。

齐：今天是小年，现在我们已经隐隐听到大年的鞭响了，在这里让我先向您拜个早年！去年过年是您跟大江健三郎先生一块在高密老家过的，新年新气象，今年这个年打算怎么过？以后有何打算？

莫：时光比马跑得还快。今年我就不回老家了，前几天刚刚回去了。其实所有的节日都是为小孩子准备的，对于成年人来说，什么年不年的。对于一个写小说的人来说，写小说就是过大年。年是儿童的节日，因此年也是有神秘感的节日。年是色彩最丰富的节日，年也是食品最丰盛的节日。我觉得现在的年也不如过去的年了，因为有了电，把儿童的想象力扼杀了许多。

至于以后，当然还是写小说。

以上访谈绝大部分或小部分发表于《齐鲁晚报》、《深圳都市报》、《山东大学报》、长篇小说《十三步》2003 年版"代序"等报刊书籍。但未经任何删改的可能只有以上文字了。

莫言对话法国翻译家杜特莱

◇齐林泉

莫言和法国翻译家杜特莱在一起

从高密回来后，我们与杜特莱先生结下了深厚的友谊。离开山大后，他专门写信致谢我们的“帮助和接待”，并将他手头在法国的莫言研究的文章发给我，希望我做资料收藏。我请山大外语学院法语系的苗鹃同学翻译成汉语，对其中《关于〈酒国〉的对话》这篇内容感觉颇有价值，于是推荐给《山东大学学报》的编辑姜桂栩，也就是贺老师家师母。她感觉可以发表，但必须要跟莫言和杜特莱商定后再发更好一些。2003年春节刚过几天，莫老师就在翻译稿上作了修改，2月10日发到我的邮箱：

> 小齐，将稿子改了一遍，删去了许多人名。不愿意去得罪他们。其实，各人写各人的。请按我改定后的稿子发排。你再看一遍，如有不合适再删。

接着，又跟杜特莱先生往来多次，进行沟通与修改，有了进一步定稿，再次发给莫老师审阅。3月19日，莫老师改完发邮件过来：

> 小齐，我看来稿，删去了几句，一是关于“六四”的，二是关于“我对大多数干部是好的”那几句，其他就没有什么了。对了，《丰乳肥臀》改成“即将出版”，据杜特莱说，大概要今年九月份才能出版。

下面就是这篇跨越中法三个城市，在杜特莱、莫言、贺立华夫妇、苗娟和我六人共同努力下产生的访谈，发表在《山东大学学报》2003 第 2 期。

莫言谈中国当代文学边缘化

［法］杜特莱

杜特莱：莫言先生，由我翻译的您的长篇小说《酒国》，在法国获得了“最佳翻译小说奖”。现在，我正翻译您的另一部长篇《丰乳肥臀》（即将出版——译者），相信也会深受法国读者喜爱的。在这个过程中，我感觉到您代表了当代中国小说一股不可忽视的力量。我很想知道，就您而言，文学在您生活中处于什么位置，它在当代中国扮演一个怎样的角色呢？

莫言：创作既然是我的职业，那么对我来说，文学当然很重要了，我要靠它生活嘛。对我的精神生活，它也同样重要，因为可以通过写作发泄我复杂的情感。如果没有小说这个发泄方式，我可能做出很多不可思议的事情，它是我情感向外传输的渠道，多亏有它，我才能够心境平和。

在 20 世纪后半期，文学在中国是一个非常复杂的角色，小说更是这样。尤其在中国这样一个政治色彩很浓的国家里。回顾一下 1949 年以来发生的一系列事件，我们不难发现，文学在中国有多么重要，一篇小说的评论或是其他任何一种形式的文学作品，都可以对整个民族产生重大影响，这种影响渗透到各个层次，上至中央领导，下至平民百姓。但随着社会的逐渐发展，这种影响也逐渐变弱。

1978 年开始，也就是“文化大革命”结束后，出现了“伤痕文学”和“反思文学”。这个时期，一部非常简单的小说甚至都与成千上万的中国人有关，像刘心武的《班主任》和卢新华的《伤痕》。这种不正常的文化现象，源于长期以来整个民族备受压抑的现实。这样，小说和小说家就在某种程度上成了人民的代言人。小说所表现出来的，是每个人想说的话，是长时间埋藏在人们内心深处的感情喷薄和迸发。不过，这些应该放在那个时代特定的社会政治形势中去理解。

20 世纪 90 年代以来，中国进入了一个商业社会，文学作为代言人的角色也逐渐变得模糊，甚至完全消失。今天我们可以看到，随着生活水平的提高，多种传播媒体层出不穷，娱乐方式也变化多样，再加上国民素质的普遍提高和日常生活中政治的淡化，使得小说开始变得脱离社会，它远远不及舞蹈、音乐和其他艺术形式所引起的反响。一篇小说在全国引起轰动的时代已经远去了。虽然也会有这样或那样的作品引起一阵骚动，但那只不过是流行或消费的问题，和它本身的文学价值没有多大关系，跟一种新样式的衣服或舞蹈引起一阵流行风是一样的。文学不再为社会负责或负有为人民说话的责任。我觉得这种情况很正常。就像在法国产生的“新小说”一样，那些作家只是把小说当作艺术品，他们去研究小说的创作，而不考虑它的销售及社会影响。自然，这样的结果也导致了阅读群的缩小。

杜特莱：莫言先生，一些人预言中国小说正在走向灭亡，您是这样认为的吗？

莫言：如果仅从它的销售量来看，我们可以说是。正像我刚才说的，20 世纪 70 年代末 80 年代初，小说是整个社会的焦点，所有人的目光都凝聚在它身上。但现在，它已经处于社会边缘，即使不消失也要经历一个衰落期。不过我想，在一个正常发展的，也就是一个健康发展的社会，文学理应站在这样一个社会边缘的位置。如果一篇小说仍然能够动摇政治权力，引起社会变革，这才是不正常的。这种衰退是自然而然的事情，不必去限制或阻碍它。

杜特莱：让我们谈谈您刚刚在法国获奖的小说《酒国》吧。1993 年第一次出版时，在当时中国文学界没有引起注意。但是，2000 年 3 月再版，并且法文本于 2000 年春天在法国发行之后，它受到了国内外评论界的高度赞扬。小说牵涉到“吃人”的故事，应该说这是一个令人恐怖的主题，那么首先我想问的是，它是来源社会现实还是纯粹的想象？然后我还想知道这篇小说引起了怎样的反响。

莫言：我在 1989 年 7 月开始创作《酒国》，当时我的身体不太好，有时候是跪在凳子上写作。从 1989 年开始，我强烈地感觉到腐败已经到了一个非常严重的程度，如今更是到了让人无法忍受的地步。我认为官僚的腐化是整体性的，我们的社会正处于一种非常可怕的状态，不仅仅是官员们想捞钱的那种腐化，而且是大家都希望通过非正常的手段占有金钱的普遍社会心理疾病。这种现象已经触及了社会的每一个成员。比方说，一个工人想让他的孩子上大学，他就要托关系找门路；如果我的一位亲戚要动手术，我就要千方百计地给主治医师送一个红包，否则，我将不得安心。事实上，一位好医师总能成功地做好手术，而一个坏医师，不管你给他什么，他都不能保证手术的成功。但家属们总是送了红包才能放心。腐败已经使人和人的关系成为纯粹的金钱交易关系，人和人之间失去了最起码的信任。当然，各行各业都应该具有的起码的职业道德也沦丧得很严重。这种心灵的腐败，比物质的腐败还要可怕。这就是我要写《酒国》的原因。

至于小说中写的所谓的“吃小孩儿”的故事，应该当成一个寓言故事来理解。为了表现这个故事，我用了很巧妙的表达方式：整个“吃小孩儿”的情节，都是由一个和作者通信的人来写的。《酒国》中有一个人物叫李一斗，是个写小说的业余作者，他写的小说也就是我小说中的小说，我们可以断言这个“小说中的小说”是虚构的。但同时，它和我所写的小说又是浑然一体的。而李一斗这个人物——小说中小说的作者，又成了我小说中的人物，而我自己呢，最后也成了这篇小说中的一个人物。真真假假，虚虚实实，都融合在一起。你完全可以说它是虚构的，也可以说是真实的。没想到这种本来是用于自我保护、为了免受批判而选择的结构方式，结果却促成了一种新颖独特的写作方式的产生。

那么在中国是否真的存在“人吃人”的现象呢？历史上，确实有。像战国时期的易牙，就将自己的儿子做成菜给齐桓公吃了。在封建社会，还存在一种情况就是，割自己的肉来为父母治病，这是一种医学上的愚昧……在小说《三国演义》和《水浒传》里，同样也可以找到这样的事。当今社会，确实还没发现吃孩子的现象。当然我们也不能排除极个别的变态狂作出这样的事，西方社会中也有这样的现象发生。我在小说中所写的，是寓言，是象征，应该从文学的角度来理解。鲁迅在他的小说《狂人日记》中也曾发出过“救救孩子！”的呼喊，这也是象征，并不是说一些人真的要吃孩子。

促成我选择这个情节的一个原因，是我的在医院工作的几位朋友告诉我的一些事情：他们收集流产的胎儿，用来做成一种粉，这是一种药——确实存在一种用胎盘做成的叫“紫河车”的中药，据说这是一种非常有效的补品。有些医生自己也吃。中国人还吃一种未出壳的雏鸡，叫毛蛋，跟这是一码事，同样是一种补品。在中国存在这样一种说法，叫“生食大补”，比方说吃鱼的时候，当它还活蹦乱跳时就端上桌，割驴肉则要从活着的驴身上割，这叫“虐食”，史书上有记载，生活中也存在。在这里，我要说的只是一种传统，我想西方人不敢吃胎盘，他们觉得恶心。在中国，还存在一种神秘的医学观念，认为“吃啥补啥”：如果你肝有病，你就吃动物的肝脏；如果肾脏有病，就吃动物的肾脏。

这本书写好后，我曾把它送到一家杂志社，但他们不敢出版，不仅因为它的内容，还因为它的形式。他们对我说：“怎么能写这样的小说？”后来，到了1993年，湖南文艺出版社出版了，首印了9000册。中国文学界有一种惯例，就是小说先在杂志上刊登，然后才到出版社出版，而《酒国》没有在任何杂志上刊登，就直接出版了。书出版后，一片沉静，在报刊上看不到一篇文章评论它，只有一位普通中学教师写了一篇评论寄给我看。我想也可能是因为此书未在刊物上登载，评论家没有看到，也许是看到了他们不喜欢。1995年后，才有几位旅居美国的评论家谈过它，认为是20世纪90年代长篇小说的一大收获。此书日文版1996年即由岩波书店出版，是东京大学的藤井省三教授翻译的，在日本受到了好评，尤其是年轻的日本作家和评论家比较喜欢，一般的日本读者我估计也不会感兴趣。

杜特莱：我们可以说《酒国》是一篇成功的寓言小说吗？

莫言：是的，如果人们问我对哪部小说最满意，当然是这个了。然而，最后一章不是很成功，在再版中，我已经对它重写了。

杜特莱：在中国文坛，您怎样为自己定位？是自成一家还是属于某一个流派？

莫言:我想我是独立的。有人说我属于"寻根派",也有人把我归入"先锋派"。事实上,我自己也不知道属于哪一派,我对这个不感兴趣,也没什么意义。我想一个没人能够说出属于哪一派的作家,才是一位有存在价值的作家。我以我内心的感受为基础,用心去写作。

杜特莱:您比较偏爱哪些外国作家?

莫言:哦,那可以列一个很长的名单。"文革"时,我在农村读小学,语文课本是《毛主席语录》,没有条件去学语言文学。有一年,在台湾的一个两岸作家讨论会上,在座每个人都回忆自己童年的阅读生活,他们有的说在5岁时读了《三国演义》,有的说9岁时读了《红楼梦》,而我说,当你们用眼睛阅读时,我正在用我的耳朵阅读。因为在农村根本就找不到书,偶尔找到一本书,也没有时间看。然而,我感谢我的耳朵:我听祖父还有乡亲们讲了好多的神话故事和历史传奇。后来我当了兵,才开始大量的阅读。当时我是政治教员,兼着图书管理员,利用职务方便,看了很多书。但那时看的多半还是中国作家的书和部分苏联的"无产阶级文学",阅读面很狭窄。直到1984年,我才开始真正意义上的阅读,广泛地接触了西方文学。当时我进了解放军艺术学院文学系学习,那个时候,已经有很多国外的作品翻译成了中文。

在"文革"前,翻译成中文的主要是苏俄文学,很少有西方现代作家的作品。很多比我们老一点的作家,比如那些"右派"作家,都是听着苏俄歌曲读着苏俄小说长大的。而在20世纪80年代,我可以阅读卡夫卡、马尔克斯和一些拉美的小说,美国作家福克纳、海明威,法国的罗布—格里耶、西蒙的小说等等。至于法国古典文学,巴尔扎克、司汤达、莫泊桑、左拉、大仲马等人的作品,在此之前都读了。这些名著在"文革"前就已经被傅雷翻译了。我也读过德国文学,古典的如托马斯·曼、歌德等,尤其是二战后的三个伟大作家 Heinrich Boll、Gunther Grass、Siegfried Lenz,对我影响很大。还有日本的川端康成、三岛由纪夫、谷崎润一郎等等。对我触动最大的国外作家是马尔克斯、福克纳和卡夫卡,后来又有了君特·格拉斯。对于法国文学,我最喜欢罗曼·罗兰的《约翰·克利斯朵夫》,还有普鲁斯特的《追忆似水年华》,当然我至今也没有读完这些书,只读了部分章节,他们都很优秀。我觉得法国文学特别优雅、细腻、考究,很优美。某些国家的文学就像土布裙子,但法国文学就像精工制作的绸裙,而且还绣着蕾丝花边。但是法国当代作家中缺少像马尔克斯、君特·格拉斯这样具有极大影响力的重量级人物。尽管西蒙也得过诺贝尔文学奖,但缺少广大的影响力。我觉得法国当代文学,对形式的追求走得太远——据说讲故事的传统又在回归——现在中国年青一代的作家也有这样的倾向。纵观20世纪末,对中国作家影响最大的西方作家是马尔克斯、乔伊斯、博尔赫斯，还有卡夫卡。当然别人不一定同意我的看法。

中国文学，小时候我看了诸如《水浒传》、《三国演义》、《红楼梦》这样一些名著。现在我特别喜爱鲁迅、沈从文、萧红，老舍也很好，但是不欣赏另外几个在现代文学史上著名的作家。因为他们不曾创造新的风格，他们的小说像是从外国文学翻译过来的。如果让我列出这些作家中两个我最推崇的，那就是鲁迅和沈从文。

杜特莱：对于当代的中国作家呢？您最推崇谁？

莫言：我们可以用当代的中国文学与唐朝时候相比。刚开始，这个朝代的文学达到了以李白、杜甫为代表的巅峰期，然后又到了一个高原期，出现了成百的优秀文学家和诗人，但是却再也没有达到李白、杜甫那样的高度。从新中国成立以来，中国缺少像鲁迅、沈从文那样有影响的大作家，没有人创造一种新的风格。当代的作家写得也很好，但是缺乏力度。从20世纪80年代以来，出现了几批作家，但是让人看不出他们的作品有什么不一样，让人觉得全是出自一人之手，每批整体上是一位作家。

“文革”后，在原来的“右派”作家中，有几个有自己的风格，但他们受苏俄文学影响太深了，他们总是在表现一种理想，在追随政治路线，在维护一种很强的责任感。我想，他们响应了斯大林的一句话：“作家是灵魂的工程师。”对于他们而言，作家应是人民的代言人，应该有改造社会的责任感，应该站在人民的前列。这些人给文学染上了浓烈的政治色彩，被认为是“右派”作家，在“文革”时遭到批判，但是他们坚持：我们是党的好孩子，我们曾受到不公正的待遇，我们的母亲——党——错误地对待我们，我们应该帮助母亲去改正。在这方面，我们与俄国作家陀思妥耶夫斯基或者肖洛霍夫不一样，后两者从不替哪一个阶级说话。比如，肖洛霍夫写作时党派意识很淡，是从人的角度写人。他的小说《静静的顿河》中的主人公葛利高里既是红军，也曾经是强盗，他既杀过共产主义者，也杀过白匪。但是他栩栩如生地展现了一个人的命运。而我们的作家，则总是强调他作为一个政治上的人的一面，忘记了他自然人的一面。

继这些老的“右派”作家之后，又出现了一些年轻的受过教育的作家，这些人曾生活在城市，接受过中等教育，然后被送到过遥远的贫穷落后的农村，当时最小的才十五六岁，最大的也就十七八岁，他们充满激情，认为可以改造中国和整个社会。但当他们发现所在的那些地区农民的贫穷与愚昧时，理想破灭了。一旦返回城里，他们就不断回想那个时期，好像生活给他们添上了沉重的心理负担。他们觉得那是一个历史性的错误，党欠了他们一笔债，他们本不该受这么多苦，这些痛苦的经历让他们在回味中受尽煎熬。但是，和生在农村的我相比，差别就大了。

他们其实是作为被邀请者，是从外边儿过来的观察者，他们当时的生活条件其实比当地的农民还要好一点。我们一出生就生活在农村，我们能怎么做？那些一代又一代生活在农村的农民又能怎么做？愚昧，痛苦，我们根本就感觉不到，这就是为什么我觉得原来的那些年轻时接受过一定教育的作家，并不能形成一个有影响的流派的原因，因为这段经历只不过是一部分人的一个小插曲，反复的思考这段痛苦的经历并没有什么意义。

杜特莱：与您说的这些作家不一样，作家阿城却说他在农村只不过度过了十年，好像这十年并没有如此恶劣。

莫言：阿城是一个例外。他们中很少有人能达到像阿城那样的思想深度。他是一个有渊博知识、有教养，但却没有"知识分子"气味的人。他能够不带任何色彩地去思考他年轻时受教育的那个特殊时期，而不像其他人那样。他能客观地观察并深入事物的实质：金钱、性、人与自然的关系。再后来，山西的李锐、湖南的韩少功，还有史铁生，他们也都写出了有深度的作品。

至于那些最新的作家，他们接受过良好的教育，拥有小圈子的生活经验，他们单独的作品并不引人注意，而他们整体则形成了"一个"值得注意的作家。

杜特莱：对于写小说这份创造性的工作，您已经在以前的小说中写过了高粱、大蒜、性、酒，接下来要写什么呢？

莫言：事实上，我走了两条不同风格的路，我现在好像处于十字路口，第一条可以以《红高粱》、《丰乳肥臀》为代表，从大众的角度或个人的角度，反映历史，这被称为"新历史小说"。我笔下的历史与官方的历史显然是不同的——小说带有揭示什么的性质，这也是《丰乳肥臀》受批评的原因。举例说，我承认，小说中涉及的"土改"、"文革"、"改革开放"，我都是站在超越阶级的角度去写的……我想以具体的人为出发点去理解并解释历史。在二战期间，纳粹党是令人害怕并厌恶的，但是如果我们从成千上万的纳粹分子中抽出一个士兵去观察，也许会发现这是一个多么温和的人，他有妻子，有孩子，有父母，有祖父母，在现实生活中，说不定杀一只鸡他都会抖个不停。但是为什么战争能把他塑造成这样呢？——这就是我希望理解历史的出发点。有评论者断言这一条路由《红高粱》开头，以《丰乳肥臀》结束。但是，我还有可能创作另一本小说，当然仍是从这个角度出发。另一条路是类似于《酒国》的，猛烈地抨击社会中的黑暗和愚昧现象，同时在表现形式上作进一步的探索。在这类小说中，我们可以发现已扭曲的现实、幻想、鬼神等，同时，我还可能采用现代手法，在这个方面，我已写了一些东西，但还没最终完成，也许会改变。一个作家不可能总能预见他的作品是怎么样的。当我开始写《酒国》时，我本打算写成一部侦探小说，但最后却成了这样！

杜特莱:您是怎样开始您的写作生涯的?关于文学您又有哪些最根本的想法呢?

莫言:我觉得跟其他作家一样,刚开始写作时,有非常实际的功利目的。刚开始时,我不知道要写什么,也没有什么自己的观点。我们的老师总是讲文学与政治相关并为它服务。1981年,很多人建议我写关于整党的小说,我于是写了别人让我写的。这个时期,我很多作品是反映为知识分子平反昭雪事件的。渐渐地,我认识到完全可以写别的东西,我于是就写了一篇叫《白狗秋千架》的小说,之后就像洪水开了闸,不再是我寻找灵感,而是它们奔涌而来,好像我写本来就在我脑中的东西,写我自己一样,我于是理解了所谓的"小说都是自传"的意思。一个作家的完整的作品就是他最好的自传,比如卢梭的《忏悔录》,我们可以发现许多真实的事件,当然也包括来自于无意识状态下的成分。这就回到了另一个问题:究竟是我写小说还是小说写我?刚开始是我写小说,后来中间有一段时间是小说写我,最后也许又回到我写小说吧。

杜特莱:通常,您的工作节奏是怎样的?

莫言:以前,在20世纪80年代,一个宿舍四个人,我每天能写一万多字,现在我用电脑,工具现代化了,也有了更充裕的时间和更好的工作环境,但是我却写不了那么多了。现在我一个人在书屋,每天写一千字都有困难!以前总是一气呵成,很少修改;可现在总是修改很多。以前是小说写我,可现在是我写小说。很难说是好还是坏。

关于《四十一炮》的一次对话

◇齐林泉

2003年8月，我在山东老家接到中国教育报社的通知来京上班。经过一周的忙碌，给莫老师发邮件并将其新著的访谈提纲发了过去：

莫老师：

您好！

我已经来报社上了一周班了。临时在理论评论部，等中层领导上岗竞聘完了后还会有调整。由于这周比较忙碌，也没顾上过去看您。等适应些我就去。

笑笑原来一直在家？我还以为她一直在学校呢。回家调整一下也好。再集中冲刺一个月，考前稍事调整就行了。千万注意身体！不要熬，每天定时最好，保证休息时间和效率。

我们一个版面可以发1000字左右。今天我跟文化部的主任说了，她说初步安排在9月1日的版面。今天我大体整理了一下，再麻烦您看一下是否可以，有没有再做处理的地方。(附件里也有)

另外，不知道您有没有近期的照片和《四十一炮》的照片，如果方便就发给我。

问师母好！

文安！

林泉

2003年8月19日

不足半月，8月18日，莫老师作了答复：

小齐，把你的问题简单地回答了。我去了大连几天，所以回答晚了，请你原谅。作为附件发给你。5000 多字，你们报纸发不了的，你可酌情删改。

山大怎么样？我给贺老师和赵学美、王美春寄去了书，寄到贺老师那里了，估计应该收到了。

管笑笑明天回山大。

下面就是这次采访的内容，但一直没能刊发出来，直至年底，根据莫言的小说《白狗秋千架》改编的电影《暖》获国际大奖后部分内容才得以见报。

莫言：《四十一炮》打造欲望时代的“英雄”

最近，著名作家莫言推出潜心两年完成的长篇小说新作《四十一炮》。这是他个人继《红高粱家族》、《食草家族》、《天堂蒜薹之歌》、《十三步》、《酒国》、《丰乳肥臀》、《红树林》、《檀香刑》后的第九部长篇小说。笔者就此进行了访谈。

一、这个历史空间里存在着一个深刻的哲学命题

记者：莫老师，恭贺您的新作《四十一炮》发行！在当代作家中，对于中国改革开放二十余年来农村社会生活变革，迄今很少有人作出一个“断代史”的审视，您选择这一题材的初衷是什么？

莫言：我没有想到“断代史”的问题。但改革开放二十年来的农村，的确发生了巨大的变化。这种变化不仅仅是物质上的，而且更重要的是观念上的。我觉得简单地去跟踪生活，并无太大的意义。许多作家已经在做这样的工作，我没有必要再去重复，而且我也未必比人家写得好。我是在考虑 20 世纪后五十年这样一个历史空间里，中国农村发生的巨大变化，这个历史空间里存在着一个深刻的哲学命题，把这个命题用小说的形式表现出来，可能会构成一部与《丰乳肥臀》对称的书。这部《四十一炮》反映的农村现实，还是片断的、表象的，远远达不到“断代史”的意义。我把小说背景放在这个时代，主要是想表现人的基本欲望在这个时代里的病态发展。

记者：从小在农村长大，对于农村生活您本来是非常熟悉的，但从 1976 年随着您离开故乡，参军入伍，后来一直在城市工作，之后的农村生活应该是您所不熟悉的，何况现在农村的小孩子跟您那代小时候也大相径庭，对于这些情况，您是怎样克服的，从而把握住了艺术真实跟生活真实之间这个度？

莫言：我参军离开家乡后的二十多年，正是家乡当然也是全国发生天翻地覆巨大变化的时期。因为我的家一直在农村，直到 1995 年才搬到北京，在此之前，我每年都有几个月的时间回故乡生活、写作，应该说不陌生。近几年回去的少了，

但因为信息畅通，也没感到陌生。我的老根在那里，回去待上几天，所有的感觉都回来了。我参军离开家乡后出生的人，现在也都成家立业了，对他们的想法，我基本上还是可以把握的。他们的想法与我们年轻时没有太大的区别，最大的区别就是他们头脑中已经没有"阶级斗争"这根弦，自然也就没有我们年轻时那么强烈的政治意识。我们那时候，每天都能感受到来自政治的压力和对于政治的恐惧，他们没有这种体验。他们现在这种强烈的商品意识和金钱意识，我完全可以理解。

记者：农村题材在您的创作中占了很重要的位置，迄今您创作的九部长篇中就有六部属于农村题材，另外三部也与农村生活紧密相连。在这些小说——当然也包括您大量的中短篇小说中，我们发现您很注重塑造农民英雄，如余占鳌、皮司令、司马库、孙丙等，并且发现您对农民英雄的态度不断在转变。可以说，从《红高粱》中的余占鳌，经《丰乳肥臀》中的司马库、《檀香刑》中的孙丙等，最后到《四十一炮》中的罗通、老兰，您的倾向性表现出一条很明显的脉络：农民英雄的逐渐陨落。这是否代表您对农业文明的一种越来越大的失望呢？

莫言：农业的自然经济受到商品经济的巨大冲击后，人们的观念必然变化。"一切向钱看"，成为势在必然。你如果不能适应这种变化，就要被淘汰。这种淘汰并不是说你会饿死，你也可以活下去，但你的生活质量就要低于别人了。更重要的是，你就会被人瞧不起。现实的例子就是我们村子里那两户响当当的老贫农。在改革开放之前，人民公社吃大锅饭的时候，他们颐指气使，非常神气。那时候他们可以干最轻松的活，但可以拿到最高的工分，工分拿得多，他们分配到的钱粮就多。每逢灾年，上级发来救济粮款，每次都是发给他们。尽管当时有一些地主富农家的生活比他们还要凄惨，但地主富农饿死是活该，没人管的。但进入20世纪80年代，首先是大包干，然后就是分田到户，地主富农也都摘了帽子成为公民，那两户老贫农的好日子也就到了头。在人民公社时期，大家都让着他们。但土地分到户后，各家过起了各家的日子，这个时候，就要看你的本事了。你要会打算，会计划，有劳动技术，有生产资本，还要有商品意识，有经济头脑。那两户老贫农，在人民公社时期给惯坏了，都是嘴馋手懒，其实他们的父母在土地改革前就是这样，要不也成不了赤贫农啊！这个时候，你舍不得往地里洒汗水，地就不给你打粮食；你如果不往地里投肥料，地也不给你创高产。结果几年过去，那两户赤贫农，又成了村子里最穷的人家。他们当年的神气，早就烟消云散了。我回家，在大街上，每次碰到他们，心中还是凉森森的，不自觉地就想靠边站定，立正，低头，弯腰，给他们让路，这是"文革"期间养成的习惯。当时他们横眉立目，说话恶声恶气，动不动就想举手打人。但现在的他们，见了我反倒低头哈腰，满嘴客气话，弄得我反倒很不习惯了。我说这些的意思是想说，每个时代都有每个时代的英雄。

当代的英雄，不像余占鳌、孙丙他们，完全是为了一口气，而不惜身家性命，现代这些，老兰一类的人物，实际上是一种生存竞争中的“适者”，谋利是他们的终极目的。

记者：我们可以在您的多部小说中看到一个个神奇的女子，从您较早的《秋水》、《红高粱》，到以后《怀抱鲜花的女人》、《夜渔》、《丰乳肥臀》等，再到《师父越来越幽默》、《沈园》、《檀香刑》，直到现在的《四十一炮》，与您对农民英雄不断转变的态度不同，她们恒久的神秘与魅力，甚至身上闪烁的死亡的诱惑，是始终如一的。二者在动与静、变与恒中，很和谐地融为一体，形成您作品主旋律中动人的二重奏，那么您是怎样来把握的呢？

莫言：小说中的女性形象，似乎有一种连贯性，仿佛是一个家族中的母女姐妹。我没有认真地考虑这个问题。也许是现实生活中缺少这样的女性，才在我的小说中出现了这样的女性吧？

我的家乡你已经去过了，根本就找不到这样的女性，都是一些普通平凡的农家女子。她们既不浪漫，也不神秘。这大概是一个作家创作心理的问题，你可以想想我们高密的民间艺术——泥塑、剪纸、年画，那种艳丽的色彩，那种夸张，那种丰腴、迷蒙。这些民间文化潜移默化的长期熏陶，形成了我的审美观。这些女子，都是梦境中的人物。

二、人的欲念发展到极致会是什么样子

记者：《四十一炮》这个故事是由一个很有趣的小孩罗小通来讲的。根据小说内容我们知道，他是1980年出生的，属于80年代的“新人类”。在这个故事中我们发现，他身上有多种教育因素起作用：父亲罗通身上的侠义、狭隘，母亲杨玉珍身上的刻薄、坚韧，老兰身上的钻营、大度，还有他们三人之间相互之间明明暗暗的争斗。在思想上经历了一系列动荡之后，他变成了一台复仇的机器，并连自己也一并毁灭了。您认为这个罗小通悲剧的根源在什么地方？

莫言：悲剧的根源，就是这个病态的、欲望横流的社会环境。罗小通如果生在另外一个村庄、另外一个家庭，那他会成为完全不同的一个人。

记者：罗小通可以说是一个没有“根性”的孩子。在父亲罗通出走之前，他与其说崇拜父亲，不如说崇尚武力和侠义，这可以从当父亲与老兰较量处于劣势时，他思想中要认老兰为父的想法中窥见，他对父亲罗通的崇拜是抱着批判态度的；在父亲出走之后，他崇尚的是“吃肉”，对于母亲苦行僧般的管制和仇恨（对野骡子和老兰的仇恨）的灌输是强烈反对和置若罔闻的；父亲归来后，在老兰的影响下，他吃上了肉，也出人头地了，同时也陷入了功利主义和自我膨胀之中，但对老兰始

终抱敌视态度,颇有些"吃肉骂娘"的味道;而当因罗通的自绝造成家破人亡后,他抛弃吃肉,而崇尚大炮的威力和毁灭的结果,从而坚决地与假想的敌人同归于尽!总的来说,众多的思想灌输造成了他信服一切又怀疑一切,从而炮轰一切,而当他怀疑的对象完全在他的主观臆想中毁灭后,他也就失去了存在的价值。不知我这样的理解是否妥帖?

莫言:实际上从父亲私奔之后,他就渐渐地对老兰产生了崇拜心理,尤其是父亲归来后,他对父亲的不满、对老兰的崇拜更是明显。他最后的复仇,其实是缺少心理动机的。他是做给那些认为他应该复仇的人看的。他的炮始终打不准目标,其实就是他心中并没有充足的理由把老兰当成敌人的表现。至于他的逃亡,如其说是他要逃脱老兰的报复,其实不如说他要逃离这个让他感到尴尬的环境。他心中始终忘不了老兰和老兰的叔叔,也就是被他当成了偶像的大和尚。

记者:对于您小说中造的两尊神,我觉得挺有意思。罗小通发誓不再吃肉了,却被立成"肉神";兰老大出家为僧了,却被立为"五通神"。

莫言:肉神和五通神,其实都是象征。这个大和尚,与其说是个人,不如说是罗小通心造的一个幻影。他在食的方面已经登峰造极,无以复加,但在性的方面,却是一片空白。所以,也可以说,那个大和尚,是罗小通的另一部分。罗小通和大和尚,最终合而为一,就是一个完整的、病态的、极致的、欲念横流时代的"英雄"。我是这样想的,但读者未必能够这样联想。罗小通在吃的方面到了极致,发誓不再吃肉;大和尚渔色到极致,被打去男根。一个想出家,一个已经出家,我这样写,是想表达一个与佛教有关的观念:只有从红尘中滚出来,才能最终看破红尘。满脑子欲念没有满足,是很难看破的。

记者:罗小通在80年代的新人类中,应该是不同于其他一些作家笔下和现实生活中的"新新人类",也就更不同于这批80年代出生的人,像郁秀、韩寒、张悦然、郭敬明等写的有些自传性质的小说中的自己,他算是同代人中一个特立独行的人物。您是怎样看待罗小通同这一代人整体之间的不同的?

莫言:罗小通实际上是一个没有特别明确的时代特征的人物,跟那些少年作家笔下的人物很不一样。他们的人物因为与个人生活密切相关,所以时代感很强,而罗小通基本上是我想象出来的人物,把他放在别的年代,也不是不可以。因为我最终要表现的并不是时代,而是人的基本欲念的病态发展,或者是说人的欲念发展到极致会是什么样子,会导致什么后果。

记者:您认为这代人应保持怎样的心态,来为自己寻找怎样的出路,才是一种理想的状态?

莫言:人的心态,不是靠别人的指点产生的。这与个人气质、社会环境密切相关。我相信每一代人都有自己的活法，前辈的经验，只能参考。现代人面临激烈的竞争，这似乎是压力。但我们那时候，得不到竞争的机会，也很痛苦。明明我很聪明，但却因为家庭出身不好，没有资格考大学，没有资格从政，只能被困在那块命定的土地上，苦熬到老，这也很残酷。人的一生，需要两种心态：一个是奋斗，不满足；另一个就是知足常乐，随遇而安。这两种心态都需要。

三、小说毕竟不是西洋的古典音乐

记者：对于小说题目，您曾经一度以一系列植物（红萝卜、红高粱、草、蒜薹等）和土地等自然意象为题引人注目，而最近的两部长篇，则以后天的人造意象作为题目——《檀香刑》和《四十一炮》。特别是前者的"刑"，是一种通过强烈侵犯他人肉体来迫使他人改变意志的行为；而后者的"炮"，则是一种通过强烈熏染他人精神来影响他人意志的行为：二者形成一种很好的对称或排类。您的这种选择题目的转变，是否代表了您对于自己创作主题的转变？

莫言：我真的没有想到这些。小说的名字，有时候是在写作前就确定了，有的是在小说写好后才定下来的。但潜意识里是不是有你分析出来的这些东西呢？我觉得你分析得似乎也有道理，而且很有意思。

记者：在《四十一炮》中，您采用了您曾惯常用的"儿童视角"。这部小说中的"儿童视角"的运用与以往有什么不同？

莫言：在这部新书中，这个叙事者，从年龄上讲，已经是个成人，但从心理上，他还是个儿童，或者说他还保留了许多儿童心态。而他滔滔不绝地讲述的，是他少年时期的往事。这就与我过去的小说中那些用儿童的眼睛看世界、用儿童的腔调描述世界的"儿童视角"有了区别。

记者：我们看到小说的全篇，由代表"食"的肉神和代表"色"的五通神之间两天两夜不间断的对话，来贯穿发生在这个地方前后七十年左右的故事，这样，时空的浓缩与蔓延读来张弛有序。但对于小说中的五通神原型兰老大的故事，相对于肉神原型罗小通的故事，是不均衡和不协调的，这是您的一个疏忽呢，还是有意为之？

莫言：这部小说基本上是两个时空。一个是语言的时空，这个时空里发生的是罗小通的少年往事，用的是比较写实的笔法，似乎是煞有介事。但到了最后这个时空也进入了梦幻状态，最典型的就是他开那四十一炮。第二个时空，是想象的或是幻觉的时空。这个时空中笼罩着一种梦幻般的气氛。发生在这个时空中的故事，既有眼前的事，譬如大道上的游行队伍，对面草地上的烤肉夜市，又有几十年前上海滩上的往事，还有大和尚和他自己身体的感受与描写。这部分内容庞杂，时间颠倒往复。你感到的不均衡和不协调大概由此发生。但我觉得小说毕竟不是西洋的古典音乐，要讲究各部分之间的均衡，小说中假如有几个部分，而这几个部分是紧密地结合在一起的，不是硬贴上去的就好。

记者：我很欣赏您小说的语言，您确实在这方面像您的题材一样形成了自己的风格。但这部小说的语言与《红高粱》时期您五味杂陈、色彩斑斓的语言不同，它句式简单，指向明确；与《檀香刑》的戏曲语言也不一样，它新鲜生动，简洁干净。如描写低矮土墙外的原野："那里太阳正在往高里爬，大地一片辉煌。麦苗子碧绿，野花开放，发出清香，云雀在玫瑰色的天空中歌唱。"这样的句子让我经常想到小学《语文》课本上的课文。我知道您上到小学五年级就辍学了，在文化条件极差、没有几本书可看的农村，那时的课本成为您阅读学习的主要资料，这样，在创作过程中，您是否有意在小说中创生一种"课本语言句式"呢？

莫言：我在语言上，一直试图求变。许多人认为我只能用那种泥沙俱下的语言来写作，这次我有意识地使用比较干净、简洁的语言，但肯定不是"课本语言句式"。也许在下部书里，我的语言又会有些变化。

记者：从您很多作品中，我们看到您对教育的关心，我们也从一些媒体报道中，了解到您多次出资捐建希望小学。从您个人角度看，您希望现在的孩子应该接受什么样的教育最合适？

莫言：我对教育的关心，大概是因为我少年时丧失了受教育的机会。至于现在的孩子应该受什么样的教育，这是一个专业的问题。我相信我们的许多教育专家已经为这个问题绞尽脑汁。也就是说，我们现在的教材、教育体系，是几代人努力探索、实践的产物，已经很好。当然也会有一些不尽如人意之处，但我确实看不出来。前几年《北京文学》等媒体发起语文教育大讨论时，我很关注，并且也曾经写过一篇文章。那次讨论发挥了积极作用，许多建议已经付诸实施，教材也作了大幅度的调整。

与莫言畅谈文学创作二十年

◇齐林泉

2003年10月底，我又等来了莫言的好消息，尽管他从从事创作以来每年都有这样那样的奖项获得。

林泉：

您好！

我去了一次浙江，刚刚回来。最近没有什么事情，今天下午去参加了一个活动，是根据我的小说《白狗秋千架》改编的电影《暖》入围了东京电影节，中央台电影频道要跟踪拍摄，提前在京搞一个新闻发布会。巩俐是这次电影节的评委会主席，他们好像寄予希望，这是中国唯一一部参赛片。如果该片能获得大奖，这倒是一个可以利用的机会。11月电影节开幕，结果大概会在上旬出来，那就等候一下看看吧。

下午还去北京大学参加了一个活动，是哥伦比亚大学的王德威和北京大学的陈平原联手搞的一个关于老北京的研讨会，来了很多海外的汉学家。山大也有人来，跟我说话，但我记不起他叫什么名字了。

另外，你下次来时，把上次使用的照片带回来。如果没用完，放在那里继续用。家里有些新的刊物，你可以来拿走。

这部电影最终顺利获奖。我的采访提纲也及时作了出来。由于莫老师当时要匆匆赶往深圳，并不是所有的问题都作了回答。他允诺，如果不急，等他回来再说。

11月10日，他回来后就发邮件给我：

林泉：

您好！

我昨天很晚了才从汕头大学回来，他们让我去讲课，聘我当什么教授。没有办法。

这几天我就要到山大去，没有太多时间回答你的问题了。你整理补充一下吧。如果不够，在背景文字中添加一些吧。

我把稿件细致作了整理，在《中国教育报》2003年12月9日发表，下面是全文：

莫言：追忆与青春

近日，莫言凭长篇小说《檀香刑》全票入围茅盾文学奖。这是他半个月内第三次让人瞩目，也是本年度继长篇小说《四十一炮》发行、历史话剧《我们的荆轲》问世后，在年底再次成为新闻热点人物。

11月9日，在第16届东京国际电影节上，根据莫言小说《白狗秋千架》改编的电影《暖》，获得金麒麟大奖。此前四天，在第12届中国金鸡电影节上，该片获得七项提名，并最终获得最佳故事片大奖。该影片是继1987年张艺谋执导、巩俐主演的《红高粱》获柏林金熊奖，1995年严浩执导、张瑜主演的《太阳有耳》获柏林银熊奖之后，再次获得国际电影节大奖的改自莫言小说的电影。

《白狗秋千架》讲述了一个回乡探家的青年男子，遭遇初恋情人后的种种心路历程。它写于1984年，是莫言踏入文坛不久后的作品。当时他29岁，刚由部队考进解放军艺术学院文学系，是小学五年级就失学的他多年的大学梦夙愿已偿之时。这个故事曾被他写成记叙寒假中回乡偶遇童年伙伴的散文，是刚刚脱离农村几年的莫言青春生活的一个片段。

近二十年的时间，是一个漫长的过程，一个人足可以让他的青春绚烂如花，本刊就此话题，对莫言进行了独家访谈。

一、青春最大的痛苦是压抑

记者：莫老师，首先祝贺改编自您的小说的电影《暖》在东京国际电影节和中国金鸡电影节上连获大奖！这部电影诗意、散淡的风格跟曾同获国际电影节大奖的《红高粱》和《太阳有耳》的红火、浓烈的特点很不一样，能谈谈您这部小说的创作情况以及与另外两部小说的不同吗？

莫言：这部小说写于1984年，那时我还在解放军艺术学院学习。这部小说对于我有特殊的意义。小说中第一次出现了“高密东北乡”这个文学地理概念。从此之后，我的小说有了一个自己的“王国”。

这部小说是一部游子返乡的小说，延续了自鲁迅那代作家开始的一个古老的主题。其中提到了一个“纯种”的概念，在后来的《红高粱》中得到了进一步的发挥。

记者: 曾经看过《白狗秋千架》之前您写的一篇与这个故事相同的一篇散文,不管这个故事到底有没有发生在您身上,您对这种青春的情感毕竟是真实的,相信你们那一代也确实经历了这样的青春。现在过去大约二十年了,您对此有什么特殊的感怀吗?

莫言: 那篇散文实际上是一篇课堂作业。基本上是虚构。但我有一个小学同学的确一胎生了三个女孩。我回家时也没有见过她,只是听母亲说起过她。后来就生发成了《白狗秋千架》这样一个故事。

记者: 20 世纪 80 年代初期,你们那一茬作家这样的青春故事还很多,像郑义的《老井》、路遥的《人生》,这两部小说也都被改编为电影。其中,《老井》1987 年就获得了东京电影节大奖。您的这个爱情故事与他们的相同与不同在哪里?

莫言: 我这个故事比他们的故事更温馨一些,时代背景也往后推移了一些。这是一种淡淡的忧伤,其中包含着人生的诸多无奈。不像你说的前面那两部小说那样沉痛。

记者: 除了《白狗秋千架》,像《欢乐》、《爆炸》、《球状闪电》也是您感怀青春的小说吧? 不过《欢乐》中的青春好像更加残酷。

莫言: 你提到的这三部中篇是我在艺术上最离经叛道的作品,感觉犹如洪水漫溢。至于个人的青春岁月,与这三部小说的关系并不是太直接。

记者: 青春可以说是每个古今中外的作家都无可回避的母题。在您的视野范围之内,您认为所有青春共同的苦难是什么? 共同的梦想又是什么?

莫言: 青春是说不清楚的一个阶段。但我们这个年龄段的人,青春期最大的痛苦是压抑。这有政治的原因,也有家庭的原因,还有愚昧的原因。至于梦想,当然很多。我们那时的梦想也是与政治紧密联系的,连爱情也是涂抹着政治色彩的。

二、人的一生,需要两种心态

记者: 同青春小说相比,您童年视角的作品好像更多一些。

莫言: 我的青春小说和童年视角小说,好像很难区分。我小说中的孩子都是早熟的,而小说中的青年,往往都是没长大的孩子。

记者: 您今年刚刚完成的长篇小说《四十一炮》,这个故事是由一个很有趣的小孩罗小通来讲的。根据小说内容我们知道,他是 1980 年出生的,属于 80 年代的"新人类"。在这个故事中我们发现,他身上有多种教育因素起作用:父亲罗通身上的侠义、狭隘,母亲杨玉珍身上的刻薄、坚韧,老兰身上的钻营、大度,还有这三人之间明明暗暗的争斗。在罗小通思想上经历了一系列动荡之后,他变成了一台复仇的机器，并连自己也一并毁灭了。您认为这个罗小通悲剧的根源在什么地方？

莫言：悲剧的根源，就是那个病态的、欲望横流的社会环境。罗小通如果生在另外一个村庄、另外一个家庭，那他会成为完全不同的一个人。

记者：罗小通可以说是一个没有“根性”的孩子。在父亲罗通出走之前，与其说他崇拜父亲，不如说崇尚武力和侠义，这可以从当父亲与老兰较量处于劣势时，他思想中要认老兰为父的想法中窥见，他对父亲罗通的崇拜是抱着批判态度的；在父亲出走之后，他崇尚的是“吃肉”，对于母亲苦行僧般的管制和仇恨（对野骡子和老兰的仇恨）的灌输是强烈反对和置若罔闻的；父亲归来后，在老兰的影响下，他吃上了肉，并出人头地，同时也陷入了功利主义和自我膨胀之中，但对老兰始终抱敌视态度，颇有些“吃肉骂娘”的味道，而当因罗通的自绝造成家破人亡后，他抛弃吃肉，而崇尚大炮的威力和毁灭的结果，从而坚决地与假想的敌人同归于尽！总的来说，众多的思想灌输造成了他信服一切又怀疑一切，从而炮轰一切，而当他怀疑的对象完全在他的主观臆想中毁灭后，他也就失去了存在的价值。不知我这样的理解是否妥帖？

莫言：实际上从父亲私奔之后，他就渐渐地对老兰产生了崇拜心理，尤其是父亲归来后，他对父亲的不满、对老兰的崇拜更是明显。他最后的复仇，其实是缺少心理动机的。他是做给那些认为他应该复仇的人看的。他的炮始终打不准目标，其实就是他心中并没有充足的理由把老兰当成敌人的表现。至于他的逃亡，与其说是他要逃脱老兰的报复，其实不如说他要逃离这个让他感到尴尬的环境。他心中始终忘不了老兰和老兰的叔叔，也就是被他当成了偶像的大和尚。

记者：罗小通在80年代“新人类”中，应该是不同于其他一些作家笔下和现实生活中的“新新人类”，也就更不同于这批80年代前后出生的人，像郁秀、韩寒、张悦然、郭敬明等写的有些自传性质的小说中的自己，他算是同代人中一个特立独行的人物。您是怎样看待罗小通同这一代人整体之间的不同的？

莫言：罗小通实际上是一个没有特别明确的时代特征的人物，跟那些少年作家笔下的人物很不一样。他们的人物因为与个人生活密切相关，所以时代感很强，而罗小通基本上是我想象出来的人物，把他放在别的年代，也不是不可以。因为我最终要表现的并不是时代，而是人的基本欲念的病态发展，或者是说人的欲念发展到极致会是什么样子，会导致什么后果。

记者：您认为这代人应保持怎样的心态，来为自己寻找怎样的出路，才是一种理想的状态？

莫言：人的心态，不是靠别人的指点产生的。这与个人气质、社会环境密切相关。我相信每一代人都有自己的活法，前辈的经验，只能参考。现代人，面临激烈的竞争，这似乎是压力。但我们那时候，得不到竞争的机会，也很痛苦。明明我很聪明，但却因为家庭出身不好，没有资格考大学，没有资格从政，只能被困在那块命定的土地上，苦熬到老，这也很残酷。人的一生，需要两种心态：一是奋斗，不满足；二是知足常乐，随遇而安。这两种心态都需要。

三、20世纪后五十年中国农村发生的变化

记者：同一个人一样，一个民族也是处于不停的成长过程之中，然而，与人的不断远离自己的青春不同，这二十年，我们的民族可以说日渐重新焕发青春。在当代作家中，对于中国改革开放二十余年来农村社会生活变革，迄今很少有人作出一个“断代史”的审视，您选择这一题材的初衷是什么？

莫言：我没有想到“断代史”的问题。但改革开放二十年来的农村，的确发生了巨大的变化。这种变化不仅仅是物质上的，而且更重要的是观念上的。我觉得简单地去跟踪生活，并无太大的意义。许多作家已经在做这样的工作，我没有必要再去重复，而且我也未必比人家写得好。我是在考虑20世纪后五十年这样一个历史空间里，中国农村发生的巨大变化。这个历史空间里存在着一个深刻的哲学命题，把这个命题用小说的形式表现出来，可能会构成一部与《丰乳肥臀》对称的书。这部《四十一炮》反映的农村现实，还是片断的、表象的，远远达不到“断代史”的意义。我把小说背景放在这个时代，主要是想表现人的基本欲望在这个时代里的病态发展。

记者：从小在农村长大，对于农村生活您本来是非常熟悉的，但您从1976年离开故乡，参军入伍，后来一直在城市工作，之后的农村生活应该是您所不熟悉的，何况现在农村的小孩子跟您那代小时候也大相径庭，对于这些情况，您是怎样克服的，从而把握住了艺术真实跟生活真实之间这个度？

莫言：我参军离开家乡后的二十多年，正是家乡当然也是全国发生天翻地覆巨大变化的时期。因为我的家一直在农村，直到1995年才搬到北京，在此之前，我每年都有几个月的时间回故乡生活、写作，应该说不陌生。近几年回去的少了，但因为信息畅通，也没感到陌生。我的老根在那里，回去待上几天，所有的感觉都回来了。我参军离开家乡后出生的人，现在也都成家立业了，对他们的想法，我基本上还是可以把握的。他们的想法与我们年轻时，没有太大的区别，最大的区别就是他们头脑中已经没有“阶级斗争”这根弦，自然也就没有我们年轻时那么强烈的政治意识。我们那时候，每天都能感受到来自政治的压力和对于政治的恐惧，他们没有这种体验。他们现在这种强烈的商品意识和金钱意识，我完全可以理解。

记者:农村题材在您的创作中占了很重要的位置,迄今您创作的九部长篇中就有六部属于农村题材,另外三部也与农村生活紧密相连,在这些小说——当然也包括您大量的中短篇小说中,我们发现您很注重塑造农民英雄,如余占鳌、皮司令、司马库、孙丙等,并且发现您对农民英雄的态度不断在转变。可以说,从《红高粱》中的余占鳌,经《丰乳肥臀》中的司马库、《檀香刑》中的孙丙等,最后到《四十一炮》中的罗通、老兰,您的倾向性表现出一条很明显的脉络:农民英雄的逐渐陨落。这是否代表您对农业文明的一种越来越大的失望呢?

莫言:农业的自然经济受到商品经济的巨大冲击后,人们的观念必然变化。你如果不能适应这种变化,就要被淘汰。这种淘汰并不是说你会饿死,你也可以活下去,但你的生活质量就要低于别人了。更重要的是,你就会被人瞧不起。现实的例子就是我们村子里那两户响当当的老贫农。改革开放之前,在人民公社吃大锅饭的时候,他们颐指气使,非常神气。那时候他们可以干最轻松的活,但可以拿到最高的工分,工分拿得多,他们分配到的钱粮就多。每逢灾年,上级发来救济粮款,每次都是发给他们。尽管当时有一些地主富农家的生活比他们还要凄惨,可地主富农饿死是活该,没人管的。但进入 80 年代,首先是大包干,然后就是分田到户,地主富农也都摘了帽子成为公民,那两户老贫农的好日子也就到了头。在人民公社时期,大家都让着他们。但土地分到户后,各家过起了各家的日子,这个时候,就要看你的本事了。你要会打算,会计划,有劳动技术,有生产资本,还要有商品意识,有经济头脑。那两户老贫农,在人民公社时期给惯坏了,都是嘴馋手懒,其实他们的父母在土地改革前就是这样,要不也成为不了赤贫农啊!这个时候,你舍不得往地里洒汗水,地就不给你打粮食;你如果不往地里投肥料,地也不给你创高产。结果几年过去,那两户赤贫农又成了村子里最穷的人家。他们当年的神气,早就烟消云散了。

四、我消解悲壮,其实正是怀念悲壮

记者:虽然还没有公演,但我还是有幸先拜读了您的历史话剧《我们的荆轲》剧本。我最深刻的感受就是您把大家耳熟能详的易水悲风的英雄故事,以新的视角映射成现代人生活的一种悲剧,让荆轲形象成为我们在当今社会中或尴尬或无奈真实处境的写照。这些与以上所谈的物欲相比,好像更强调了社会中人们对于名的畸形追求,以及这种追求对于当事人及社会的伤害。您是否想以此警世,让个人和社会回到一条更加健康的轨道上来?

莫言:这部话剧,我是当讽刺剧写的。但到中间,沉痛的反思就出现了。尤其

是到了燕姬和荆轲长夜对谈那一节，我感到荆轲向我打开了他的内心，突破了我为他设置的思想境界。我没有想利用一部话剧来警世，只是想对这段传奇历史给予我自己的理解。

记者：就像荆轲临行前所唱的，“宝剑出鞘兮箭上弦～～壮士欲行兮心茫然～～心茫然兮仰天叹～～雁阵声声兮泪潸然～～”，抱着这样的心态去做一件事情，无论对于一个人还是一个民族，后果是可想而知的。

莫言：悲壮的情怀，其实是一种古典的浪漫情怀。这种情怀在现代已经不太多见，而且也不太需要。我消解悲壮，其实正是怀念悲壮，感慨现实的轻浮。

记者：另外，燕姬在回顾自己的爱情时，引用了一个发人深省的典故：女人的感情不是永不枯竭的喷泉；女人的感情是金丝燕嘴里的唾液。这种华贵的小鸟，它的唾液只能垒出两个晶莹的燕窝；到了第三个，它吐出的全是鲜血。对此我印象非常深刻，我想这里面不止是爱情的内容，还含有更深一层的付出与回报、诚信与失信、希望与失落的问题，可以这样考虑吗？

莫言：这不是什么典故，只是我随机想到的一个比喻。其实，第二个燕窝已经掺杂着很多杂质了。

记者：最后，回到我们的青春话题。就像您的《白狗秋千架》，追忆青春是为了反思和汲取青春中最有价值的东西一样，您的创作同样给我们每个人提供了这样一个追忆的时刻，谢谢您！

从2000年8月底到2003年这篇访谈做完的12月上旬，和莫言老师共同走过了三年多时光的校园师生之旅。在这段旅程中，他把我所就读的中国当代文学专业中和我个体生命生活中最为瑰丽的风景，以最为平淡与亲切的方式，润物无声地丝丝渗入进我那些校园中青春的日子，潜移默化地渗入到我不断前行的脚步中，让我的人生永远为善感动，永远为勇前行，永远用心谦卑地紧贴大地，扎根大地，不屈不挠地生长，生长，也从不放弃充满激情的为生命歌唱……

2003年12月2日11点40分，像往常一样收到莫老师的邮件：

林泉：

您好！

稿子看到了，我正在修改。你晚上过来吃饭吧。

莫言走进“第四时代”

◇齐林泉

2003年中秋，在莫老师家过了来京后的第一个中秋节。由于我临时寄宿在正在中宣部借调的大哥托身的统战部小宾馆内，每天去在小西天附近的报社，莫言老师家门口是必经之路。有那么几次真的就在他家南面的平安大街的十字路口碰上了。记得有一次，我骑车路过这里，他刚刚从单位回来，站在那里等红绿灯。我叫了他，他很高兴。刚刚理过发，在秋阳里显得特精神，笑得特开心。

那段时间，周末没事我就往莫老师家跑。有时莫老师在家，我们就喝茶聊天讲故事，他总有讲不完的故事；有时候莫老师不在家，就跟师母聊。在异乡的首都北京，我俨然有了一个温暖的家，还是恩师的家，大师的家。

2003年秋天，那是一段多么幸福的日子啊！

国庆节后，我搬离住处，在工作的中国教育报社附近租房，不再每天上下班骑车路过莫老师家门口，心里想起来就有些失落，感觉一下子远了很多。有一天，发了邮件过去：

莫老师：

您好！

好久没有联系了，最近好吗？昨晚还梦见您了呢！

《我们的荆轲》什么时候演出？是不是演过了？如果错过了，就太可惜了！

《中国教育报》文化周刊部的梁主任问我，最近您有什么活动或关于您有影响的事件，好借一个新闻由头把上次采访做一个整版推出来。我想如果有这方面的信息，能否提供给我？

最近，受我们报读书周刊的张圣华主任（您给他书的那个老乡）之托，我还写了一篇关于您的创作的文章（在第一个附件里），如有时间，请您指教一下吧。

9月份我们终于完成青年思想家网站(http://www.yh1.sdu.edu.cn)的改版工作,有关您的专栏希望以后能够多多给我们提供信息。

最近在网上几次浏览到有关笑笑的网页(第二个附件),她在媒体中正渐渐受到关注。如果充分利用,这对于她以后的创作应该是极有利的吧。不知她现在考试如何了?

天气多变,注意身体!代问师母好!

健康快乐!

林泉

2003年10月23日

信中提到的关于莫言创作的文章,基本上是对2003年莫言创作在我眼里的总结,原文如下:

2003,莫言走进"第四时代"?

2003年后的莫言,以长篇小说《四十一炮》(春风文艺出版社2003年版)、短篇小说《木匠与狗》(《收获》2003年第5期)、话剧《我们的荆轲》(空军话剧团即将在京公演),呈现出耀目的新貌。那么,莫言是否走出了他以前的创作时代?他要走向哪里?

《四十一炮》是善写农村的莫言,第一次把触角伸展到20世纪90年代北方非农化状态下的农村,创造了以往作品中从没有过的老兰、罗通这样的农民形象。他们秉持着当代民间崭新的道德尺度,展开了对肉欲的多重追求。小说通过大和尚的故事对应所展示的"镶嵌"技术的创生和通过"炮"——说话无边无沿、信口开河——的叙事腔调和视角,被莫言引为其变化所在。同样写农村生活和采用少年视角的《木匠与狗》,是一部年代有些模糊、但故事的盘根错节很清晰的故事。齐国故地农村旧风情和故事本身透出的年轮沧桑,凝于乡村版画般画面的粗朴质感之中。我们从中体味到的是生存的艰辛、生命的残酷和幸存者的无耻与麻木。与以上小说迥异的历史话剧《我们的荆轲》,是莫言继2000年《霸王别姬》后的第二部话剧。莫言亦庄亦谐、风情并茂,把耳熟能详的易水悲风英雄内涵,以崭新视角阐释为现代生命的悲凉歌吟,让荆轲走进了我们的人格,化为我们在当今社会中或尴尬或无奈处境的真实写照,揭开了英雄诞生的新谜底。

1973年冬,18岁的农民莫言开始了艰难的创作生涯。十二年里,他秉着编故事的天赋,以中国古典小说、红色经典小说和苏联社会主义经典作品为主要范本,走上了文坛。这就是他的第一个时代——模仿经典时代。此时创作一般是手法写实、色调明朗的赞歌模式，即便如此，还是表现出了莫言卓尔不群的想象力和驾驭语言的才能。巨变发生在1984年秋，他由部队考入解放军艺术学院后，短篇小说《透明的红萝卜》开启了他第二个时代——试验先锋时代。这篇小说不但开启了他故乡记忆的资源，还是他找到自己、跃入文学先锋之列的第一部作品。在这个十二年里，青春莫言尽展才情。他激情澎湃、才气风发，以中篇小说《红高粱》为旗帜，形成了天马行空、生猛茁密、丰厚驳杂的“莫言体”。1994年丧母的悲郁，使他酝酿十年的长篇小说《丰乳肥臀》(中国工人出版社2003年最新增补版)诞生，成为他第二和第三时代——回归民间时代的分水岭。在这部小说之后，莫言渐离了家族、民族、人类、历史等看似宏大的主题，以小人物简单而苦涩的民间常态生活，深入到更广阔、更丰富的大社会里。清寒的冷静和犀利的睿智，把他磅礴的激情，沉潜成水底洪流，暗涌着不易察觉的大波。

莫言从没按既定规则创作，而是始终在创造规则。在第一时代，他开创性地抛开单纯的阶级宣传，从叙写生命的深刻体验出发，开启了淡化故事情节、强化氛围和营造意象的创作方法；进入第二时代，由对“种”的讨论，以书写民间传奇之笔，肯定了求生保种的合理和顽守生命过程的伟大，创作观念和方法上也由此衍生出具有重大文学意义的“新历史主义”(张清华:《十年新历史主义文学思潮回顾》)、“隔代记忆(用晚辈回忆长辈的视角，打通历史与现代之间的屏障)”、“多意象互动(多种不同甚至截然相对的意象堆积，以不相容的状态在多元反差、互动中呈示本真的句式)”、“多官能通感(主体多种深切的生命体验与客体的自然万物感觉交融)”等；第三时代同样是生存和生命主题，但传奇的轻灵被日常的滞重代替，草莽英雄被市井凡人代替，丰茂芜杂的叙述也被单纯明净的表达代替。作品内部细处的变数和跃动较前期明显少了，但从整体上却有增无减，句式的“多意象互动”转入了像《儿子的敌人》、《檀香刑》等这样结构的“对立主题或多主题互动”。

用以上各创作时代对应莫言今年的作品。《四十一炮》一贯以之的“炮腔”与各种欲望的纠缠、《木匠与狗》始终苍翠的语调与错杂的故事、《我们的荆轲》单纯完整的情节和现代世俗心理的多声部剖白，基本吻合了他第三时代在单纯明净的表达下，对立主题或多主题的互动特征。这表明几部作品均未在大的方面形成对他第三时代的全面突破，但也的确没有再回到他第一时代明朗的赞歌特征的和第二时代的天马行空、汪洋恣肆，而是从局部的创新依旧不折不扣地显示出莫言大家的实力和气魄。

莫言曾说:“凡是作家都应该有这种写大作品的欲望，这种欲望催着你，逼着你努力，做梦都想写出一部伟大的作品”，“具有历史性的集大成的作品，非常厚重，像高山、大海一般宽阔的作品”。愿莫言好梦成真！

一如既往，发出信件不久，我收到莫老师的回信：

林泉：

您好！

荆轲还没上演，因为剧场排不上号，大概要到明年1月份，谁知道呢，也许到时再往后推延。文章和笑笑的网页看了。小孩子的事，随她去吧。她的阅读量太小，对现当代文学缺课较多，应该赶快补课。

莫言："把自己当罪人写"

——与莫言对话茅盾文学奖作品《蛙》

◇兰传斌

山东籍著名作家莫言酝酿十余年，笔耕四载，三易其稿，其长篇力作《蛙》荣获第八届茅盾文学奖。获奖后，莫言接受了本报记者独家专访。

《蛙》获得茅盾文学奖之后，莫言同师生们在一起

记者：莫老师，您好！您的长篇力作《蛙》荣获茅盾文学奖，祝贺您！

莫言：谢谢！也通过《大众日报》向关心我的读者朋友们问好！

记者：《蛙》是一部很独特的作品。为了它，您酝酿十余年，笔耕四载，三易其稿，用力很深。仅这一点，就与您以往写作的汪洋恣肆、一气呵成大不相同。对您

而言,《蛙》有什么特别之处,让您这样用力?

莫言:相对于《生死疲劳》等作品,《蛙》第一是篇幅小,第二是写得慢。但说慢其实也不慢。第一稿15万字,《生死疲劳》之前已经写出,那是2004年时。写到15万字,遇到很大的障碍,这个障碍就是我自己失去了信心。我感到自己还没找到最好的结构方式,于是就放下,先写《生死疲劳》。到了2008年,翻看旧稿,全盘否定,另起炉灶。不仅结构有了颠覆性的变化,连语言风格也由华丽而归为素朴。为什么要改华丽为素朴?这大概是题材自己的要求,我只是顺着感觉写。这一稿写完后,让我在山大带过的研究生赵学美录入电脑。然后在电脑里反复修改。可谓字斟句酌。后来将稿子给了《收获》杂志和上海文艺出版社。责任编辑廖西湖和曹元勇都提出过很好的意见。我综合他们的意见进行了修改。

记者:这也正应了那句话:作品是作家的血与泪。既然如此,《蛙》在您心中肯定有一个独特的位置?

莫言:《蛙》在我的写作历史上占有重要的位置,是我比较满意的一部作品。因为这是一部开始执行自我批判的作品,是我提出的“把自己当罪人写”的文学理念的实践。

在小说里面,我写到了“忏悔”这个问题。话剧部分借“姑姑”之口说“罪是不可赎的”,犯下了罪就是客观存在的,只能在罪过的基础上做一些好事,要想弥补是不可能的,自杀也不是悔罪的方式,自杀是逃避;犯了罪要经历灵魂的煎熬,一直到生命的尽头。在《蛙》里,杉谷义人主动为父谢罪,是一种主动承担的态度,这一点是当代知识分子比较缺乏的。关于忏悔,在蝌蚪身上的表现也是极为充分的。

记者:我很感兴趣的是《蛙》里“姑姑”的形象。其实,“姑姑”在您的作品里我也曾相识,比如短篇小说《弃婴》,“姑姑”也是一位妇产科大夫。

莫言:《蛙》之所以是我比较满意的一部作品,也是因为“姑姑”这个人物塑造得比较成功。正如你所说,在《弃婴》、《爆炸》这些我早期的中短篇小说中,都出现过一个妇产科医生“姑姑”的形象,但都是一鳞半爪的闪现。许多作家的长篇小说中的典型人物,都曾在他的早期作品中露过头角,这是一件很有研究价值的事,从中可以发现人物成长的过程。《蛙》看起来是在写计划生育、妇科医生,但实际上写的是整个社会。“姑姑”的精神历程,实际上也是一代知识分子的精神历程。各行各业,都有“姑姑”这样的人物,只不过,在生育这个领域里,触及到的问题更加刻骨铭心。

记者:在《蛙》这部书里,“姑姑”的形象尤其引人注意而又难以琢磨:既是生命的守护者,又“沾满了血污”;既道骨仙风,又铁面无情。在您看来,“姑姑”到底是什么样的形象？您认为，郝大手和他的雕塑，算是她的精神归宿吗？

莫言：前些天我去日本，参加日文版《蛙》的发行仪式。很多记者在采访时，都提到了小说中的"姑姑"和现实生活中我的一位做了一辈子妇科医生的姑姑的关系。因为2002年春节期间，日本NHK电视台到高密来录制我的节目，邀请了大江健三郎先生作嘉宾。在高密期间，大江先生问我的下部小说写什么，我说很可能会以我姑姑的生活为素材写一部小说。大江先生听我简要地介绍了我姑姑的故事，很感兴趣，希望能见见我姑姑。我带他拜会了我姑姑。我姑姑是很健谈的人，讲起话来绘声绘色、眉飞色舞。她讲到自己在寒冬腊月里，为赶时间，骑着自行车在结了冰的大河上疾驰，去给产妇接生。这个细节给大江先生留下很深刻的印象，他在好几次演讲中都提到过。我对日本的记者说，现实生活中的姑姑跟小说中的"姑姑"，具有很大的差别，小说中的"姑姑"的情感经历基本上都是虚构的。可以说我是将发生在许多妇科医生身上的故事融合在了一起，我是把在中国三十年来的计划生育工作中发生的故事融合在了一起。

人有罪，天知否？我们希望天能知，于是就有了罪感和救赎的愿望。"姑姑"晚年的行为，实际上是一种象征的意义。她自己也未必相信，那些泥塑的孩子，真的会有魂灵。

记者：您在讲故事方面的才能之高超，早已为人所注意。但是，我也注意到，您在讲故事的同时，也在顾盼社会历史，体味人间冷暖。比如，《天堂蒜薹之歌》、《生死疲劳》，反映的主题都是沉重而深刻的。我认为，这一方面也理所应当是莫言作品的重要素质。

莫言：讲故事和关心现实丝毫不矛盾。但让小说高于故事层面，是一部好小说的追求。而小说家"关心现实"，并不是一种态度，而是一种自觉。我反对那种摆出一副"关心现实"的架子借以唬人的行为。另外，"关心现实"也不是比大胆。

关于对现实问题的关注，我想这是我几十年来创作一以贯之的风格或特点。《天堂蒜薹之歌》就是源于农民烧了县政府这个现实事情；《酒国》即便富有荒诞的色彩，但仍旧是关注现实的；《生死疲劳》是对土地的关注，20世纪80年代的改革使土地问题遇到了瓶颈，只有当农民热爱土地时，农业才能得以发展，这是我多年农村生活得出的结论。

但是，现实促使作家拿起笔来写作的结果，则是远远大于这个素材的，远远超过了最初的灵感，否则它就类似于一篇新闻报道。比如《生死疲劳》，我不敢说我的小说就是好的小说，但我认为好的小说应该来自于现实又超越现实，作品表现作家的思想但又超过作家的思想，这是一种理想的创作状态。

记者：至于《蛙》的主题，引发了很多读者和评论家的关注乃至争论。作为作

者，您把《蛙》的主题关注点究竟放在什么地方？

莫言：我是希望读者不仅看到计划生育，也能看到人性灵魂深处的东西。如果读者能感受到，就说明我的小说成功了，否则就没有成功。

作家要写的东西，应该是与作家的生命紧密相连的。即便是一个外来的故事素材，在真正写作时，所调动的也是作家的生命经验。《蛙》似乎触及了计划生育这个敏感题材，为什么敏感？因为外国舆论对中国的计划生育多有批评。但我写的时候根本没有考虑这些问题，我是从人物出发的，因为现实生活中有一个姑姑在那里，是她将我接生到人间，是她将我的女儿接生到人间，是她将我们高密东北乡的数千个婴儿接生到人间。她与我的生命和生活都有密切的联系。我写姑姑，是一种责任。至于计划生育，那是人物生存的背景。

最近，我女儿在高密生孩子，是我姑姑在县医院产科当主任的女儿将我的外孙女接生到人间。在迎接一个新生命、呵护一个小生命的过程中，我非常感动。我想，如果现在让我再写一遍《蛙》，可能会写得更好一些。

记者：提起莫言，就不得不提高密东北乡，《蛙》也是如此。作为创作源头和题材寄托地，高密东北乡还是那个高密东北乡吗？

莫言：高密东北乡，一开始就不是一个地理概念，现在更是一个文学概念了。我的许多小说，包括《蛙》，故事原型、人物原型，都从这里获得；当然，也有许多人物和情节是从外部借来的。真实的高密东北乡现在富裕而开放，文学中的高密东北乡也在随着时代和我自身的变化而日渐丰富。

记者：从《红高粱》到《檀香刑》，再到《生死疲劳》，直到这次《蛙》出现，您的作品每次都会带给读者全新的体验，展现出了宽广的创作领域。其间的创作，一以贯之的是什么？推动不断出新的原动力又在哪里？同时读者也关心，莫言的下一部作品会是什么？莫言的创作航程、彼岸在哪里？

莫言：首先，作家应该有职业性的敏感，对生活中的事件和人物，对社会生活中涌动着的新的思想的潮流，都能够及时准确地把握。

另外，作家应该具有逆向思维的能力。当一件事成为时髦时，你必须从反面来思考。在艺术领域也是这样，当某种题材、某种写法大行其道时，你必须及时逃离。打仗要靠集团力量，但写作必须孤军作战。要到没有路的地方去走。

我的下一部作品，正在构思中。难度很大，但也正因为难度大，才感到有意思。

第六辑　解读莫言

奔流不息的创作之河

◇齐林泉

对于自己为什么能获得诺贝尔奖，莫言说："我的作品是中国文学也是世界文学的一部分，我的文学表现了中国人民的生活，表现了中国独特的文化和风情。同时我的小说也描写了广泛意义上的人。我一直是站在人的角度上，一直是写人，我想这样的作品就超越了地区、种族、族群的局限。"

从20世纪80年代，莫言的创作按自己的话说"像拉肚子"似的，多产且高产。即使进入新世纪，步入中年的莫言也是基本按照两年出版一部长篇的节奏进行创作。在他的心里，那些细细碎碎、蜂拥而至的民间故事，凭借岁月的积淀与冲刷，奔涌向前。

回顾莫言的创作历程，十年前在山东大学与他联合招生的贺立华教授认为，莫言的创作主体意识经历了三度跃迁。三度跃迁的代表作分别是《红高粱》、《檀香刑》和《蛙》。

《红高粱》写作时期，莫言天马行空般的自由，完全是一种无意识的自发状态。他笔下生风，呼唤人性，张扬英雄，从"文革"压抑里走出来的青年莫言，内心里充满了"佛头涂粪"、无所不能、横扫一切的豪情。在歌唱"爷爷奶奶"英雄气的时候，作家自己居高临下，心里也是十分的英雄。

迈进新世纪的门槛，45岁的莫言创作的《檀香刑》，是一部以平民姿态在大地行走、边走边唱的作品。此时他已成为成熟老到的作家。曾被誉为"先锋派作家"的莫言，公开宣称："我"要"撤退了"，"《檀香刑》是我的创作过程中一次有意识的大踏步撤退"。他要撤退到民间，他要把庙堂雅言、用眼睛阅读的小说拉回到小说原本的母体模样，还原成用俗语俚曲说唱式的、大庭广众用耳朵听的艺术。他改变了《红高粱》时期居高临下的姿态，有意识地降低了身段。他给山东大学研究生讲课时说过这样一个观点，那就是"我就是农民，就是老百姓，我的写作就是作为老百姓的写作"；《檀香刑》发表后不久，他在南京大学讲学时再次称"我是作为老百姓写作，而不是常说的为老百姓写作”。从“为老百姓写作”到“作为老百姓写作”，虽然只是一字之差，却体现了莫言写作立场的变化、心境的变化。

《蛙》是莫言天命之年后的作品。这部小说是一次灵魂深处的革命，正如莫言所说，“是把自己当罪人来写”。从“作为老百姓写作”到“把自己当罪人来写”，这是一次大的跨步。这是莫言创作三十年来第一次发出这样的声音，宗教般的忏悔意识也是第一次出现在莫言作品中。尽管在这之前，莫言也说过自己写人物的原则是“把好人当坏人写，把坏人当好人写”，可以说那只是一种写作技巧和手法而已，但这一次就不仅仅是技巧和手法问题了。莫言在《蛙》中借给杉谷写信的剧作家蝌蚪之口这样说：“二十多年前，我曾大言不惭地说过：我是为自己写作，为赎罪而写作当然可以算作为自己写作，但还不够；我想，我还应该为那些被我伤害过的人写作，并且也为那些伤害过我的人写作。我感激他们，因为我每受一次伤害，就会想到那些被我伤害过的人。”莫言开始对人类生存困境更深度地思考。

2012 年 11 月 11 日，山大召开莫言学术研讨会

当然，对于莫言的创作，海内外文学评论家冠以现实主义、浪漫主义、新感觉主义、魔幻现实主义、新历史主义等各种各样的标签。莫言认为，这些标签是“装你没商量”，而更多像杜特莱这样的评论家认为：莫言只有一个。

在 2006 年秋第十七届亚洲文化大奖福冈市民论坛演讲中，莫言回顾他的文学历程，给出了我们解读他作品的一把钥匙：那就是莫言 5 岁的时候，正处于中国历史上一段艰难的岁月。生活留给他最初的记忆是母亲坐在一棵白花盛开的梨树下，用一根洗

衣用的紫红色的棒槌，在一块白色的石头上，捶打野菜的情景。绿色的汁液流到地上，溅到母亲的胸前，空气中弥漫着野菜汁液苦涩的气味。那棒槌敲打野菜发出的声音，沉闷而潮湿，让小莫言的心一阵阵地紧缩。这是一个有声音、有颜色、有气味的画面，是莫言人生记忆的起点，也是他文学道路的起点。这个记忆的画面中更让他难以忘却的是，愁容满面的母亲，在辛苦地劳作时，嘴里竟然哼唱着一支小曲。那时候也正是莫言家最艰难的时刻，父亲被人诬陷，家里存粮无多，母亲旧病复发，无钱医治。懂事的莫言总是担心母亲走上自寻短见的绝路。而母亲对他因此哭泣非常不满，她认为一个人尤其是男人不应该随便哭泣。她对莫言说："孩子，放心吧，阎王爷不叫，我是不会去的！"话音虽不高，但却是母亲对她忧心忡忡的儿子作出的庄严承诺，从此使莫言获得了一种安全感和对于未来的希望。这句话里所包含着的面对苦难挣扎着活下去的勇气，将永远伴随着他、激励着他。

自由:莫言文学世界的灵魂

◇赵学美

在文学王国里，莫言天马行空，自由自在

莫言说，《红高粱》之所以在当时(20 世纪 80 年代中后期)引起那么大的轰动，在于它契合了人们解放思想的心理需求，拿到今天就不会产生这么大的影响。但是，事实上，余占鳌、戴凤莲的后继者们仍然以他们的独立不羁、傲然于世打动着 20 世纪 90 年代和 21 世纪初的读者们。我们迷恋于他们的狂放不羁，为他们的生活激情所鼓舞，他们是我们的偶像。我想，这和一点有关系，那就是我想到了鲁迅的国民性批判。国民性弱点中最重要的一点就是统治中国几千年的封建专制培养的“奴才”品格，他们畏惧权势、懦弱、欺软怕强，在自己的世界里自足自乐，信心十足，但是一旦遇上权贵全都乱了

方阵，没了立场。面对强势的本能的自卑心理让他们手足无措。

比如，《离婚》中的爱姑，大胆泼辣，丈夫要离弃她，她闹了整整三年。但面对出面调停的豪绅“七大人”却不知所措，甚至对自己一贯的立场产生了怀疑。这是等级森严的封建社会长期以来形成的集体无意识。而今天，新中国成立以来，政治上赋予的人人平等在人们心理上产生的影响并不明显，人们对高一层的权贵者仍然有一种自愧弗如的潜意识。自己的世界瞬间被他人的逻辑、他人的立场打乱，一种自然、本我的状态消失了，即便是知识分子，敢说将历史污渍清洗一空的也没有几个。而莫言的人物虽有诸多缺点，却与这种“奴才”性格划出了严格的界限，可以说是反其道而为之；即使在反面的道路上有时候滑行得过了头，仍然获得了人们发自内心的崇拜。

莫言笔下的人物最能打动我们的就是他们实现了对权贵的超越，对权贵的“垂青”不再感恩戴德、牢记心中，对权贵的忽视不再左思右量、前后推敲，甚至对他们的记恨也是听之任之、无所谓。他们经营的是自己的世界、自己的生命和快乐，既不羡慕权贵的显赫，也不嫉妒他们的富有，与权贵是井水与河水的互不侵犯，自然就没有正统中国子民对权贵的畏惧。他们绝无犯人之心，但遭遇他人的侵犯，心中的沸腾之血一定会毫不犹豫、无所畏惧地捍卫自己的尊严，这与在权贵面前失去自己的立场、尊严是迥然不同的。

《檀香刑》中，孙丙在出场的第一幕中就一鸣惊人。他在众人面前说：“李武小儿，回去转告你们家老爷，就说他那胡须，还不如俺裤裆中的鸡巴毛儿！”孙丙这话虽然不乏哗众取宠的成分，但是与身为县官一衙役就到处张牙舞爪的李武和对县令若有若无的鸡毛蒜皮小事也津津乐闻的众人相比，孙丙就弥足珍贵了。况且，在连慈禧都不敢得罪的德国人当众侮辱他的妻子的时候，他毫不犹豫地抡起了棍子，这与全部心思都用在加官晋爵上的钱县令是不同的。眉娘说钱丁：“皇帝下圣旨杀了俺，你就会动刀子，动刀子前心中会很不好受，但你还是要动刀子。”钱丁会为了现实利益而让亲情、爱情大打折扣，而孙丙却任凭心中血液沸腾。

《战友重逢》中的钱英豪是一位好汉。身为部队中的一员，他视职称为粪土，当别人为入党、提干循规蹈矩、谨小慎微地生活时，他依然我行我素，对领导们虚而不实的要求充耳不闻。他活得自我，因为不为名利而有滋有味，而且因为有所追求（军事过硬）而丰富有意义，这正是莫言欣赏的生活。

《野种》中的父亲余豆官只不过是部队临时征用的一个民夫，可是面对拿着手枪的领导——指导员和连长却没有丝毫的敬意和畏惧。当因为想家逃跑而被抓回来的时候，听着指导员讲的民族大义，他没有一句求饶的话，自觉问心无愧，仍然坦荡自如。后来终于靠着过硬的枪法和闪光的品格——淌冰河时走在最前面和带头坚决不吃军粮，赢得了众人的尊敬而成为真正的代连长。

《丰乳肥臀》中，母亲多次表达了对司马库这个地主和返乡团的敬佩，这与他处于弱势地位仍然不屈不挠密切相关。力量悬殊，日本人的血腥屠杀没有吓倒土匪司马库，他领着手下炸了日军通行的桥梁；被鲁立人活捉，即使前途叵测，他仍然大大咧咧地吃饼卷大葱；再到后来，他成为政府通缉的对象，当政府以上官家人的性命威胁神出鬼没的他时，他赤手空拳地走进民兵戒备的村子，"把上官家的人放了，一人做事一人当"。母亲说他，是混蛋，也是条好汉。莫言也说，从文学意义上说，他确实喜欢司马库，喜欢他敢作敢为的性格。

与县令、土匪头子花脖子周旋的余占鳌，对横行乡里的书记挥起拳头的父亲(《老枪》)，去东北前与一村之主老兰夺情的罗通(《四十一炮》)等等，他们是莫言文学世界的灵魂，他们的生存靠的是实力，从不有求于权贵者，他们的生活听从的是自己的感情和良知，从不受他人的强或弱所左右。他们追求的是一己的生活，维护的是一己的尊严，他们始终散发的是个人力量的光辉，敲响的是生命独立的最强音。

齐文化与莫言的创作风格

◇赵学美

莫言成为中国文坛上独一无二的对自由如此热烈执著的歌颂者和对自由文体如此坚定认同的作家，不但源于其自由本性以及后来的受压抑的个人经历，而且与莫言的故土文化有割不断的关系。一个作家所处的文化氛围必然会在他的性格、爱好、价值判断上留下不可磨灭的印象，也必将会表现在小说文本中。

已有的评论文章不少将目光投在了莫言与齐鲁文化的关系上。认为齐鲁大地是儒家文化的发源地，而儒家文化又是统治中国几千年的封建专制文化的基石，它讲究的是礼制纲常，是对自由思想控制最为严格的文化。因此，莫言生长在这种备受压抑、个性遭泯灭的环境中，对自由的渴望就尤为强烈。

的确，山东是儒家文化的发源地，莫言也较其他作家更深刻地体会到了儒家的三纲五常，但是山东也是齐文化的故乡。在春秋战国时期，齐地也曾是全国的政治、文化、经济中心，齐文化也曾一枝独秀，独领风骚，而莫言的故乡高密正是处在齐国的疆域上，在莫言的书法作品上，我们也能看到“齐人莫言”的署名。虽然从东汉以后，“罢黜百家，独尊儒术”，儒家文化在政权的帮助下扫荡大江南北，所向披靡，与其毗邻的齐文化更是在其夺人耳目的光辉中渐渐淡出了历代学者的视野，但是作为一种因地理位置而产生的地域文化，它是不可能被百姓所遗忘的，齐文化仍然在民间以其自足的状态继续发展。

自由不羁的齐地风情

齐国的开国者姜太公从一开始就给齐人以自由选择的机会，与鲁国实行的“变其俗，革其礼”的彻底“周化”措施截然相反，他确立了“因其俗，简其礼”的政策，允许东夷土著人和殷遗民保留其原有的传统，继续其礼制习俗，而不强制推行周礼。后继的诸位明君贤相也都继承了太公的因俗、简礼的建国方针:“修旧法,择其善者而业用之”(《国语·齐语》),“俗之所欲,因而予之;俗之所否,因而去之”(《史记·管晏列传》),“不慕古,不留今,与时变,与俗化”(《管子·正世》)。自由创新的思想一直是齐国占统治地位的思想,这使得齐国在以后长期的发展中形成风格独特、自成一体的齐文化。

不管在政治思想上还是文化思想上,齐国统治者从来不拘一格,鼓励各种异己观念的存在,提倡他们彼此论说,互相交融。至稷下学宫,儒、道、墨、法、刑、名、阴阳、神仙、方术等各家会聚一堂,形成中国历史上第一次、也是以后少有的百家争鸣的局面。

文化上的开放兼容使人们较少思想观念上的束缚,培养了人们自由不羁的品格,使得普通百姓在日常生活中拥有更多的自由天地。《战国策·齐策》记载:“临淄甚富而实,其民无不吹竽、击筑、鼓瑟、弹琴、斗鸡、走犬、六博、蹴踘者。”这说明齐人生活毫不拘束,吹拉弹唱、斗鸡玩狗、踢球赌博,什么都干。据报道,如今在全球影响千家万户的足球(蹴踘)就起源于淄博。齐人好酒是有名的。《晏子春秋》记载景公“饮酒,七日七夜不止”。《管子·弟子职》写稷下先生饮食:“饭是为卒,左酒右浆……三饭二斗,左执虚豆,右执挟匕,周还而贰,唯嗛之视。”他们每餐必饮。《史记·滑稽列传》借淳于髡描述:“周闾之会,男女杂坐,行酒稽留,六博投壶,相引为曹,握手无罚,目眙不禁……日暮酒阑,合尊促坐,男女同席……”这里描写了齐人饮酒时男女无拘无束的狂欢状态。酒在中国更重要的是一种文化。饮酒代表的是哥们义气、万丈豪情,而酒后的理性让位于纯粹的感性,则完全等同于肉体的放纵和精神的彻底放松,完全进入心理的自发自然状态。所以,饮酒时是一个人纯然本性的外现的时候。齐人好酒正是他们自由本性外现的一种表现。

在婚姻上,齐国也有与众不同之处。春秋时,周王朝提倡“男女同姓,其生不蕃”,一般实行异性结婚。但是,齐国因为对东夷地区因俗、简礼,所以还保留着许多原始部落的遗风,同姓结婚甚至兄妹结婚都是很平常的事情。《汉书·地理志》上记载到东汉这种情况仍然存在。齐国的婚姻恋爱观念是相当开放的。《鸡鸣》、《著》、《东方之日》、《甫田》等诗大胆地表现了男女的爱情生活和恋爱心理。《鸡鸣》非常细腻地写出了男女夜里幽会的情景。

这种风俗民情孕育了齐地文学艺术的独特风情。《诗经·齐风》中刻画了爽快热情而勇敢自由恋爱的青年男女。三国时形成了“建安风骨”,建安七子中有三个是齐人:刘桢、徐干、王粲。北宋时代在齐地形成了一个诗派——东周逸党,他们使酒放纵,富有慷慨悲歌的气质。后起的辛弃疾成就了豪放派,而所谓的婉约派李清照也是一个坦露挚热恋情的女子。而明代出现的七子领袖李攀龙也唱出了豪放华美的歌。莫言正是在这种荡漾着自由精神、充溢着万丈豪情的文学传统中形成了自己的风格。

而莫言生活的故乡高密东北乡因其处于高密、平度、胶县的交界地带而受官方控制较少。在新中国成立之前的动荡岁月里，那里更是人们自由自足发展的地方，“它更像一个移民社会”，“宗族观念不那么强”，“土匪特别多”。所以，这里更多地遗传了齐文化的氛围，而较少受到儒文化的人为控制。

莫言正是熏陶在这种文化中才会长久地歌咏自由。与莫言将文学创作视为精神寄托、感情宣泄相比，齐文化的自由风情是形成莫言独特自由风格的隐性却也是更深层的原因。

丰富多彩的想象力

从地理位置上来说，齐地东临大海，大海的浩渺无际、深邃莫测带着一种神秘色彩；从地域风情上来说，齐地思想自由，这些都促成了齐人善于幻想的品格。专家们说，我国的占卜术和八卦很有可能起源于齐国之前的土著东夷人。而我们从《山海经》的一些神话及留传的仙话判断，仙话是齐文化的产物。齐地不仅神仙方术盛行，而且记载的鬼怪妖异故事很多。据《庄子》载，中国最早记述怪异的是《齐谐》，可惜已经失传。《太平广记》中发生于齐地的志怪故事也很多；而堪称短篇小说之王的《聊斋志异》产生于齐地的腹地——淄川。所以，钟怡雯说：“‘怪力乱神’是这个地区的特色。”

齐地人的丰富的想象力不仅表现在志怪故事中，而且表现在其论说风格上。比如，邹衍的阴阳五行说，从古至今，从天文到地理，从自然到人类，浮想联翩，具有丰富的想象力和浪漫色彩。《文心雕龙·诸子》载：“邹子之说，心奢而辞壮。”这是说邹衍好说大话，不切实际，不过这也是文学之浪漫本性的率真表现。人们往往把荒诞不经的故事说成“齐东野人之语也”。

齐地的泛神色彩和丰富的想象力在莫言的故乡高密有着非常明显的表现，形成了别具风姿的剪纸艺术。与东北剪纸的朴拙、陕西剪纸的粗犷简洁相比，高密的剪纸取材随意，奇思怪想，天马行空，老鼠娶亲、牛郎织女、鱼跃龙门等等，凡是民间传说中有的无所不及。

莫言登上文坛之始就被称为“奇才”、“怪才”，这与他小说中的诡异神秘大有关系，评论家们大多认为这是受到魔幻现实主义的影响，莫言说：“肯定受过影响……没有看到之前绝对想不到原来小说可以这么写，如此之虚假，如此之不现实，这种东西我们要写完全可以，类似的东西在农村实在太多了。我们山东就产生过蒲松龄这样的说神说鬼说狐狸的大家。我们每个人脑子里都装满了稀奇古怪的妖魔鬼怪的东西，跃跃欲试……”从这里可以看出，莫言作品中的这种鬼怪神奇的艺术世界受启发于魔幻现实主义，但形成独特气候却是根源于齐地的志怪神仙方术，齐地志怪的艺术氛围是莫言小说的神秘色彩的深厚土壤。在《学习蒲松龄》中，“我”先后给蒲师爷磕了九个头拜见、认师、谢恩，以小说的形式直言自己是蒲松龄的徒弟，继承了蒲松龄对“奇人奇事、牛鬼蛇神”的挚爱。

莫言正是在这种氛围中形成了独一无二的想象力。他小时候最大的快乐就是听爷爷讲故事，爷爷给莫言展示了一个神奇的五彩缤纷的世界。大哥管谟贤说：“莫言作品的绝大多数故事传说都是从爷爷那里听来的。如《球状闪电》里举子赶考救蚂蚁，《爆炸》里狐狸炼丹，《金发婴儿》里八个泥瓦匠庙里避雨，《草鞋窨子》里两个姑娘乘凉，笤帚疙瘩成精，《红高粱》里翰林出殡，等等。如果把爷爷讲过的故事单独回忆整理出来，怕也要出一本厚厚的《民间故事集》呢。”如此，谁能否定，齐文化的志怪传统对莫言写作立下了汗马功劳呢？

莫言对自由精神的执著歌颂和对艺术自由的不懈追求，是成就“奇才”、“怪才”的主要原因，如果没有他独特的“自由”艺术，当代文学史上就会缺少举足轻重的浓重一笔。在当代文学史上，因为20世纪五六十年代的政治高压，当作家们到了80年代有机会畅所欲言的时候，他们对“自由”憧憬的文字着实不少，但是，如同莫言这般自始至今、一以贯之的却是空白；在艺术追求上，新形式、新结构、新语言是每个作家的渴望，因为它证明了一个作家的实力，但是，能像莫言这样真正实现了处处激情、时时创新、永不重复的尚未有人。莫言之所以迷恋着自由精神，做到了艺术自由，这源于他独特的精神历程，而这精神历程又是由独特的时代背景和地域环境共同促成的。

时间上，政治束缚、思想一统的社会环境与天性外向、张扬的莫言形成了极大的对立，莫言只能改变自己去适应环境以求比较顺利地生存，但是，一旦政治严令解除，受压抑的他拥有审视这一切并自我表达的机会时，他就会“变本加厉”地讴歌憧憬中的自由。空间上，自由不羁是古齐国的地域风情，而在莫言的高密故乡又因其独特的地理位置而能够保留很多传统，莫言的自由天性在这种文化氛围的鼓励下得到了进一步的发挥；而且丰富多彩的想象力是齐地的传统，莫言从中熏陶到的神仙鬼怪的故事，给他打开了一扇走向文学世界的别样的窗子。

独一无二的“莫式语言风格”

◇赵学美

对语言个性的追求是一种悲壮的奋斗。我的老师徐怀中的一句话我老是忘不掉。他说,从某种意义上来讲,作家的语言是作家的一种内分泌……一个作家的语言风格与后天的追求当然有一定的关系,但更重要的是,一个作家的语言风格与他所生长的环境和他童年时期的经历是密切相关的。

莫言的眼睛里,到底想说什么话

的确，莫言的作品是打着他的深深的烙印的，与众不同的语言是他的重要标志，甚至主要标志。虽然比较《丰乳肥臀》前后，莫言的语言发生了较大的变化，但其创作过程中的那种自由游走的语言风格却始终未变。他始终不会考虑该用哪个词汇、哪种句型，而是让笔随着脑中的一幅幅画面、一个个意象游动，让读者跟着主人公的思绪滑行。

莫言说："我努力变化着语言，尽量简洁平实一点、通俗易懂一点，但是一旦进入创作的潜意识，这种东西就忘掉了，过去那种随意挥洒的状态又恢复了。"

众感喧哗

《丰乳肥臀》之前，莫言的小说从语言上来说是感觉的艺术。在有一些作品，如《欢乐》、《红蝗》、《球状闪电》中，对感官经验的自由渲染甚至取代了叙事而成为小说的核心成分。阅读他的作品，我们必须调动起每一根神经，激活每一处感觉，用细腻的心去感触莫言创作的独特的意境，这样才能跟得上莫言的步伐，才能接触到莫言的真谛。

"黑孩的眼睛本来是专注地看着石头的，但是他听到了河上传来了一种奇异的声音，很像鱼群在喋喋，声音细微，忽远忽近，他用力地捕捉着，眼睛与耳朵并用，他看到了河上有发亮的气体起伏上升，声音就藏在气体里，只要他看着那神奇的气体，美妙的声音就逃跑不了。"《透明的红萝卜》是莫言的成名作，也是他的细腻感觉起步的一篇。在这一段里，他打通视觉和听觉间的通道，在两者间建立起直接的有无同步关系。

在《红高粱家族》中，"罗汉大叔的双耳被割，落在盘子上仍活蹦乱跳，啪啪作响"。这一句将真实与幻觉结合在一起，写出了视觉与听觉，让读者顿生毛骨悚然之感。

《球状杀电》中，"黄中透着绿的大火球"，"一边滚动，一边还发出劈劈啪啪的爆裂声"，"火球应声而起，擦着他的耳边飞过去，穿过墙壁进入牛棚。没等他站起来，就听到脑后一声巨响。他似乎听到了奶牛们像墙壁一样倒下去，鼻子里嗅到一股浓烈的火药味，身体轻飘飘地离开了地面"。在这里，视觉、听觉和幻觉混杂在一起，把读者忙得不亦乐乎。

之后，1987 年的《红蝗》受到了评论界几乎一致的批评，感觉泛滥成为莫言经常面对的一个评语。语言作为一个作家的"精神分泌"，莫言仍不改或者说难改其志，在小说中仍然创造了许多感觉世界，这种情况一直到 1995 年的《丰乳肥臀》之后。

总之，在这段时间中，莫言跟随这自由自在的感觉创造了一个个可以独立的世界。在他的笔下，人的视、听、触、味等各种感觉可以杂糅，共同塑造了一个丰富多彩的感觉世界。从某种意义上可以说，“重要的不是时间、逻辑，而是空间、感觉”。莫言执著地将创作彼刻的全部艺术感觉、创作灵感自由地传达出来，而不管它们是否服从了小说主题的需要。这种自由无定格的创作风格在当今文坛上可以说是独一无二。“莫言的语言以生命感觉为文学……理性思维能力较少，瞬息万变的感觉没有经过理性的爬梳，就迫不及待地跃上纸面。”

口语般晓畅

《丰乳肥臀》的命运大起大落，既曾获得中国最高金额的大家文学奖，也曾一度成为禁书。在被宣布为禁书之后，莫言沉默了两年。之后，1998～2000年创作的一批中短篇小说以及2001年的《檀香刑》、2003年的《四十一炮》中，莫言在语言风格上发生了较大的变化：感觉的成分大大减少，努力实现语言的“简洁平实”。

但是，这并不是说莫言的激情荡漾的创作状态发生了变化，他也没有畏首畏尾，一旦进入创作状态，他仍然是下笔如流、一写千万字，只不过他的重点不在感觉层面，而是因其选材较强的生活色彩而形成了朴实流畅的风格。正如他自己所说的：“但我知道从去年开始，我写作的心境发生了很大的变化。过去我写得很努力，就像一个刚刚出师的工匠、铁匠或者木匠，动作夸张，活儿其实干得一般，但架子端得很足；新近的创作中，我比较轻松，似乎只使了八分劲，所以新近的作品看起来会不会像轻描淡写呢？我不知道。”

此时，莫言喜欢用某位主人公讲述的方式来叙述小说，把读者想象成倾听者，而倾诉者往往是儿童或者是村中的农民。这些是莫言所熟悉的角色，莫言能够迅速地转变自己的身份，站在主人公的立场、视角上讲述故事，使故事娓娓道来，从而形成一种明白晓畅的语言风格。

《一匹倒挂在杏树上的狼》中，用章古巴大叔给村里人说书的形式讲述了狼千里迢迢来复仇的故事。《牛》中第一句是“那时候我是个少年”，立刻把时空转到了少年岁月，接下来就是一个少年在回忆中的讲述。《30年前的一次长跑比赛》也是从一个儿童的视角叙述了村中各个“右派”的故事。《蝗虫奇谈》用“据说”开头，小说中的“我”既是“爷爷”讲的故事的倾听人，也是给读者讲故事的叙述者。而《檀香刑》、《四十一炮》更是这种讲述的文体形式的集中使用。《檀香刑》的凤头、豹尾部分均是由主人公自语的方式完成的，而《四十一炮》以炮孩子罗小通对大和尚的倾诉为中心情节。

这种采用讲故事形式的小说大多通过通俗流畅的口语完成一个个完整的情节。对于读者来说，线索清晰，明白晓畅；对作者莫言来说，最重要的就是要与塑造的主人公实现身份的吻合，然后按照主人公的思路畅通无阻地进行叙述。此时的莫言一旦完成了角色的转变，就再次进入了叙述的“随意挥洒”的状态，洋洋洒洒、侃侃而谈。而且，因为这些讲述人都是一些像罗小通一样的炮孩子或者是一些能说会说的与众不同的人，这就与天生爱说话的莫言实现了共鸣，也就使他把握起来易如反掌。

莫言在谈到《四十一炮》的时候说：“如果讲童年故事，那我马上就变成罗小通了，讲着讲着就不知道是在叙述我真实的童年还是另一个故事。”如此自如地投入创作中，自由地演绎故事的进展，实在是众多作家中为数不多的一个，更是他形成口语般晓畅语言风格的主要原因。

总之，不管是在创作之前的有意识的准备阶段，还是在创作过程中的自由发挥中，从已有的故事内容、文本结构和语言风格上，我们发现了一个拥有极度自由创作状态的莫言，这既是其所坚持的“天马行空”文学观的实践，更是重感性激情而不重理性逻辑的生命个性的直接外现。从某种意义上说，莫言首先是自由的生命，然后才是思考的作家。

塑造“中国第一刽子手”

◇兰传斌

一

《檀香刑》问世以来，争议颇多，主流文学评奖面对这部作品时大多表现得目光游移、态度摇摆，甚至不得不以逃避的方式来转移问题；读者则因这本书产生了严重分化，爱者爱不释手，恨者恨入骨髓。

的确，《檀香刑》是一部非同一般的小说。可以想见，它或许在很长时间之内都不会为主流所认可，也可能让不少读者长期不能接受，因为其在多种层面上进行的大胆尝试可谓惊世骇俗，营造出前所未有、骇人听闻的效果，同时也给读者的阅读习惯和文学态度带来了巨大的冲击。

这本书的文学价值，首先应该是为中国文学史提供了一个“中国第一刽子手”的形象——京城刑部大堂里的首席刽子手赵甲。这个形象惊世骇俗，绝无仅有，而且入木三分，生动传神。

二

《檀香刑》的确挑战了读者的阅读习惯。以刽子手赵甲为代言人的残忍的刑罚和血淋淋的场面，让阅读不再轻松畅快，而常常使读者脊背发凉，胆战心惊，不忍卒读，这也是该书被批评指摘最多之处。小说通篇围绕“刑罚”组织情节，通过一个高度浓缩的刽子手的形象，字缝里写满的是“残忍”二字：打板子、压杠子、卷席筒、闷口袋、阎王闩、檀香刑，名目繁多；凌迟钱雄飞用了五百刀，近二十页的篇幅把每一刀写得细致入微，血肉横飞；给孙丙上“檀香刑”更是异想天开，残忍无比……

对于读者而言，这样的书真的很难有阅读愉悦感。可问题是，塑造这样一个近乎变态的形象，着墨如此之重描写这些残忍而恶心场景，用意何在？仅仅是如某批评家所说“宣扬君主专制制度的残酷”、“对暴力有着疯狂的癖好”吗？这种判断当然显得断章取义。虽然不能说肤浅，但起码也是因为阅读习惯不同而怀着某种偏见；或者说，因为该书“残忍”的表象给其带来了严重的心理障碍，从而妨害了理智地对待该书的内涵。

必须承认，《檀香刑》的表现内容和描写方式给我们带来了极大的生理和心理反感，让我们无法畅快淋漓地接受它。一位读者这样描述他读《檀香刑》的感受：“在看《檀香刑》的日子，我自己像是中了邪，好好地捧着书躺在床上，忽然蹿起来，愤而扔下书在屋里转，口中念念有词：‘真受不了啦，变态！……’之后，找点好吃的，抬眼望一望窗外的阳光——生活还是美好的，心情终于渐渐平静。这样享受一会儿之后又觉无聊，重又拿起书躺下。”

三

“找点好吃的，抬眼望一望窗外的阳光”，确信“生活还是美好的”，就说明长期以来，我们习惯于徜徉在莺歌燕舞、歌舞升平的花花世界；我们乐于阅读良辰美景、才子佳人的故事；我们视野所及都是美好与善良。久而久之，我们宁肯相信“世本无恶”，不愿直面残忍的事实。世界应该是美好的，可是“恶”的成分无时无刻不强大而狰狞地存在着，以各种各样的方式存在着，在各个藏污纳垢或冠冕堂皇之所存在着，其残忍又岂是“檀香刑”所能及也？作者虽高度浓缩提纯，将刑罚极致化，也远未穷尽“恶”之全貌，然而描写至此人们已经不能承受。《檀香刑》的警醒意义就在于此。

我们应该坚信生活的美好、阳光的灿烂，这也是文艺作品必须担当的责任；但是当我们的神经沉溺于万事太平、江山大好的情景中，而对世间的苦难和残忍充耳不闻，甚至不肯去看、不情愿接受的时候，用一种富有冲击力的形式大吼一声，告诉人们不要忘记这人世的残酷与苦难，这是比歌功颂德、书写美景、愉悦读者更有意义的事情。这样的事情虽有意义却常常会招人厌烦，更容易被沉溺于幸福中的人们所厌恶和抛弃，因为这实在打扰了大家的美梦。

20 世纪初期的启蒙运动当中，鲁迅先生就以“铁屋”来比喻作家和人民所遭遇的尴尬：大家都被困在一个铁屋子里做着迷梦，如若什么也不做，大家会在梦中“幸福地死去”；如若吵醒大家，又不一定能够唤起人们的抗争，却要在痛苦中绝望死去——这是启蒙者的困惑，也是一种无可避免的心理折磨。在这种情况下，保持沉默或者仅仅是轻轻地叹一口气，都是世故而明智的办法，毕竟让大家还有美梦可做也是一桩妙事，也算成人之美之“善举”；疾呼人们醒来的，在为人上或许很富激情，在处世来讲却很不明智，因为把大家吵醒，又无力改变现实，却带给了人们无边的绝望，肯定会有不少人在痛苦之中迁怒于他：“好好的梦，都被你吵醒了！真是可恶！”

《檀香刑》就如同那个不谙圆滑、讨人嫌的吵醒美梦的人。许多人对《檀香刑》本能的反感和不假思索的批判大概就是出于这个原因吧。其实，《檀香刑》之前莫言就有过“吼叫”。《酒国》中就有吃婴儿的描写，当时还被人骂作“无耻的描写”，后来媒体果真曝出了广东“婴儿汤”的事件，让人瞠目结舌。善于看到苦难，敢于说出真相，这样的人在今天已经太少见了。

四

对人性和人类苦难关怀的缺失是对《檀香刑》的另一个批评重点，这也被作为该书的一大罪状。批评认为该书沉溺于暴力描写，对残忍有着可怕的痴迷和迷恋，进而怀疑该书甚至作者的心理是否健康。

对这种批评，莫言自己有一段话是最好的回答。他在一次接受采访时说：“只有一个极端善良和懦弱的人，才有可能写出这么残忍的情节来。因为他对恶特别敏感。恶人认为是家常便饭、毫不在乎的事，在一个善良的人眼里可能无法忍受。”正是出于对恶的毫不妥协，才会将恶拿来作为题材，当作靶子；正是对恶的深恶痛绝，对恶的感受才如此真切、细致，才能够把刑罚之恶描写到令读者毛骨悚然的程度。我们常常陷入的一个误区是，若要体现关怀，必定是大喊口号、涕泪纵横；反之，只有标举出“关怀”，才是真关怀。这种逻辑本身就存在着严重的悖论和致命的缺陷。其实，没有什么比真切地体验人类的苦难更能体现“关怀”之深意的了。口号和标榜往往流于空洞浮泛，并常常为道貌岸然、居心叵测者所利用，与他们相比，对痛苦的真切感知显得尤为珍贵。

五

关怀是伟大的文学必备的特质，一位伟大的作家必要具备悲天悯人的情怀，把个人的细腻情感诉诸笔端，把全人类的幸福与苦难背负在肩，通过作品给人以温暖、感动和力量，这是人类对文学共同的期待。

只是，就如同作家的性格、气质必定千差万别一般，关怀也总会多种多样。陶渊明的诗作为人们开辟一个世外桃源；李白则常常寄情山水，给人以自然的美感；史铁生之所以被推重，是因为他面对灾难时的坚忍与克制；普希金、果戈理对“小人物”充满了同情；卡夫卡注重表现现代文明对人的“异化”；萨特关心的是人类形而上甚至终极意义上的境遇……狭义地圈定何谓“关怀”，往往会导致某种程度上的视野遮蔽，从而对文学的多样性产生伤害。

《檀香刑》刻画了京城刑部大堂里的首席刽子手赵甲，关怀对象却是孙丙和其他受难者，是钱丁和更多还有良知的人。孙丙是人民反抗者的代表，他奋起反抗却惨遭毒手，让人扼腕；钱丁可算知识分子、小官吏的代表，他希望为国献拳拳之力，却无奈发现无力回天，唯有一声叹息……书中的一刀一刀、一锤一锤，是那么真实，事实上，对他们苦难的感同身受比饱蘸感情的悼念文字要真实得多。该书采取了多视角透视的方法，为的是更为真切地体现各方对苦难的认识。刽子手眼中的刑罚当然是神圣而严肃的，袁世凯眼中的刑罚肯定是合理而必需的，这非常容易让读者把他们对刑罚的态度误解为是本书的态度，从而得出“缺乏关怀的判断”，这显然是一种错位的理解和误读。

莫言三类家族的人文寓言

◇齐林泉

一

萨特曾说:“一种小说技巧总是与小说家的哲学观点相关联,批评家的任务是在评价小说家的技巧之前首先找出他的哲学观点。”对于中国当代小说家莫言,我们在步入他小说中缤彩纷呈的家族世界之前,首先追寻的应是他对个人和这个世界的哲学思考。

“饥饿使我成为一个对生命的体验特别深刻的作家,长期的饥饿使我知道,食物对于人是多么重要,什么光荣、事业、理想、爱情,都是吃饱肚子之后才有的事情。”这种看法,莫言在多次讲演中提到,而他自己,正是“因为吃我才发愤走上了创作之路”,“创作最原始的动力就是对于美食的渴望”。无疑,“吃”作为创作母题深刻地嵌在了莫言的小说之中。他早期的作品《红高粱家族》、《天堂蒜薹之歌》、《酒国》这三本书最深层的东西都是一样的,那就是“一个被饿怕了的孩子对美好生活的向往”。细细考察莫言的其他作品,同样如此。由于饥饿的经验而产生的人类最朴实的“吃”的哲学,是他一切思想的基点。

在现代心理学中,有一则定律——想象是欲望满足的重要途径。在饥饿时代,为了满足食欲,莫言获得了超常想象的能力。后来“文革”开始,莫言因此很小就辍学,成为牧童。在因缺乏与人交流让稚嫩的心灵初尝孤独后,放牧时的他面对生灵,面对大自然,为了满足交流的欲望,又通过想象把这些生灵和大自然人格化;在只有他自己的舞台里,心灵社会隔离造成的压抑,无所顾忌地向大自然敞开了;发泄式的真诚袒露渐渐成为他与这个世界沟通的方式。其创作深刻体现了这一方式。孤独的经验赋予了他在大自然中心灵的和谐、真诚和自由。这一点其作品中同样有所体现。

考察莫言多劫的童年，除他公然宣称的饥饿和孤独之外，人们很少留意他的另一种心理体验——恐惧。通过两种渠道在他幼小的心灵上留下这一痕迹：一是一种集体无意识，即他生长其中的齐文化环境中“万物有灵”的观念。这一观念以各种妖魔鬼怪的传说和因果报应的宿命理论方式存在，造成了人们对大自然的敬畏心理。二是家庭和社会的种种压力。莫言小时候，是一个“又丑又懒又馋，还经常出去干点坏事，给家里带来不少麻烦、不讨人喜欢的坏孩子”，加上较高的出身、谨小慎微的父母、严厉的家教，挨打便成了家常便饭，从而使莫言的成长与恐惧时刻相伴。一次因为偷生产队的萝卜，莫言被当众罚站，随后又差点被家里人揍死，这些使其恐惧心理进一步膨胀。由此产生的是一种对自然界万事万物和社会人际环境的高度敏感，就如同大自然中的兔子、老鼠，越是弱小的动物，其感觉就越敏锐。

童年饥饿、孤独、恐惧的体验使莫言产生了以“吃”为基点，以自由想象、真诚袒露、神秘恐怖、敏锐感觉为途径的思维方式。

二

在莫言眼中，这是一个用“吃”维系起来的社会系统。这是对 20 世纪初新文化运动中鲁迅的《狂人日记》里对几千年文明所造就的“吃人社会”剖析定性的进一步发展和完善。如果说在《狂人日记》里是通过一个疯子的眼睛直感到旧社会的吃人本质，那么在莫言小说里，则明晰地展示了这一整套系统的根由和运行：平民食草为生，显贵食肉为乐，人君食灵为王，三者层层递进，相互关联；并且，将其发展成为跨越时空的带有了更广泛寓言性质的系统，以文化的姿态对其进行了深入的批判和剖析。

在早期的创作中，莫言以小说《售棉大路》、《透明的红萝卜》、《红高粱家族》、《天堂蒜薹之歌》、《食草家族》等向我们展示了食草家族的存活和变形。这些来自土地上的农民，人数众多，但地位低贱。他们奉献一世的劳动，只求温饱这一最原始、最基本欲望的满足。但在道统之内，作为社会最底层的他们，卑微的地位注定他们连这样的愿望有时也是奢求。在极端的压抑之下，产生了种种变形的存活：《红高粱》中戴凤莲的父亲拿女儿换骡子；《透明的红萝卜》中黑孩的继母残忍地虐子，父子间骨肉相残、兄弟反目，乡邻间相互伤害、落井下石。他们草一样轻贱的生命，在群体内部自残自虐，呈现出一幕幕不堪重负的人间悲剧。他们中有一些人逃离社会，远避世俗。像《食草家族》中生蹼的家族，从这个世间消失了，在无人知晓的天地一隅，颠沛流离，自生自灭。另外还有民间枭雄，如《红高粱》中的余占鳌等，不屈就，不躲避，冲破这种道统，在乱世中挺直腰板，劫持富贵，反抗暴恶，轰轰烈烈，以自己的热血在民间口耳相传的历史中书写悲壮的一笔；同时也在生于斯、长于斯、死于斯的这片土地上，在同大自然的紧密

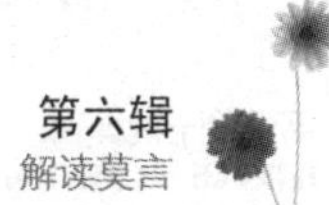

融合中，展现出像野草一样蓬勃不息的生命力。他们悲壮地挣扎着，即使面临绝境，也决不向道统和恶势力屈服，以“宁为玉碎，不为瓦全”的决绝，体现了他们对自由毫不动摇的信念和义无反顾的追求，呈现出一种虽朴素但完整的强悍人格。这在20世纪中国文学中是极少见的，代表了“食草家族”的最高价值，也正是莫言寻求的理想人格。这些家族中的强悍者，多在历史之中。而在现实中，这一家族的力量严重退化，如《天堂蒜薹之歌》中的农民。莫言抒发的是对往日英雄的感叹和对现世麻木的悲哀。

以上种种，皆源于饥饿的体验——从肉体到精神如饥似渴的欲望。

三

莫言中期作品中的人物，如《酒国》中的众食客、《丰乳肥臀》中不成器的恋乳吃奶者、《红树林》中浮靡堕落的现代显贵，成为继“食草家族”之后，莫言推出的又一家族——“食肉家族”。当我们认识了这一家族，我们就明白了“食草家族”被鱼肉、宰割、吞噬的全部过程。所以，此处的“肉”，除了作为他们食物的显层意义，还隐含了“民肉”、“民脂民膏”的寓意。“食草家族”作为“食肉家族”的食物供应者，最终他们的肉体还得作为“剩余价值”被屠宰加工，真应了老百姓那句“吃骨头都不吐渣”的老话。在莫言小说中，这点是触目惊心的。《酒国》中众食客吃遍了山珍海味，吃得珍稀动物绝迹，吃尽了各种花样还不过瘾，又直接把“食草家族”的肉体推上餐桌。而在《欢乐》和《丰乳肥臀》中，恋乳吃奶者的贪婪和无耻昭然若揭。其中的母亲多像一头被吮干嘬尽的母牛。这帮食肉者对无私母爱的高声赞颂掩饰不住他们卑鄙无耻、贪婪无度的丑恶嘴脸和脆弱腐化的寄生性质。最后在《红树林》中，食肉者们那独出心裁的“美人宴”，则含蓄地展示了“食草家族”中青壮年被吞食的状况。就此，在这些小说中，从“食草家族”中的婴儿到青壮年，再到老人，无一被“食肉家族”放过，他们扼杀了“食草家族”的希望，压制了他们的力量，践踏了他们的权威。就像《红蝗》中的蝗虫一样，吃光一切，一点不剩。

“食肉家族”的最高目标是自我欲望的满足，自私自利，及时享乐，最终堕落自毁是他们的必经之路。《酒国》的故事正是由他们导演的一部邪恶的末日寓言。就他们仅求物欲而自甘堕落，导致灵魂萎靡、生命力锐减的过程来说，同是肉体的他们，又何尝不是自食而毁的家族呢？食人后再食己，这是他们生命的全过程，代表着人性之至恶。这一家族多出现在莫言反映当代社会的小说中。莫言以痛快淋漓、血淋淋的笔触，力图以展示给世人末日情景的方式来劝阻误入歧途的当代人，远离罪恶之城。在这些小说中，莫言没了对英雄的悲叹，呈现更多的是末世智者孤独的哀声。这哀声虽低沉，但刀子般拨动着人们的心弦，告诫迷醉的人们睁眼看看这些罪恶，看看手上、嘴边淋淋的鲜血，从而呼唤社会良心的回归、人类灵魂的警醒！

四

“食灵家族”酝酿和产生于莫言最为沉默的20世纪90年代中期。《丰乳肥臀》招致的“上纲上线”的批判，或许促发了他的灵感——是谁使“食草家族”地位卑微、负重累累而又自甘为奴？又是谁给予了“食肉家族”榨取“食草家族”的特权，使他们缺失灵魂、作威作福又为虎作伥，貌似是强大自立的主子，实为脆弱朽烂寄生的奴才？将“食灵家族”以独立姿态推出的新作《檀香刑》，正是莫言思考的结果。

莫言自称“我在这部小说里写的其实是一种声音”。在作者最为沉默的时期，酝酿出来的恰恰是一部写声音的作品，这其实是一种挺有意思的悖论。

《檀香刑》的后记不同于其他小说，是这部小说不可分割的一部分。后记介绍了当时——1900年前后，我的爷爷和奶奶还是吃奶的孩子时——在高密修建铁路的情况，而后又详细介绍了火车的声音和猫腔的声音及其交汇。可以说，这一部分是整个小说的尾声部分，但谁敢说后记中“我爷爷”或“奶奶”不是孙眉娘和钱丁幸存下来的那胎骨肉呢？从小说结构看，“小说的凤头部和豹尾部每章的标题，都是叙事主人公说话的方式”，如“眉娘浪语”、“赵甲狂言”、“钱丁恨声”等，而后记中的莫言，就是介绍这一事件起因和影响的叙事主人公。所以完全可以将后记冠之以“莫言心声”之题，即把自己纳入小说角色系统，打破现实中的作者与作品虚拟艺术世界的界限。通过题记来参与小说世界是莫言惯用的“伎俩”。这一手法在《红高粱家族》、《食草家族》等小说中屡试不爽，到了《酒国》更是运用得炉火纯青。《檀香刑》后记的作用相当于《红高粱家族》等作品的题记。正如乐钢在他的文章《以肉为本，体书莫言》中所写：“题记对象并非现实中的人物，也没作出个体化命名，而是将作者的肉体与文本进行意义真实的缝合。”而就后记所记来看，恰是猪肚部所讲述的“记录了在民间用口头传诵的方式或者用歌咏的方式诉说着的一段传奇历史”。无疑，后记部分是对前三个部分的总括。也正是这一部分，将这一横向展开了的传奇故事，又纵向延伸了一百年，来到今天，使之既具时代性，又有历史感。整部小说有了强烈的时空立体感，再配以声音，更显这一艺术世界的完美。

《檀香刑》讲述的是发生在“高密东北乡”的一场可歌可泣的运动、一段惊心动魄的爱情、一幕华美的大戏，一桩骇人听闻的酷刑，也是一次对施刑者即“食灵家族”的大剖露。人的死亡，就死的人来说，无论被杀还是自然死亡，没有区别，都是个体的毁灭。而就对别人产生的影响来说，就大不一样了。自然死亡是一种宿命，人们由此产生的是对大自然及其规律的恐惧，而被杀而死使人产生的则是对杀人者的恐惧。就前者来说，对于每个人基本都是公平的；而对于后者来说，目的是在同类中造出一个凌驾于他人之上的“优类”或”霸主”来。他们充分利用人们对死的恐惧，一方面直接以杀人的恐吓来征服他人的意志；另一方面将前者中的支配者（自然或民间话语中的“老天”）与自己相联系，或者直接扮为其化身（如“天子”），以“老天（大自然）”或所谓自然规律允可的正义事业的名义吓人、杀人，最终奴役人。所有人的存在都是为了他的存在，他的存在能够掌握所有人的存在并拥有天下所有的财富——一种极端膨胀变态的贪欲。这就是“食灵家族”的本质。他们的家族系统，一般是以王朝或其他政权形式存在的。他们通过暴力战争（大批杀人）获得对大多数人的统治，然后以法律的名义通过杀一儆百的方式来维持对他人意志的控制，这样就产生了专司杀人的机构和专司杀人的刽子手，并由此形成了官方的嗜灵文化和民间自发的以宿命为特色的悲剧性文化或苦中作乐穷开心式的世俗幽默。在这样的文化熏陶下，其他两个家族要么是奴才（“食草家族”成员更是奴才的奴才）；要么无奈地远离（“食肉家族”成员表现为归隐山林，“食草家族”表现为流浪他方）；要么基于“义”一哄而起（“食草家族”往往揭竿而起、舍生取义，“食肉家族”则往往采取借助食灵家族进行改良或借助食草家族更换政权这样更为智慧的手段重新受宠或取而代之，当然，他们都有胜利或失败）。《檀香刑》正是通过截取一段历史事件，以艺术的形式对此进行直观、形象的展现。

首先，让我们讲一下他们怎样食灵。小说中出现的第一次杀人是《豹头部——赵甲狂言》中刽子手赵甲介绍对一个小太监的行刑。极其残忍的“阎王闩”实施完毕后，“看台上传来女人的呕吐声，一个上了年纪的红顶大人，不知什么原因，一头栽到地上，帽子滚出好远——”，“皇上——对着台上台下的人说：‘你们都看到了吧？他就是你们的榜样！’皇上说话的声音不高，但台上台下都听得清清楚楚。按说皇上的话是对着太监宫女们说的，但是那些六部的高官和王公大臣，一个个像被打折了腿似的，七长八短地跪在了地上，纷纷地磕头不止，有喊‘吾皇万岁万岁万万岁’的，有喊‘罪臣罪该万死’的，有喊‘谢主龙恩’的，鸡鸣鸭叫——”这些或为虎作伥、作威作福的达官贵人，或胸怀天下、为民请命的朝廷命官，就这样被皇上将灵魂吞吃下去，从一个个活生生的人变成了皇帝面前没头没脑丧失灵魂的鸡鸭。再看《猪肚部——杰作》中赵甲凌迟反袁义士钱雄飞，袁世凯亲自督斩，三千军官现场观看。第 1 刀，“军官们发出紧张的喘息，众军官的脸已经变了颜色，他们的心都跳得不均匀”；第 50 刀后，被割去阴茎的钱雄飞的嚎叫令“在场观刑的武卫右军全体官兵受到了深刻的刺激和巨大震动”；当第 498 刀割去钱仅剩的眼睛时，钱最后的吼叫，“连赵甲都感到脊梁发冷，士兵队里，竟有几十个人，像沉重的墙壁一样跌倒了”；而后，“有数十名士兵跌倒在地”。这样，士兵们对袁世凯齐声呐喊的“愿为朝廷效忠，愿为大人效命”就绝非虚言了。

“食灵家族”的暴虐在于使“食肉家族”成为其奴才，使“食草家族”忍气吞声、血流遍地的同时，也使自己陷入了家族内部的王权之争（如光绪与慈禧之间的斗争）、“食肉家族"中强悍者与之争权的斗争(如袁世凯同清王朝之间的斗争)、"食草家族"的大反抗斗争(如孙丙领导的反抗斗争)的旋涡之中。在任意践踏别人的自由的同时,自己的自由也消失殆尽了,从而成了这幕人间大悲剧的总导演。

相比以前的小说,莫言在这部小说里出奇冷静。我们甚至时时听到他的冷笑声。但这冷静并非绝望,而是积蕴着希望。当钱丁用最后一丝力气宣布"戏——演完了——"之后,我们分明看到他和眉娘未出生的婴儿在母腹中孕育着新生。这个"食肉家族"和"食草家族"的杂种,我们和作者一样,愿他(她)能继承"食草家族"的刚勇和食肉家族的智慧,而非前者的愚昧无知和后者的堕落自毁。我们在全文最后分明听到象征时代前进的火车,"节奏分明,铿铿锵锵,充满了力量,有黑与蓝混合在一起的严肃的颜色,有钢铁般的重量,有冰凉的温度",奔驰了一百年,还要奔驰下去。而源于民间苦难、代表了"食草家族"悲剧性命运的地方小戏猫腔,这一"曾教化了高密东北乡人民心灵"的悲剧性的文化形式,也必将"日渐式微"。火车"排山倒海般的巨响"给莫言以惊心动魄的印象,使其难以忘怀;而猫腔凄婉动人的唱腔也让莫言留恋不已。这种游移在时代与历史之间的状态,在后记中体现得相当明显。

莫言笔下的“风骚女性”

◇赵学美

女性形象的塑造是文学作品中不可或缺的组成部分，可以说，没有女性就没有成功的小说作品。纵观古今，莫言笔下的女性是自树一帜、独领风骚的。

以往的文学作品中塑造了靓丽的少女，这个少女或者温柔或者活泼，但一定是善良的；塑造了风姿绰约的少妇，但少妇一定是识大体懂大局的；塑造了美丽的母亲，但母亲一定是母爱至上、富有牺牲精神的。总之，作者们笔下褒扬的女性一定是为街头巷尾的老婆婆们所称颂的人，她们是善良，是付出，是牺牲。但莫言笔下的女主人公们却非如此。她们不为父夫，不为子女，不为任何人，她们首先是自己；她们爱美，她们聪明，她们的生命多姿多彩。她们是人们眼中的张狂，多为八婆们所诟，成为嫉妒心极强的女人们的舌根子。

很靓丽，很风骚

莫言所要强调的显然与以往大大不同，他歌颂的是风骚的、自我的、甚至是自恋的女子。请看《冰雪美人》中的孟喜喜：

> 胸脯高耸，而且分明不戴文胸，眼睛水汪汪的，嘴角翘着，脖子修长，精巧的头颅微微后仰着，穿着不能算高跟但也不能算低跟的皮鞋在校园里的大路上、教学楼内的走廊上，目中无人地走来走去。她的步伐轻捷，鞋跟敲打着水磨石的地面，敲出清脆的声响。

这个有个性的女孩毫不含蓄地张扬着她的美丽和性感，率真自然。但是纯洁的她就是因为这份最单纯的美丽的直接外现，被污蔑成“干那一行”的，卖“那个的”，成了污言秽语的对象。

《檀香刑》中眉娘荡秋千一段很是表现出了她的风骚：

> 俺在秋千架上撒欢儿，地上那些看客，那些儿子、孙子、重孙子、青皮流氓、小光棍，都跟着俺犯了狂。俺悠上去，他们嗷；俺荡回来，他们哇。嗷——高上去啦！哇——荡回来啦！……俺家里有一个忠厚老实能挡风能遮雨的丈夫，外边有一个既有权又有势、既多情又多趣的相好；想酒就喝酒，想肉就吃肉；敢苦敢笑敢浪敢闹，谁也不能把俺怎么着。这就是福！

美丽的眉娘在青皮流氓小光棍面前展示着较好的面容和凹凸有致的躯体，以丈夫和情人之间悠由有余的空间为荣，享受着生活的乐趣和肉体的快乐，生命能赋予的一切当时快乐她都牢牢抓住。

《四十一炮》中的野骡子，虽然始终没有出场，但是，从人们的话语间，从老兰和罗通的争斗中，从她的绰号里，我们就能够思量一下她的风姿和脾性。"鼻祖"戴凤莲也不是例外，在余占鳌红杏出墙的日子里，她带着孩子投到了土匪黑眼的怀抱。

传统文学中，作者们描写美丽的女性往往意在为其善良的品性作铺垫，往往强调只有与高尚的道德相结合，美丽的外表才有意义。但在莫言这里，他张扬的是单纯的爱(外表)美之心，褒扬的是那些风骚外露的女性，这很是独具特色，因为时至今日，如此旗帜鲜明地肯定、欣赏风骚的仍是独此一家。

很自信，很自我

莫言虽然欣赏张扬的性感，但这却不是他的核心目的。在莫言的笔下，具有毫不做作的美丽和风骚的女子一定是叛逆性格的拥有者，另类的穿着只是她们与世俗抗争的一种方式。《冰雪美人》中的孟喜喜坚持自己的观点，敢于挑战学校中不合理的规章制度，即使最后被开除，但走的时候也像一个打了胜仗凯旋而归的将军。《四十一炮》中的野骡子，在权财象征物的老兰和自由浪子罗通之间，毫不犹豫地选择了后者。《流水》中，当牛玉珍穿着泳装与邻里乡亲擦肩而过、走进严厉父亲的视线里时，世界似乎一下子敞亮了许多，改变了许多。看到她穿上泳装，我们就知道她再也不会对老爹俯首帖耳，她会义无反顾地投入所爱的男人的怀抱，而且，在哥哥面前谈起自己的越轨也会面无愧色。

莫言笔下的女性形象大多被两位或者多位男性围绕。比如"我奶奶"、眉娘、野骡子、母亲等等。她们大多面容姣好，体态挺拔，"丰乳肥臀"，在外表上毫不掩饰甚至张扬着自己的性感、娇媚，任男性的贪婪目光扫拭；但性感的外表无法掩饰的是她们如炬的目光、坚定的意志和对自我决定的执著。与外表上无视他人的评判一样，在言谈举止、心理思想和价值判断上，她们更是不肯被世俗同化，我行我素，为其所欲为。

莫言笔下的道德与善恶

◇赵学美

自由是每个生命的期待和希望,道德是每个社会个体必有的责任与承担。它们是矛盾的,从某种意义上来说,道德是自由的束缚,自由是道德的破坏。每个人必须以自己的方式将这矛盾体结合起来,才能在社会上自如地生活;而"偏执"的莫言为了生命的自由,毫不犹豫地舍弃了道德。他"不对笔下的人物进行道德的评价,而是极力挖掘与展示他们的人性深度与命运悲剧"。

为取之无道正名

"丰廪实而知礼节,衣食足而知荣辱。"在食不果腹的日子里,衣是否蔽体已经不是问题,更不用说什么礼义廉耻、道德戒律。在这个时候,所谓自由精神的唯一表现就是将所有的道德抛诸脑后,让自己活下去。莫言的童年、少年是在缺衣少食的环境中度过的,对物质的渴望成了现在的他最深刻的记忆。所以,在莫言的作品中,这种生存受到威胁的岁月描写得比较多,相应的,在特殊年代里的特殊的自由就有比较多的表现。在物质匮乏的时代,自由与道德的冲突集中地表现在为了生存下去而取之无道。

最惨不忍睹、令人心悸的是《丰乳肥臀》中的乔其莎为了两个馒头与厨子麻子发生关系的那一幕。那是受过高等教育的医学院校花,曾经是多么的骄傲和自重自强,然而,为了馒头,却不得不让令她唾弃的麻子野蛮地撕下了内裤。这是残酷的,是小说却也是那个年代屡见不鲜的事实。正如莫言在小说中所言:"当女人们饿得乳房紧贴在肋条上,连例假都消失了的时候,自尊心和贞操观便不存在了。"莫言毫不留情地揭露出那个时代沉重的现实。在《粮食》中,莫言也说:"这年头人早就不是人了,没有面子,也没有廉耻,能明抢的明抢,不能明抢的暗偷。"在《牛》中,作者跟随主人公因为使小聪明而吃到半碗牛蛋子而窃喜;在《五个饽饽》中,作者同情因为饥饿至极而偷走五个饽饽的“财神”。

面对乔其莎的肉体交易、母亲的偷食和“财神”的盗窃，莫言没有丝毫的谴责；相反，他以同情、怜悯的心情去讲述他们的不幸和在不幸中对生的执著。偷盗也罢，卖身也罢，这些为常态下所不齿的行为，在特殊的年代里都带上了悲壮的色彩，在莫言笔下都成了一种对生命的自我保护，成了对自由的一种另类表达。“生命是生存的最高法则，都有着对生命本能的热爱，都在追求着自由自在的生活方式，当生命自身熊熊燃烧起来的时候，既定的道德规范、善恶原则还有什么意义？……富有原始色彩的生命渴求是如此强烈地主宰着他们的行为。”

把善恶标准悬置

余占鳌给茫然的戴凤莲拉开了辉煌激越的序幕，却也背离了道德的底线——杀死无辜的单家父子；余占鳌在战场上有胆有谋，敢于士前卒，带领全村人奋血浴战，面对冷、江两支异己力量，非常大局地说等打完了日本鬼子再算旧账，但是在铁板会统治高密东北乡的几个月里靠着发行纸币，对高密东北乡人民强取豪夺；他骗取花脖子的信任，趁其疏忽取而代之，确立了自己在东北乡的威信，但也因骄傲自负中了曹梦九的计，使得手下八百汉子无一生存。

余是一个深明大义的民族英雄，也是一个现世享乐的土匪头子；余是一个有情有义的众乡亲的头儿，也是一个自私霸道的普通人；余是一个有长远眼光、胆识兼备的领导，也是一个志得意满便不知天高地厚的鲁莽汉子。但是，余不狭隘、不小肚鸡肠、不嫉妒、不欺侮弱者，靠着自己的智谋和胆量成就了土匪生涯的辉煌。

如果我们用道德的标准去衡量余占鳌，实在不知道该将他划到善与恶的哪一边，但莫言很明显是怀着激情去刻画这个人物的。小说以孙子的口气叙述了爷爷的辉煌，把他塑造成一个传奇人物，强调的是他反传统的无所畏惧的勇气，唤起了我们对他的钦佩和尊敬。在小说中，莫言对其自由精神的赞颂之意明显地压过了对其道德欠缺的谴责。

茂腔是高密人心灵的自由抒达，而戏班班主孙丙更是一个无法将舞台和现实区别开来的茂腔迷。他率性任情、放荡不羁甚至玩世不恭，有种民间浪子的意味。如果说余占鳌、戴凤莲拥有的是一种在出生入死中体味到的生命的酣畅淋漓的自由的话，那么，孙丙的自由则是一种自足自乐的生活化的能为广大人所拥有的自由，这种自由更多地体现在心灵的舒张自如而不是对外界的征服上。但是，我们可以说孙丙拥有健康的人格，却无法说他的行为符合“善”的要求。他爱逛老婆门子，直到把妻子气死；他为了完成名留青史的愿望，坚决不逃走，让朱八一伙枉费心机，更让小石头白白搭上了性

命。他从不思量行为的善或者恶，只是按照心中所愿自由地去做一切事情。

不管是绿林好汉的带有野性的自由，还是民间浪子的自足的自由，莫言都让自由听从了生命本身的召唤，而将道德悬置。“莫言的意义，正在于他依据人类学的博大与原始的精神对伦理学的突破……伦理学把人群简单地分为‘善’与‘恶’两类，而人类学却把人类还原为活的‘生命体’，它是从生物学的角度看待人类本身，这样，他就把为伦理学所遮蔽的壮丽的生存之诗鲜活地呈现出来。”莫言抛弃了抽象的伦理学的善恶二元价值判断，而将各个生命体作为唯一关注的对象。他从不力图塑造合善的生命，从不忖度生命可能的评价标准。在他的笔下，生命只有两种形式，要么在外界的不可胜数的标准、原则中泯灭自我，要么在自我的宏阔天空下尽情尽兴地舒张——他毫不犹豫地选择了后者；在他的笔下，生命只有一种意义，那就是最自由的自我的外现。

自由与道德在辩证法中追求一种平衡，在莫言的价值观中却毫不犹豫地走向了倾斜。他让几千年的礼善仁让退到了角落，把展示的空间和舞台展让给鲜活自由的生命去张扬；他把外在的一切可能束缚抛弃，满足自我生存的首要前提。从某种意义上说，戴凤莲——这个凝聚着作者最多理想的女性形象——死亡之前的心理描写，可以说是莫言在自由与道德这对天平上所加的不同砝码：“什么叫贞节？什么叫正道？什么是善良？什么是邪恶？……我只有按着我自己的想法去办，我爱幸福，我爱力量，我爱美，我的身体是我的，我为自己做主。”

近水楼台说莫言

◇程春梅

阅读莫言作品的过程就跟听莫言老师上课的感觉一样，不断地产生困惑，不断地颠覆过去的阅读经验，也不断地修正着自身对文学的认识偏差。从小学到大学我接受的语文教育、写作文的经验和在中文系里受的两年师范专科的文学教育，甚至包括我看过的电影、电视剧，在所有的这些文学经验中我接受的都是中规中矩的道德说教，僵化的思想观念深深地印在脑海里。我不知道别人的情况怎样，但对我来说，上研究生时期遇到导师贺老师，遇到莫言老师，脑袋里这些僵化的思想所遭遇的冲击是天翻地覆的。读研究生的三年对我来说实际上既是人生观、价值观重新确立的过程，也是我对热爱了很多年的文学专业重新认识的过程。贺老师通过言传身教不断地让我们明白，面对自己真实的感觉而不是人云亦云是多么重要，而莫言老师的课堂和他的作品则是这种文学教育最好的注脚。不谈说教，只谈感觉。最真实的感觉，不是从思想理性那里开启一扇窗，而是直捣心灵让心去感受疼痛和忧伤、幸福与欢畅。对我来说，这种经验是非常新鲜的。我从前不知道文学是这样的，我几乎是伴随着道德说教的文学教育长大的，习惯于从作品中去寻找主题思想之类的东西，如果一篇作品没有宣扬道德，便会认为这不是好作品，起码是属于有瑕疵的作品。可是莫言老师会笑眯眯地、慢条斯理地甚至恶作剧般地提示你：好人有那么好吗？坏人有那么坏吗？在他的作品里，你能够看到的只是他讲的故事，他变换着方式讲故事，而他无论对好人还是对坏人的悲悯情怀是一样的。他笔下的好人也有弱点，他笔下的坏人也充满了人生的无奈。阅读莫言你是不能拿过去习惯的僵化思维作评判的，这也是我读了很久以后才接受的文学观念。我承认我的愚钝，那么多年很固执地相信着某些信条，但这份固执遭遇了来自贺老师和莫言老师的启迪与冲击，我不复是我。直到今天，我仍然清晰地记得当年自己忽而矛盾重重、忽而茅塞顿开的心路变化历程。

回忆是一件很奇异的事情。这么多年，十几年了，回头再看那个从乡下来到省城傻不愣愣的姑娘，她从文化贫瘠的乡下一头扎到山大这所百年老校的文化富矿里，那种喜悦和惊奇的感觉特别强烈。要补的课太多了，我天天从图书馆抱回一堆书看，瞪着困惑的眼睛不断跟同学论辩，“怎么是这样？”“怎么是那样？”那么纯粹的一段生活，那么的求知若渴，今天的我也忍不住对她表示敬意了。对我来说，那是人生非常重要的三年。那三年，我脑袋里积累了若干年的条条框框碎了一地。那是一个脱胎换骨的过程，虽然当时没有很明确地反应过来，但今天在回忆中想起那时候的感受则很清晰。而在这种我个人的变化里面，莫言老师和他的作品是一个非常重要的催化剂。所以我很庆幸，在那样的时刻，恰好就遇到了带给我那么大冲击力的师长。

世界是复杂的，人性是丰富的。莫言老师始终很诚实地讲他所理解的人间世的各种故事，不拔高，不矫饰，远离道德说教，那么淡定从容的神态今天想来仍然非常亲切。今天的我已经深深地明白了故事本身所具有的力量和价值，当思考遭遇阻力无法冲破界限去申诉的时候，只有那些或奇异或朴素的故事能留下来。就像莫言老师非常尊敬的蒲松龄，蒲松龄耗尽了一生来讲的故事至今让我们陶醉不已。这种讲故事的态度其实就是作家的本分，但很多年我们的当代文学常常没有去为故事而努力，反而总是削足适靴，总是在努力怎么给故事套上道德的笼子，让文学一定带上宣扬某种观念的帽子，终于也让故事变得面目可憎。不能不说那是文学的悲哀。

莫言的作品风格不断变换，在变化中莫言力求不重复自己，我们几乎总是近水楼台先得月地最早读到他的新作品。在阅读中同门师兄妹也有争论。与很多人一样，莫言这种不断变化的风格带给我们的不全是阅读的喜悦和快感，我们也不断地在阅读中产生疑惑：“难道能这样写吗？”但莫言老师真的写得很勤奋，不断地出新作，不断地探索新的表现形式。必须承认，其实在文学的道路上，批评滞后于创作，作家超前性的开创性的工作得不到批评的响应是一种很普遍的事情。所谓的批评家们“看不懂”、“不明白”的时候甚至还不少，而因为看不明白就说不好的人很多，所以作家跟批评家的关系其实很微妙，太近了、太远了都不合适，但真正有实力、有自信、有创造力的作家的确需要很大的定力去面对那些说“看不懂”的批评并能坚定地走自己的路。批评而不在点子上的文学批评实在太多，作家很需要有淡定和自信的心态去坚持写。当然，这是一条寂寞的路。在莫言老师多少年的创作道路上，他遭遇“看不懂”的批评非常多，但他依然在写，不断出新作，这是一种非常敬业的态度。他不靠一时的出名当饭吃，不浪费自身所具有的天赋才华，从容不迫地一直写，一直写。那种努力和勤奋与老农民侍弄庄稼地是一样的，土地是不欺人的，你努力了才有收获。而莫言老师很执著地扎根于高密东北乡这块文学的沃土中勤勤恳恳地耕耘，不断地丰富他的作品库。这是写作的态度，也是做人的气度，时间会证明一切。虽然跟随莫言老师上课，但其实我们达不到先知先觉的境界。对于莫言作品，我们的认识也是要用时间去检验。虽然我们很尊敬老师，但对于作品，我们也许会喜欢某一部，也许会看不懂某一部，这是经常发生的，所以争论也是经常的事情。

回想最初读到的莫言作品便是中篇小说《红高粱》。先知道有电影《红高粱》，而后知道有莫言，而看了电影之后很久才读小说原作。想起电影和小说，我又忍不住想到那个词：颠覆性。看电影的时候我在上师范，那时候媒体上对电影《红高粱》的赞扬和批判都很激烈，我不知道哪一种评价更有道理，因为从没见过跟《红高粱》一样或者相似的电影，无从比较，也无从评判。那时候我虽然读中文系，但乡下孩子从小到大看过的电影真的能数过来，与艺术接触的经验少得可怜。那时候我看电影《红高粱》的感受是怪怪的，看完了也说不出是好还是坏，甚至觉得很一般吧，只有去附和报纸上的批判，觉得只不过在拿高粱地当卖点，所以对小说也没有阅读的兴趣了。今天的我已成为文学博士，但是当回忆起很多年前少到可怜的与文学、艺术接触的机会，我又禁不住欷歔感慨了。对于贫乏的记忆是深刻的，它促使我总是在能把握的机会里如干瘪的海绵吸取水分一样去学习、去探索，锲而不舍。我不知道是否那些从贫瘠中走出的人都有着精神的饥渴，但是我知道这种贫瘠和饥渴的感觉其实是促使人去改变的强大动力。那时，每当面对文学与艺术因为无知而产生焦虑和迷茫的时候，我总是归因为乡下的穷困出身造成了这种脱节。乡下无书可读，没有图书馆，也没有钱去买书，除了念教科书去考试，还有什么事可做？所以有很多年我总是试图洗去乡下的印记，乡下对我来说就是一个充满束缚、充满穷困记忆的地方，我渴望着城市，渴望着进入富足和文明的城市。这种心理我不知道是否很多乡下孩子都有，但是的确因为这个理由，我在很长的一段时间里不喜欢阅读乡村背景的文学作品。那种乡下人的形象，如鲁迅写的呆滞的眼神、绝望的情绪还有小心眼儿，会让阅读的我感到很绝望。我甚至固执地认为，乡下绝对不是沈从文那种很诗意的湘西世界，乡下就是落后和破败，城市就是富足和文明。所以，那时候我只推崇那些高深莫测的看不懂的时尚先锋作品和那些描写城市生活的作品，因为这种陌生化能满足我对城市与文明的好奇心。

很多年后，当莫言因为写高密东北乡的乡村故事而得了诺贝尔奖以后，有一天我在电视上听一个著名的在北京出生有优越家庭背景又留学美国归来的作家说，她看不下去莫言的作品，她无法跟莫言作品中那些口出秽言的农村男男女女共鸣，我突然就特别受刺激。我想，鄙视或者说逃离中国农村的人，何止一个我，何止一个她？我出身卑微也好，她出身高贵也罢，我们都生在多灾多难的中国，一百年来贫瘠与落后的中国其实也无异于一个大乡村，我们都是缺乏正视她真实面目的勇气的一类人，我们都是想逃离的人，谁比谁更文明呢？想到此，我必须要说出我对莫言老师的敬意，从内心里向他说出我的敬意。在灵魂深处，我审视自己走过的路，我知道莫言老师在他的写作生涯中做的是多么正当、多么有担当的事情。对于乡村的贫穷和落后，出身于农村的我和出生于农村且经历了很多的磨难与屈辱童年的莫言老师都选择了离开。但是逃离了黄土地的莫言却梦牵魂绕，真的是梦牵魂绕啊，一回头又把他的艺术触觉深深地扎根故土，从感觉上更亲近她，源源不断地写着发生在这块令人爱恨交织的乡村热土上的故事。那么多乡人痛苦的或者欢乐的故事经过莫言的艺术再创作，已经变成了当代中国文库中的一种标本。从莫言的全部创作中，你能感受到隐去了道德说教的百年中国大地上那些最真切的痛苦和欢乐，这是高密东北乡的故事，这也是中国的故事。只有对这片黄土地充满无比深厚的眷恋与热爱感情的心灵，才会有这样厚重的呈现。这是中国文学的幸事。

真正因阅读小说《红高粱》而惊喜的时候我已经上研究生了。在我阅读了很多形形色色的当代文学作品之后，阅读《红高粱》给我的感觉特别新鲜。这种新鲜不是因为它不拘一格的人物塑造，而是因为作品本身饱满的气场，特别是小说中体现出来的那种自由洒脱的人性美，这是在别的中规中矩的当代文学作品中少见的一种气场，这种充盈的气场是作家本身拥有的气度给予作品的精神关照。“天马行空”如今几乎是人们为评价莫言早期作品专门使用的一个词语，而当我在自己的阅读中真切地感受到“天马行空”式的冲击之后，这份惊喜真的是无语言表的。文学的魅力就在于此吧？

作为一名山东人，阅读莫言老师的作品会感到特别亲切与骄傲。山东特有的地域文化在莫言作品中有丰富的体现。比如我们熟悉的地名，烟台、青岛、潍坊、济南等等随时出现在作品某处；比如我们熟悉的乡土风情、习俗典故，随着主人公们的塑造也向世人呈现出自身的特点。“造化钟神秀”，以齐鲁文化为底蕴的莫言作品带给世人的是这片土地上的人们勤劳与卑微、麻木与奋起所混杂的灵魂呈现。在莫言的所有作品中，我最喜欢的人物是各式各样的“山东农村大嫂”形象。这些“山东农村大嫂”从走向世界的“我奶奶”戴凤莲开始就展现出了不同凡俗的风采。我们从莫言笔下看到一系列的“大嫂”形象：《红高粱》中离经叛道、敢爱敢恨的“我奶奶”戴凤莲；《檀香刑》里善良淳朴的“狗肉西施”、知县情人孙眉娘以及深明大义的钱丁夫人；《渔市》中厉害泼辣却又美丽温情的徐风珠；《白棉花》中为了理想爱情不惜牺牲名节的棉花厂俏丽女工方碧玉；《民间音乐》中为了结就美满姻缘不惜抛家舍业的小酒店老板花茉莉；《丰乳肥臀》中敢作敢当、坚忍顽强的母亲上官鲁氏；《白狗秋千架》中不向命运屈服的暖；《断手》中坦然面对人生的不如意而自强的留嫂；《四十一炮》中坦然面对挫折、自尊自强并最终过上了好日子的杨玉珍；《蛙》里被视作“送子娘娘”，也被当成“杀人魔王”，但始终坚持原则又充满爱心的姑姑……在莫言笔下，这些形形色色的“山东农村大嫂”都具有山东人踏实务实的那份担当，她们并没有“小鸟依人”的乖巧，却不缺乏女性的柔美和能够给予这个世界温暖的力量。她们能够在男人因自私或者力不从心而不肯担当责任的时候挺身而出，撑起一个家——一个充满温暖和关爱的世界。莫言以独具特色的系列

"山东农村大嫚"女性形象为当代文学的女性形象库留下了极为亮丽的一道风景。

从莫言老师身上我们近距离地感受到了作家的朴实平凡和作品的辉煌不凡相互映照。做人低调的莫言老师让人感觉很踏实,但你阅读作品的时候却不会想到"平凡"两个字。莫言讲故事的水平是超常的,他会任由天马行空的想象把人物写到极致。在我的人生经验里,莫言老师一直就是一个不断带给我诧异的人,看他随意的衣着,听他以慢声细语讲述铁血柔情,这带给我强烈的视觉反差。他身上毫不矫饰地带着底层出身的那种不服输求上进的劲头,他从不讳言自己奋斗的最初动力一点也不伟大或高尚,从那细眯的眼角会不时地流露出自嘲的笑意。有一次他笑眯眯地说:"悠着过,好好活,活到老了,七八十岁自然就成大师,成泰斗了。"那样通达随意而自我调侃的表情仍历历在目。在把我很多的关于"著名作家光辉形象"的想象瓦解了之后,莫言老师让我体会到一种更接地气的为人为文的态度。他拒绝道德说教,也从不显摆什么理论,当我们大家正在纠结于如何认识理论与创作关系的时候,他的课以言传身教让你明白,跟着感觉走吧,抓住最贴切动人的瞬间就会显示出文学的真实力量。这是莫言的文学特色,也是他始终坚持的一种创作理念。

今天也许很多人在问,为什么是莫言获得诺贝尔奖?我想,在道德说教常常泛滥的当代中国,在我们的思想者常常被各种运动干扰无法痛快淋漓地表达思想的时候,莫言的出现就是当代中国文坛诞生的一朵奇葩,他换了一种表达方式,他非常痛快淋漓地喊出了他的感觉,就像那首经典歌词里所唱的:"妹妹你大胆地往前走啊,往前走,莫回呀头啊!"——喜怒哀乐痛都在,酸甜苦辣咸俱全!那样的开天辟地,那样的肆无忌惮!莫言不虚伪,不造作,不高高在上地当人类导师,他调动起所有的神经末梢去感觉最真实的人情百态。我敢说,这种全方位地触摸人类生存真实感觉的意义丝毫不比触动我们真实思想的意义差。莫言在人们矫情地审美的时候去审丑,这会让大众那被训练得四平八稳的当代文学阅读口味遭遇惊心动魄的挑战。当代文学中,正是莫言的文字,虽不完美然而更贴近生养了我们的大地,更贴近我们真实的内心感觉。莫言的作品有无思想性这个不重要,因为他所走的是另一条通向罗马的崎岖山道,而且更重要的是,他的确以自己独特的方式践行了文学的真谛。从这个意义上说,莫言获奖,当之无愧。

图书在版编目(CIP)数据

莫言弟子说莫言/齐林泉等著.—济南:
山东大学出版社,2013.5
(莫言研究书系/张华总主编)
ISBN 978-7-5607-4783-5

Ⅰ.①莫… Ⅱ.①齐… Ⅲ.①莫言—人物研究
Ⅳ.①K825.6

中国版本图书馆 CIP 数据核字(2013)第 100035 号

责任策划:马　新
责任编辑:陈　珊
封面设计:牛　钧

出版发行:山东大学出版社
社　址　山东省济南市山大南路 20 号
邮　编　250100
电　话　市场部(0531)88364466
经　销:山东省新华书店
印　刷:山东新华印务有限责任公司印刷
规　格:720 毫米×1000 毫米　1/16
14.25 印张　2 插页　226 千字
版　次:2013 年 5 月第 1 版
印　次:2013 年 5 月第 1 次印刷
定　价:32.00 元
